普通高等学校应用型教材

金融

利息理论及其应用

（第四版）

孟生旺 编著

中国人民大学出版社
·北京·

U0873994

出版说明

随着金融成为现代经济运行的核心，社会对金融教育和人才培养提出了更深的要求：分层培养人才。既要着力于培养研究型人才，又要培养大批应用型人才，这已是共识。许多非研究型院校师生反映，市场上现有的金融学教材大多重理论轻实践，重国际化轻中国化。根据这些院校的特点和培养目标，他们认为在教材内容上不仅要包含本领域的基本理论问题，让学生对于基本概念、基本原理有完整的掌握，同时还包含本领域的基本实践问题，让学生掌握一定的实务操作方法，以应对未来工作的挑战。本着这一要求，由李小牧教授和李嘉珊教授牵头，中国人民大学出版社组织中国人民大学、西安交通大学、北京第二外国语学院、北京外国语大学、首都经贸大学、对外经济贸易大学、北京工商大学等若干所学校以及国家外汇管理局、保险公司、证券公司、商业银行等的专家，设计和推出了这套普通高等学校应用型教材。该套教材突出了以下三点：

第一，所列课程完全根据教育部“高等教育面向21世纪教学内容与课程体系改革规划”编写。

第二，根据应用型人才培养目标，教材强化了各项业务的操作规程和实践做法，通过对案例的分析和点评让学生对实务操作有一个真切的体验。

第三，压缩教材的篇幅，学习资料、练习题等相关内容学生可以通过网络获取，减轻学生负担。

这里说明的是，出于对应用型人才培养探索的要求，出版社并没有提出过分严格的要求，只是在教材的定位、篇幅、编写体例上提出了一些原则性建议，具体编写工作则实行主编负责制，由各位主编和作者全权处理各教材的编写工作，并对各自的内容负责。

教材的出版凝结了所有参编专家、教授的辛劳和智慧，在此一并表示感谢。

真诚地期待广大教师、学生和其他读者的批评和意见。

中国人民大学出版社

前言

金融是国民经济的血脉，2023 年召开的中央金融工作会议强调，要加快建设金融强国，优化金融服务，坚定不移走中国特色金融发展之路，推动我国金融高质量发展。毫无疑问，利息理论是中国特色金融理论体系的重要组成部分，是贯彻落实党的二十大精神、防范化解系统性金融风险的重要工具。

利息理论是保险精算专业的一门基础课，国际上几乎所有的精算师协会在其资格考试中都会涉及该门课程的内容。最近几年，北美寿险精算师协会（SOA）、北美非寿险精算师协会（CAS）和中国精算师协会虽然在其资格考试中都把该门课程更名为金融数学，但利息理论仍然是其主体内容。

利息理论主要研究利息的度量方法及其在现金流分析中的应用，对于经济、金融、保险、精算、管理、财务、会计等专业的学生而言，利息理论是非常重要的基础知识，是学习其他经济和金融定量分析课程的必要准备。在经济学和金融学的专业课程中，都会应用到利息理论的一些基本概念。但受课程性质所限，对这些概念的介绍各有侧重、各取所需、系统性不够，存在碎片化问题，不易形成完整的知识体系。利息理论把相关的量化分析方法整合在一起，可以避免不同课程重复讲授这些内容，提高教学效率，改进教学效果。

本书由 7 章构成，其中第 1 章介绍了利息度量的各种工具，包括实际利率、实际贴现率、名义利率、名义贴现率、利息力，以及这些利息度量工具之间的相互关系；第 2 章介绍了等额年金的概念及其现值和终值的计算方法；第 3 章介绍了递增年金、递减年金和复递增年金的概念及其现值和终值的计算方法；第 4 章介绍了收益率的概念以及收益的分配方法；第 5 章讨论了各种债务偿还方法，包括分期偿还法和偿债基金法；第 6 章介绍了债券价格和账面值的各种计算方法；第 7 章介绍了利率风险管理的基本概念和技术，包括久期、凸度、免疫策略和现金流配比。

本书虽然以量化分析为主，但回避了一些比较烦琐的数学证明，把重点放在了对有关概念和结论的经济学解释和直观说明上，这种解释和说明虽然不如数学证明严谨，但便于读者对利息理论相关概念和方法的理解与应用。量化分析离不开计算，本书也设计了较多的例题和习题，并给出了相应的参考答案。读者可以使用 EXCEL 完成有关计算，书后也附有常用的 EXCEL 金融计算函数可供查阅和参考。

阅读本书的读者需要掌握微积分的一些基本概念，所以适合本科二年级学生使用，完成本书的所有教学内容大约需要两个学分、36 个学时。

本书在写作和修订过程中，得到了孙景云、王选鹤、李政宵、杨亮和秦强等人的支持，在此向他们表示衷心的感谢。

受作者水平所限，书中难免存在疏漏，还请读者不吝赐教，作者将不胜感激。

孟生旺

中国人民大学“杰出学者”特聘教授，博士生导师

目 录

第1章 利息度量

利率和利息是最重要的金融概念之一。没有利率就没有金融，正如没有价格就没有市场。

利息（interest）是借款人为了获得一笔资金的使用权而向贷款人支付的款项。借款人是获得资金的一方，而贷款人是出借资金的一方。借贷关系可以从两个角度来考虑：从借款人的角度看，他必须向贷款人支付一定的利息才能获得资金的使用权，因此利息对借款人而言是一种为了获得资金使用权而支出的成本；从贷款人的角度看，出借资金会影响他在当期的消费，所以希望得到一定的利息补偿，这种利息补偿也就是贷款人因出借资金而获得的收益或报酬。

借贷资金之所以会产生利息，可以从不同的角度进行解释。一种解释认为资金是稀缺资源，使用者为了获得这种资源必须向资源的所有者支付一定的利息成本。另一种解释认为，消费者普遍倾向于满足当期消费，而出借资金相当于推迟当期消费，这对贷款人而言是一种损失，所以贷款人要求从出借资金中获得利息补偿。还有一种解释认为，资金与劳动力一样，也是生产过程必不可少的要素，也应该参与生产成果的分配，即获得相应的利息收入。

本章主要介绍利息的各种度量工具，包括复利和单利、实际利率和名义利率、实际贴现率和名义贴现率，以及利息力和贴现力等。不同的利息度量工具有不同的含义和应用场合，各种度量工具之间也存在一定的相互转化关系。

利息度量工具都可以基于累积函数来定义，所以本章首先介绍累积函数的概念，然后再展开对各种利息度量工具的具体讨论。为了方便使用，表 1－1 给出了本章使用的主要符号及其说明，关于它们的详细解释，可以参见本章各节的内容。

表 1-1 符号及其说明

$a(t)$	累积函数，表示时刻 0 的 1 单位本金在时刻 t 的价值
$a^{-1}(t)$	贴现函数，表示时刻 t 的 1 单位本金在时刻 0 的价值
i	实际利率，表示时刻 0 的 1 单位本金在 1 年末所产生的利息
d	贴现率
$i^{(m)}$	每年复利 m 次的名义利率
$d^{(m)}$	每年复利 m 次的名义贴现率
δ	利息力，也称为连续复利
δ_t	时刻 t 的利息力
v	贴现因子，是 $(1+i)^{-1}$ 的简写

1.1 累积函数与实际利率

1.1.1 累积函数

累积函数（accumulation function）是指期初的 1 单位本金在时刻 t 的累积值（accumulated value），它是度量利率和利息的最基本工具，其他利息度量工具，如实际利率、名义利率、贴现率和利息力等，都可以通过累积函数推导得出。累积函数记为 $a(t)$，它具有下列性质：

(1) $a(0)=1$。

(2) $a(t)$ 通常是递增函数，即利息是非负的。负利息或利息为零的情况偶尔也会出现，如投资亏本或没有盈利时，累积函数则为递减函数或常数。

(3) 如果连续计息，则累积函数 $a(t)$ 是连续函数，这种情况较为常见；反之，累积函数 $a(t)$ 为非连续函数。

如果期初的本金不是 1 个单位，而是 $A(0)$ 时，则时刻 t 的累积值 $A(t)$ 称作金额函数，可以表示为

$$A(t)=A(0)\times a(t) \tag{1.1}$$

累积函数也可以由金额函数表示为

$$a(t)=\frac{A(t)}{A(0)} \tag{1.2}$$

可见，金额函数 $A(t)$ 和累积函数 $a(t)$ 可以互相表示。

若以 $I(t)$ 表示时期 $0\sim t$ 的利息额，则有

$$I(t)=A(t)-A(0)$$

【例 1—1】 已知累积函数为 $a(t)=1.2^t+0.05t$，请计算 $t=2$ 时，500 万元的资金在 $t=3$ 时的价值。

【解】 根据累积函数的定义，1 单位本金在 $t=2$ 时的累积值为 $a(2)$，在 $t=3$ 时的累积值为 $a(3)$，也就是说，从 $t=2$ 到 $t=3$，后者的资金价值是前者的 $\dfrac{a(3)}{a(2)}$ 倍，所以 $t=2$ 时的

500 万元资金在 $t=3$ 时的价值为

$$500\times\frac{a(3)}{a(2)}=500\times\frac{1.2^3+0.05\times3}{1.2^2+0.05\times2}$$
$$=609.74\ (\text{万元})^*$$

【例 1—2】 已知金额函数为 $A(t)=at^2+bt+c$，$0\leqslant t\leqslant 20$，且 $A(0)=100$，$A(1)=110$，$A(2)=136$。请计算 $t=1$ 时投资的 100 万元在 $t=10$ 时的累积价值。

【解】 由已知条件可建立下述方程组：

$$\begin{cases}c=100\\a+b+c=110\\4a+2b+c=136\end{cases}$$

解此方程组可得：

$$\begin{cases}a=8\\b=2\\c=100\end{cases}$$

故金额函数可以表示为

$$A(t)=8t^2+2t+100$$

相应地，累积函数可以表示为

$$a(t)=\frac{A(t)}{A(0)}=0.08t^2+0.02t+1$$

从 $t=1$ 到 $t=10$，资金价值之比为

$$\frac{a(10)}{a(1)}=\frac{0.08\times10^2+0.02\times10+1}{0.08\times1^2+0.02\times1+1}$$
$$=8.36$$

因此，在 $t=1$ 时投资的 100 万元在 $t=10$ 时的累积价值为 836 万元。

本例的累积函数 $a(t)$ 和金额函数 $A(t)$ 如图 1－1 所示，两者形状相同，但在数值上，后者是前者的 100 万倍。

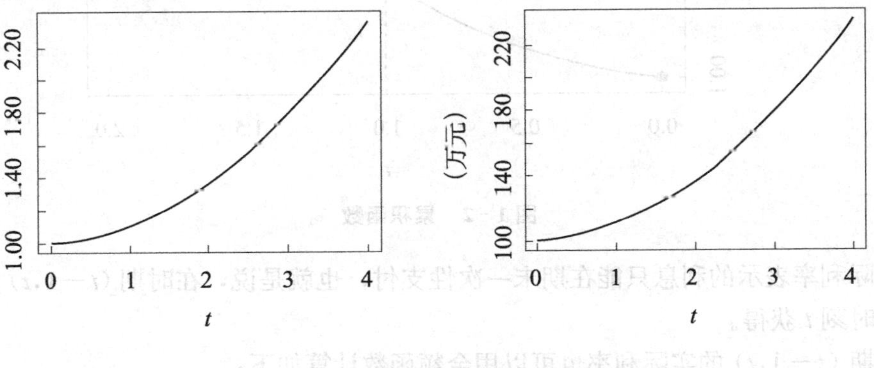

图 1－1 累积函数和金额函数的比较

* 书中数据大多数至多保留到小数点后两位。

1.1.2 实际利率

实际利率（effective rate of interest），也称作有效利率，是指 1 单位本金在一个时期末所赚取的利息金额。实际利率通常用百分数表示，如 5%的实际利率表示 1 元本金在一个时期末赚取的利息是 0.05 元。

如果用累积函数表示实际利率，则从时刻 $t-1$ 到时刻 t 的实际利率为

$$i_t = \frac{a(t)-a(t-1)}{a(t-1)} \tag{1.3}$$

式中，分母是在时刻 $t-1$ 的累积值，分子是该累积值在时期 $(t-1,t)$ 赚取的利息金额。时期 $(t-1,t)$ 表示从时刻 $t-1$ 到时刻 t 的时间区间。

显然，在时期 $(0,1)$ 的实际利率可以表示为

$$\begin{aligned} i_1 &= \frac{a(1)-a(0)}{a(0)} \\ &= a(1)-1 \end{aligned}$$

由此可将时刻 1 的累积值表示为

$$a(1) = 1 + i_1$$

由累积函数的定义有 $a(0)=1$，所以结合上式可知，累积函数 $a(t)$ 曲线必然经过下述两点：$(0,1)$ 和 $(1,1+i_1)$，如图 1－2 所示。该图的累积函数来自例 1—2，即 $a(t)=0.08t^2+0.02t+1$。该累积函数在时期 $(0,1)$ 的实际利率为 $i_1=a(1)-1=0.1$。

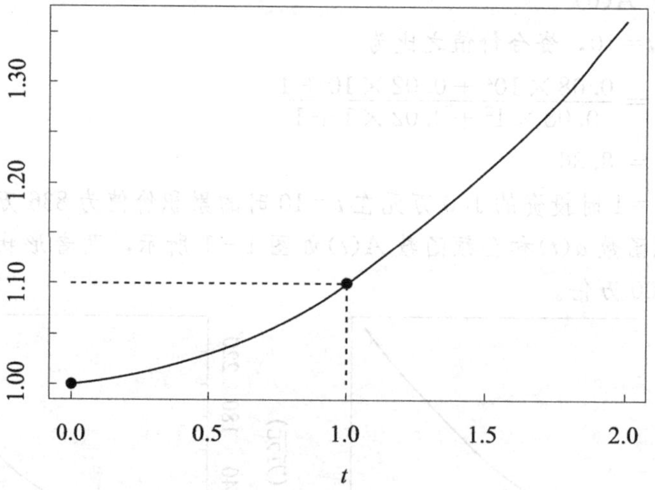

图 1－2　累积函数

用实际利率表示的利息只能在期末一次性支付，也就是说，在时期 $(t-1,t)$ 产生的利息只能在时刻 t 获得。

在时期 $(t-1,t)$ 的实际利率也可以用金额函数计算如下：

$$i_t = \frac{A(t)-A(t-1)}{A(t-1)}$$

式中，分母表示时刻 $t-1$ 的累积值，分子表示该累积值在时期 $(t-1,t)$ 产生的利息。

综上所述，实际利率就是某个时期赚取的利息与期初本金的比值。

1.1.3 单利

单利（simple interest）是指具有下述累积函数的利率：

$$a(t)=1+it,\quad t\geqslant 0$$

在单利的累积函数中，本金保持不变，为1个单位，而利息 it 随着时间的延长呈线性增长。

单利只对本金计算利息，前期已经产生的利息在后期不再计算利息。在单利条件下，每期产生的利息都是常数。譬如，如果期初的本金为1元，那么第1期产生的利息为 i，期末的累积值为 $1+i$；第2期产生的利息也为 i，期末的累积值为 $1+2i$；等等。

单利的累积函数是一个线性函数，如图1-3所示。该图中的累积函数为 $a(t)=1+0.1t$，单利利率为 $i=0.1$。

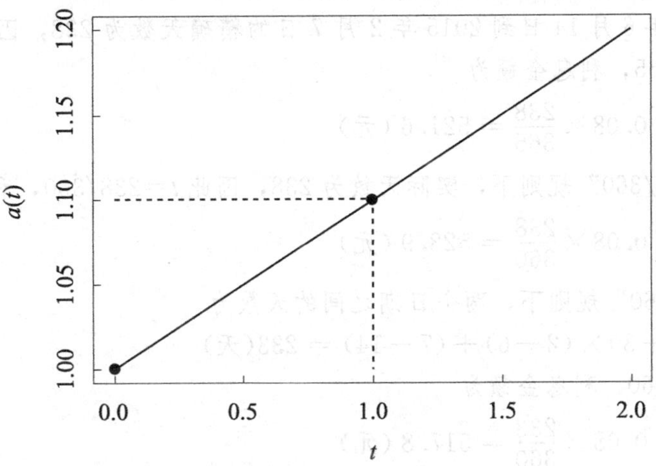

图1-3 单利的累积函数

在实际应用中，利率通常表示为年利率，因此累积函数中的时间 t 应以年为单位计量，即把 t 表示为年数。计算时间 t 的通用公式如下：

$$t=\frac{\text{投资天数}}{1\text{年的天数}}\tag{1.4}$$

在实际应用中，可以应用不同的方法计算式（1.4）中的投资天数和1年的天数。下面是几种常见的方法：

（1）"实际/365"规则，即投资天数按两个日期之间的实际天数计算，1年按365天计算。

（2）"实际/360"规则，即投资天数按两个日期之间的实际天数计算，而1年按360天计算。该规则也称为银行家规则（banker's rule）。

（3）"30/360"规则，即在计算投资天数时，1个月按30天计算，1年按360天计算。在此规则下，两个给定日期之间的天数可按下述公式计算：

$$360(Y_2-Y_1)+30(M_2-M_1)+(D_2-D_1)$$

其中，投资的终止日期为Y_2年M_2月D_2日，起始日期为Y_1年M_1月D_1日。

在应用“30/360”规则计算投资天数时，还需依次进行下述调整：

(i) 如果D_1和D_2都是2月份的最后一天，则把D_2改为30；

(ii) 如果D_1是2月份的最后一天，则把D_1改为30；

(iii) 如果D_1等于30或31，D_2等于31，则把D_2改为30；

(iv) 如果D_1等于31，则把D_1改为30。

【例1—3】 投资者在2014年6月14日存入基金10 000元，2015年2月7日取出，基金的年单利利率为8%，请分别根据下列规则计算投资者可以获得的利息金额：

(1)“实际/365”规则。

(2)“实际/360”规则。

(3)“30/360”规则。

【解】 首先需要计算不同规则下的投资年数t。

(1) 从2014年6月14日到2015年2月7日的精确天数为238，因此在“实际/365”规则下，$t=238/365$，利息金额为

$$10\,000\times0.08\times\frac{238}{365}=521.6\text{（元）}$$

(2) 在“实际/360”规则下，实际天数为238，因此$t=238/360$，利息金额为

$$10\,000\times0.08\times\frac{238}{360}=528.9\text{（元）}$$

(3) 在“30/360”规则下，两个日期之间的天数为

$$360\times1+30\times(2-6)+(7-14)=233\text{（天）}$$

因此$t=233/360$，利息金额为

$$10\,000\times0.08\times\frac{233}{360}=517.8\text{（元）}$$

可见，与精确结果相比，“实际/360”规则的利息金额较大，而“30/360”规则的利息金额较小。

在计算两个日期之间的实际天数时，可以使用EXCEL。譬如在本例中，在单元格A1中输入“2015-2-7”，在单元格B1中输入“2014-6-14”，在单元格C1中输入“=A1−B1”后按回车键，再将其转化为数值格式，即可得到两个日期之间的实际天数为238天。

计算两个日期之间的实际天数的另一种方法是使用DATEDIF函数。如在单元格C1中输入“=DATEDIF（"2014-6-14","2015-2-7","D"）”后按回车键，即可求得两个日期之间的精确天数为238天。

按照“30/360”规则计算两个日期之间的天数时，可以应用EXCEL中的函数DAYS360。譬如，对于本例的两个日期，在单元格A1中输入“2014-6-14”，在单元格B1中输入“2015-2-7”，在单元格C2中输入“=DAYS360（A1，B1）”后按回车键，即可求得两个日期之间的天数为233天。也可以直接在单元格C2中输入“=DAYS360（"2014-6-14","2015-2-7"）”后按回车键，即可求得结果。

【例1—4】 某投资基金按利率6%单利计息，投资者A投入100万元，期限为两年。投资者B在同一时间也投入100万元，但是他在第1年末取回了累积值，紧接着又重新投入。请问：在第2年末谁的累积值更大？

【解】在第2年末，投资者A的累积值为

$$100\times(1+2\times0.06)=112\text{（万元）}$$

在第1年末，投资者B的累积值为

$$100\times(1+1\times0.06)=106\text{（万元）}$$

投资者B在第1年末把106万元取出，然后又将其重新投入，仍以6%的利率单利计息，则在第2年末投资者B的累积值为

$$106\times(1+1\times0.06)=112.36\text{（万元）}$$

可见，投资者B的累积值更大。这表明在单利条件下，分段投资可以产生更多的利息。这也是单利计息的缺陷之一，即不满足一致性。下面的例子将表明，分段越多，单利产生的利息也越多。

【例1—5】 假设年单利利率为i，如果把1年划分为n个相等的时间区间进行分段投资，当n趋于无穷大时，1元本金在年末的累积值是多少？

【解】如果不分段投资，年初的1元本金在年末的累积值为$1+i$。如果把1年划分为n个相等的时间区间，每个区间的长度为$\frac{1}{n}$。分段应用单利计算累积值，在第一个时间区间末的累积值为$\left(1+\frac{i}{n}\right)$。该累积值作为第二个区间的本金将在第二个区间末累积到$\left(1+\frac{i}{n}\right)^2$，依此类推，在第$n$个区间末的累积值为$\left(1+\frac{i}{n}\right)^n$。

图1-4描绘了单利的累积值随着区间个数n的增加而增加的过程，其中使用的单利利率为10%。该图表明，1年划分的时间区间越多，单利产生的累积值越大。

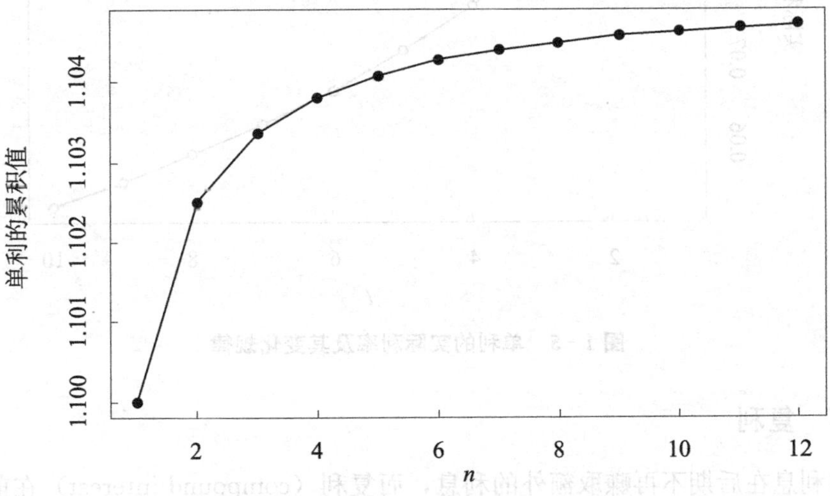

图1-4 分段投资对单利累积值的影响

当 n 趋于无穷大时，年初的 1 元本金在年末的累积值为

$$\begin{aligned}\lim_{n\to\infty}\left(1+\frac{i}{n}\right)^n &= \lim_{n\to\infty} e^{n\ln\left(1+\frac{i}{n}\right)} \\ &= \lim_{x\to 0} e^{\frac{\ln(1+ix)}{x}} \qquad \left(令\ x=\frac{1}{n}\right) \\ &= \lim_{x\to 0} e^{\frac{i}{1+ix}} \\ &= e^i\end{aligned}$$

本章后面将会说明，e^i 事实上就是按照利率 i 计算的累积值。

单利计息的另一个缺陷是其实际利率随着时间的增加而逐渐减小。在单利条件下，假设单利利率为 i，则在时期 $(t-1,t)$ 的实际利率 i_t 可以表示为

$$\begin{aligned}i_t &= \frac{a(t)-a(t-1)}{a(t-1)} \\ &= \frac{(1+it)-[1+i(t-1)]}{1+i(t-1)} \\ &= \frac{i}{1+i(t-1)}\end{aligned}$$

可见，在单利利率为常数 i 的条件下，实际利率是时间的递减函数，即随着时间的推移，每期的实际利率越来越低。这是容易理解的，因为越往后期，积累的利息越多，而这些利息在单利条件下不再产生利息，所以实际利率越来越低。单利的实际利率随着时间的推移而逐渐降低的过程如图 1-5 所示。

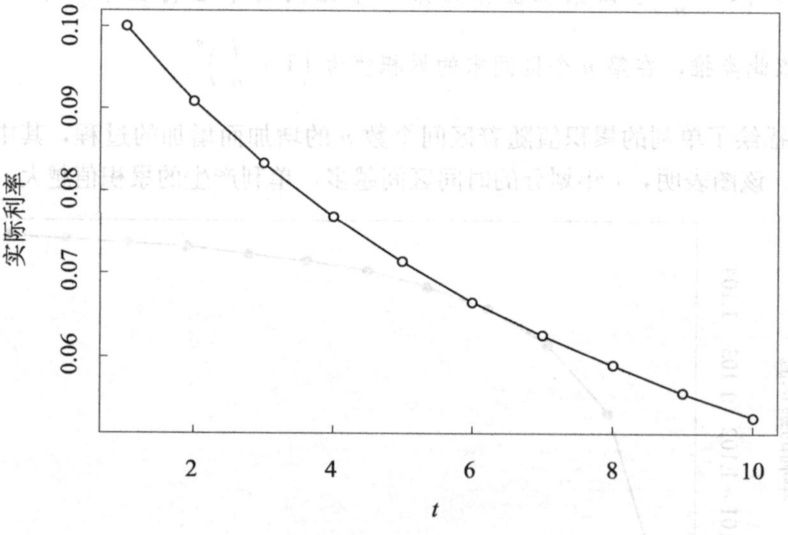

图 1-5　单利的实际利率及其变化规律

1.1.4　复利

单利的利息在后期不再赚取额外的利息，而复利（compound interest）在前期赚取的利息在后期会继续赚取利息，这就意味着前期的利息将自动进行再投资。

复利的累积函数为

$$a(t)=(1+i)^t,\quad t\geqslant 0 \tag{1.5}$$

在复利条件下，累积值的增长过程可以解释如下：假设年利率为 i，那么 1 元本金在第 1 年末的累积值为 $(1+i)$；这一累积值作为第 2 年的本金进行投资，可赚取利息 $i(1+i)$，再加上年初的本金 $(1+i)$，即得第 2 年末的累积值为 $(1+i)^2$；第 2 年末的累积值作为第 3 年的本金进行投资，可赚取利息 $i(1+i)^2$，再加上年初的本金 $(1+i)^2$，即得第 3 年末的累积值为 $(1+i)^3$。依此类推，即得以后各年末的累积值。

复利的累积函数随时间呈几何级数增长，如图 1－6 所示。该图中的累积函数为 $a(t)=1.5^t$，复利利率为 $i=0.5$。

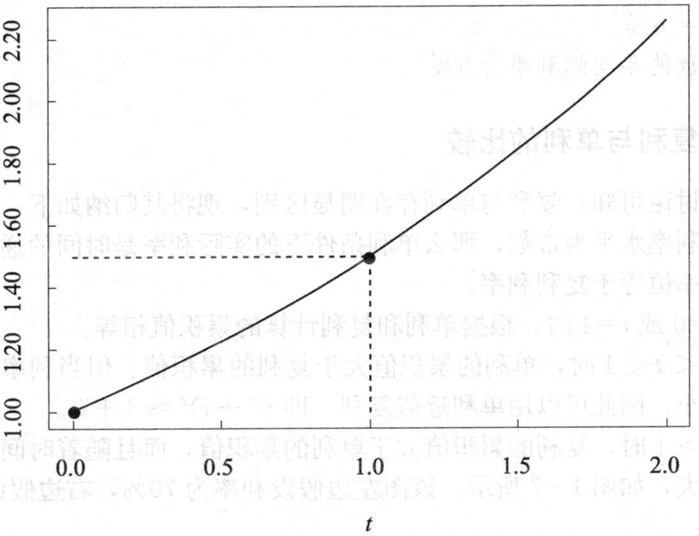

图 1－6　复利的累积函数

【例 1—6】　若复利的年利率为 5%，初始本金为 20 000 元，请计算：

(1) 在 9 个月末的累积值；

(2) 在 2 年零 3 个月末的累积值。

【解】

(1) 9 个月相当于 $t=\frac{9}{12}=0.75$ 年，所以在 9 个月末的累积值为

$$20\,000\times(1+0.05)^{0.75}=20\,745.4\text{（元）}$$

(2) 2 年零 3 个月相当于 $t=2+\frac{3}{12}=2.25$ 年，所以在 2 年零 3 个月末的累积值为

$$20\,000\times(1+0.05)^{2.25}=22\,320.6\text{（元）}$$

如前所述，在单利利率为常数的条件下，实际利率是时间的递减函数，即随着时间的延长，实际利率越来越低。在复利利率为常数的条件下，实际利率又是如何变化的呢？

在复利条件下，若令 i 为复利利率，则在时期 $(t-1,t)$ 的实际利率 i_t 可以表示为

$$i_t = \frac{a(t)-a(t-1)}{a(t-1)}$$
$$= \frac{(1+i)^t-(1+i)^{t-1}}{(1+i)^{t-1}}$$
$$= i$$

由此可见，在复利条件下，实际利率恒等于复利利率。

【例 1—7】 投资者从银行借款 20 000 元，4 年后需要偿还本息 25 249.54 元，该笔贷款的年复利利率是多少？

【解】 令年复利利率为 i，则有

$$20\,000(1+i)^4 = 25\,249.54$$
$$\Rightarrow i = 6\%$$

即该笔贷款的年实际利率为 6%。

1.1.5 复利与单利的比较

从前面的讨论可知，复利与单利存在明显区别，现将其归纳如下：

(1) 如果利率水平为常数，那么单利条件下的实际利率是时间的递减函数，而复利条件下的实际利率恒等于复利利率。

(2) 当 $t=0$ 或 $t=1$ 时，根据单利和复利计算的累积值相等。

(3) 当 $0<t<1$ 时，单利的累积值大于复利的累积值。但当利率较低时，它们之间的利息差异很小，因此可以用单利近似复利，即 $(1+i)^t \approx 1+it$。

(4) 当 $t>1$ 时，复利的累积值大于单利的累积值，而且随着时间的增加，它们之间的差异越来越大，如图 1－7 所示。该图左边假设利率为 70%，右边假设利率为 10%。

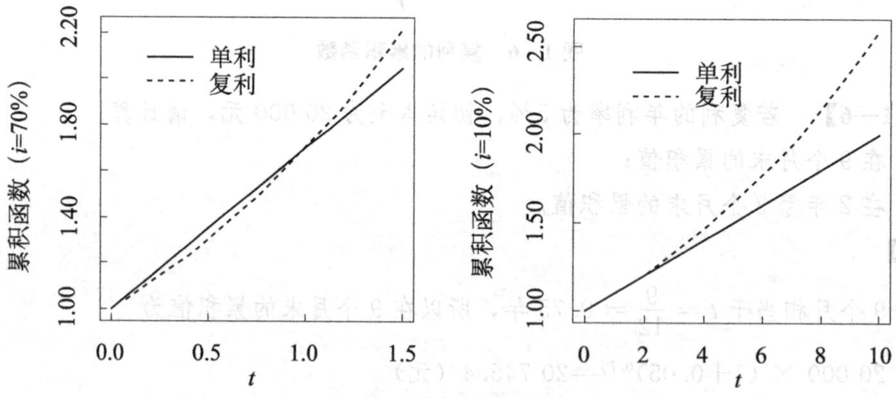

图 1－7　单利和复利的累积函数比较

(5) 在本金一定的条件下，单利在相等的时间区间内产生相同的利息，而复利在相等的时间区间内具有相同的增长率。换言之，在时间区间 $(t, t+s)$ 内，单利利息的绝对增量 $a(t+s)-a(t)=si$ 与时间起点 t 无关；而复利利息的相对增量 $\dfrac{a(t+s)-a(t)}{a(t)}=(1+i)^s-1$ 与时间起点 t 无关。

【例 1—8】 投资者 A 和投资者 B 都在其银行账户中存入 10 000 元。投资者 A 的存款期限为 2 年。投资者 B 先存 1 年，在第 1 年末，他将其账户余额取出后再次存入。请比较下述两种情况中投资者 A 和投资者 B 在两年后的账户余额：

(1) 账户按年 5%的复利计息。

(2) 账户按年 5%的单利计息。

【解】

(1) 如果按年 5% 的复利计息，则投资者 A 在两年末的账户余额为

$$10\ 000\times(1+0.05)^2=11\ 025\ (\text{元})$$

投资者 B 在第 1 年末的账户余额为

$$10\ 000\times(1+0.05)=10\ 500\ (\text{元})$$

在第 1 年末，投资者 B 将其余额 10 500 元取出后再次存入银行，仍然赚取 5%的利率，因此在第 2 年末，投资者 B 的账户余额为

$$10\ 500\times(1+0.05)=11\ 025\ (\text{元})$$

可见，如果按复利计算，在第 2 年末，投资者 A 和投资者 B 的账户余额相等。

(2) 如果按年 5%的单利计息，投资者 A 在第 2 年末的账户余额为

$$10\ 000\times(1+2\times0.05)=11\ 000\ (\text{元})$$

投资者 B 在第 2 年末的账户余额为

$$10\ 000\times(1+0.05)\times(1+0.05)=11\ 025\ (\text{元})$$

可见，在单利计息的情况下，投资者 B 在第 2 年末的账户余额较大。

该例的结果表明，在复利计息的情况下，分段投资不会增加额外的利息收入。但在单利计息的情况下，分段投资可以产生额外的利息收入，这种额外的利息收入来源于前期的利息在后期再投资所产生的利息。

1.2 贴现函数与实际贴现率

1.2.1 贴现函数

前述的累积函数表示资金随着时间的推移而增长的过程，用于计算累积值或终值 (future value)，即资金在未来时刻的价值。贴现函数（discount function）是累积函数的倒数，用于计算现值（present value），即未来的一笔资金在当前的价值。计算现值的过程与计算累积值的过程正好相反。譬如年实际利率为 5%，则当前的 100 元在 1 年后的累积值为 105 元，这是计算累积值的过程。反过来，如果在 1 年后想获得 100 元的累积值，当前应该投入$\frac{100}{1.05}=95.24$元，这是计算现值的过程。

根据累积函数的定义，时刻 0 的 1 元本金在时刻 t 的累积值为 $a(t)$。如果在时刻 t 希望获得 1 元的累积值，在时刻 0 的本金应该是多少呢？这是一个求现值的过程，即贴现过程。贴现过程与累积过程是互逆的。如果在时刻 t 希望获得 1 元的累积值，在时刻 0 的本金应该是 $a^{-1}(t)=\frac{1}{a(t)}$。$a^{-1}(t)$ 就是所谓的贴现函数。

单利和复利的累积函数不同，它们的贴现函数也互不相同。

根据贴现函数的定义，单利的贴现函数为

$$a^{-1}(t)=(1+it)^{-1} \tag{1.6}$$

复利的贴现函数为

$$a^{-1}(t)=(1+i)^{-t} \tag{1.7}$$

【例 1—9】 假设投资基金按年利率 5%单利计息，且投资者希望：(1) 在 9 个月末获得 20 000 元；(2) 在 2 年零 3 个月末获得 20 000 元。在上述两种情况下，投资者在期初应该投入基金中的本金分别为多少？

【解】 两种情况下的投资时间分别为 $\frac{9}{12}=0.75$ 年和 $2+\frac{3}{12}=2.25$ 年。应用单利的贴现函数，投资者在期初应该投入的本金分别为

(1) $20\,000\times(1+0.05\times0.75)^{-1}=19\,277.1$（元）

(2) $20\,000\times(1+0.75\times2.25)^{-1}=17\,977.5$（元）

【例 1—10】 假设以 5%的年利率复利计息，且投资者希望：(1) 在 9 个月末获得 20 000元；(2) 在 2 年零 3 个月末获得 20 000 元。在上述两种情况下，投资者在期初应该投入基金中的本金分别为多少？

【解】 应用复利的贴现函数，投资者在期初应该投入的本金分别为

(1) $20\,000\times(1+0.05)^{-0.75}=19\,281.4$（元）

(2) $20\,000\times(1+0.05)^{-2.25}=17\,920.7$（元）

从上述两例可以看出，在其他条件相同的情况下，如果贴现期不足 1 年，根据复利计算的现值较大；如果贴现期超过 1 年，根据单利计算的现值较大。

图 1-8 比较了单利和复利的贴现函数，假设该图使用的利率为 70%。可以看出，当 $t=0$ 或 $t=1$ 时，根据单利和复利计算的现值相等；当 $0<t<1$ 时，根据复利计算的现值较大；当 $t>1$ 时，根据单利计算的现值较大。

在后文，除非另有说明，一概使用复利的累积函数和贴现函数。

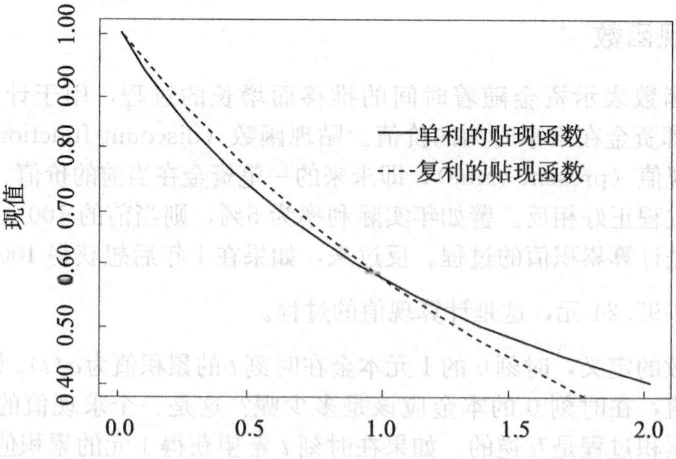

图 1-8 单利和复利的贴现函数

1.2.2 实际贴现率

前面给出了根据利率计算现值的方法，下面讨论根据贴现率计算现值的方法。

实际利率是一定时期内产生的利息与期初本金的比率，而实际贴现率（effective rate of discount）是一定时期内产生的利息与期末累积值的比率。

在时期 $(t-1,t)$，实际贴现率定义为

$$d_t=\frac{a(t)-a(t-1)}{a(t)} \tag{1.8}$$

式中，分母是期末的累积值，分子是当期的利息收入。

注意，在实际贴现率的定义中，我们使用了累积函数，而不是贴现函数。

如果使用复利的累积函数，则时期 $(t-1,t)$ 的实际贴现率是一个常数，可以表示为

$$d_t=\frac{(1+i)^t-(1+i)^{t-1}}{(1+i)^t}=\frac{i}{1+i} \tag{1.9}$$

上式给出了以实际利率表示的实际贴现率。该式表明，实际贴现率就是 1 元本金在当期产生的利息 i 与期末累积值 $(1+i)$ 之比，在数值上小于实际利率。

实际贴现率是实际利率的增函数，当利率 $i=0$ 时，贴现率 $d=0$，而当利率 $i\to\infty$ 时，贴现率 $d\to 1$，即贴现率在 $(0,1)$ 区间取值，而利率在 $(0,\infty)$ 区间取值。

【例 1—11】 假设一年期零息债券的面值为 100 元，发行价为 90 元，到期按面值偿还。投资者如果购买这种零息债券，意味着当前投资 90 元，一年后可以获得 100 元，利息为 10 元。也就是说，购买该零息债券获得的利率为 $\frac{10}{90}=11.11\%$，贴现率为 $\frac{10}{100}=10\%$。

根据实际利率和实际贴现率的关系，复利条件下的累积函数也可以用实际贴现率表示如下：

$$a(t)-(1-d)^{-t} \tag{1.10}$$

由此可得，$a(0)=1$，$a(1)=\frac{1}{1-d}$。这就意味着，期初的 1 元相当于期末的 $\frac{1}{1-d}$ 元，也就是期初的 $1-d$ 元相当于期末的 1 元。

期初的 $1-d$ 元累积到期末为 1 元，表明当期的利息为 d 元，利率为

$$i=\frac{d}{1-d} \tag{1.11}$$

上式就是用实际贴现率表示的实际利率。

1.2.3 实际利率与实际贴现率的关系

前面已经给出了实际利率与实际贴现率之间的两个基本关系，在此基础上经过变换，还可以求得其他两个重要关系。下面分别予以讨论。

(1) $d=i\cdot v$。 (1.12)

其中，$v=\frac{1}{1+i}$被称作贴现因子。

含义： 实际贴现率等于实际利率的现值。

证明：$d=\frac{i}{1+i}=i\cdot\frac{1}{1+i}=i\cdot v$

解释：1元本金投资1个时期，在期末可以获得 i 元利息，它在期初的现值为 iv。上式表明，实际贴现率等于利率的现值。这就意味着，期初投资1元，如果在期末赚取利息，可以获得 i 元利息；如果在期初预收利息，可以获得 d 元利息。

(2) $i-d=id$。 (1.13)

含义：实际利率与实际贴现率之差等于它们的乘积。

证明：$d=i\cdot v=i\cdot\frac{1}{1+i}=i\cdot\left(1-\frac{i}{1+i}\right)=i\cdot(1-d)=i-id$

$\Rightarrow i-d=id$

解释：期初投资1元本金在期末可以赚取 i 元利息，投资 $1-d$ 元本金在期末可以赚取 d 元利息（因为 $1-d$ 元的本金在期末的累积值是1元），两项投资在期末产生了 $i-d$ 元的利息差额。产生这个利息差额的原因就在于初始本金存在 d 元差额，而这 d 元本金差额在本期可以赚取的利息正好是 id。所以上式左边是两项投资所产生的利息差额，右边是两项投资的本金之差所导致的利息差额，它们是相等的。

【例1—12】 如果实际利率可以表示为 $i=\frac{1}{n}$，其中 n 为整数。请证明实际贴现率可以表示为 $d=\frac{1}{n+1}$。

【解】 $d=\frac{i}{1+i}=\frac{\frac{1}{n}}{1+\frac{1}{n}}=\frac{1}{n+1}$

实际利率与实际贴现率的数值关系如图1-9所示。当实际利率增大时，实际贴现率也逐渐增大，但增长幅度越来越小，最终趋于1；也就是说，实际贴现率的最大取值是1。当实际贴现率增大时，实际利率也会增大，且增长幅度越来越大，当实际贴现率趋于1时，实际利率趋于无穷大。

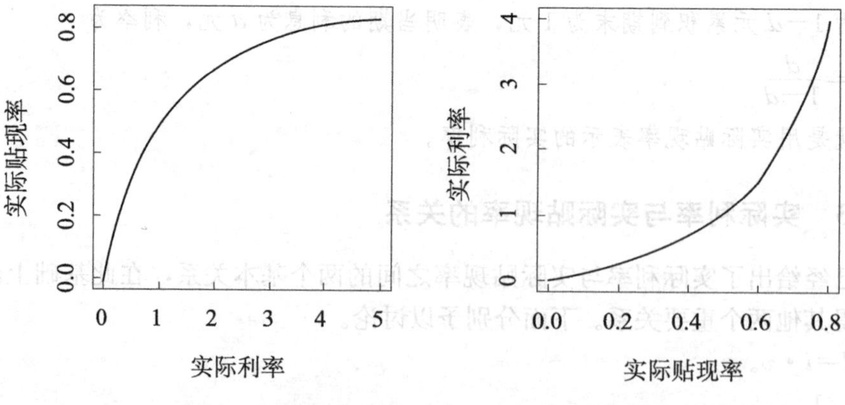

图1-9 实际利率与实际贴现率的数值关系

最后将复利条件下的累积函数和贴现函数总结如下：

累积函数：

$$a(t)=(1+i)^t=(1-d)^{-t} \tag{1.14}$$

贴现函数：

$$a^{-1}(t)=(1+i)^{-t}=(1-d)^t \tag{1.15}$$

【例 1—13】 假设年实际贴现率为 5%，请计算在第 3 年末支付的 2 000 元，在当前时刻的现值是多少？在第 5 年末的累积值是多少？

【解】 应用贴现函数可以求得当前时刻的现值为

$$2\,000\times(1-5\%)^3=1\,714.75\text{（元）}$$

应用累积函数可以求得在第 5 年末的累积值为

$$2\,000\times(1-5\%)^{-2}=2\,216.07\text{（元）}$$

1.2.4 单贴现率

前述的实际贴现率是与复利相联系的复贴现率。与此类似，也可以定义与单利相对应的单贴现率。假设单贴现率为 d，则时刻 t 的 1 元在期初的现值为

$$a^{-1}(t)=1-dt,\quad 0\leqslant t<\frac{1}{d} \tag{1.16}$$

基于单贴现率的贴现函数与基于复贴现率的贴现函数完全不同。单贴现的应用十分有限，除非特别说明，本书所指的贴现率都是复贴现率。

【例 1—14】 假设单贴现率为 5%，如果投资者希望：(1) 在 9 个月末获得 20 000 元；(2) 在 2 年零 3 个月末获得 20 000 元。期初的本金分别应为多少？如果复贴现率为 5%，重新计算上述结果。

【解】 如果单贴现率为 5%，期初的本金分别应为

(1) $20\,000\times(1-0.05\times0.75)=19\,250$（元）

(2) $20\,000\times(1-0.05\times2.25)=17\,750$（元）

如果复贴现率为 5%，期初的本金分别应为

(1) $20\,000\times(1-0.05)^{0.75}=19\,245$（元）

(2) $20\,000\times(1-0.05)^{2.25}=17\,820$（元）

可见，当贴现时期不足 1 年时，单贴现产生的现值大于复贴现产生的现值；而当贴现时期超过 1 年时，单贴现产生的现值小于复贴现产生的现值。这一结论也可通过图 1－10 得到直观的反映（该图使用的贴现率为 70%）。注意，在应用单贴现率时，贴现的时期不能超过单贴现率的倒数 $\frac{1}{d}$。

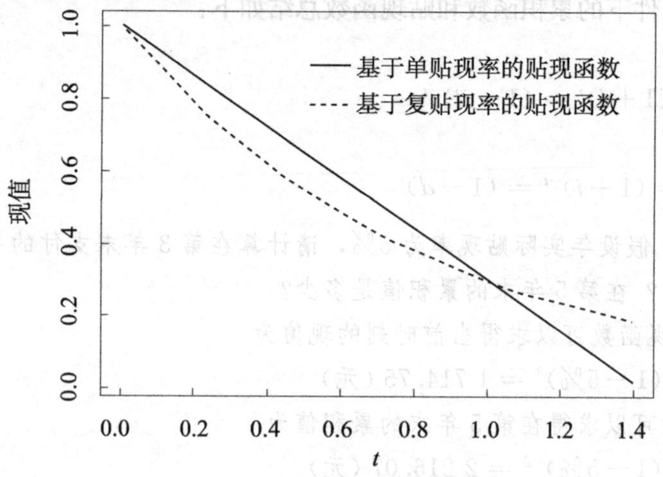

图 1-10　单贴现与复贴现的关系

1.3　名义利率

1.3.1　名义利率的定义

前述所谓的实际利率，是指每个度量时期末复利一次的利率，也就是说，在每个度量时期末，将当期的利息结转为下一期的本金。本节将要介绍的名义利率（nominal rate of interest）是指在一年内复利多次或多年复利一次的利率。

名义利率的第一种形式是一年复利多次的利率，即一年分若干次将利息转化为本金。为了便于说明名义利率的含义，不妨假设一个简单的例子：银行的贷款利率是 12%，借款人从银行获得期限为 1 年、金额为 100 万元的贷款。如果银行要求借款人在年末支付 12 万元的利息，则 12%就是年实际利率。如果银行要求借款人在每个季度末支付全年利息的 $\frac{1}{4}$，即 3 万元，则 12%就是年名义利率。这个名义利率在每个季度末将当季产生的利息结转为下个季度的本金，即每个季度结转一次利息，也就是每年结转 4 次利息或每年复利 4 次。

在名义利率条件下，尽管借款人全年支付的利息总额仍然是 12 万元，但由于平均支付时间提前，所以借款人的实际利息成本增加了。换言之，在名义利率条件下，借款人每季度末支付 3 万元利息，本金为 100 万元，所以每季度的实际利率为

$$3 \div 100 = 3\%$$

由此可见，上述名义利率实际上度量的是每个季度的实际利率。

假设月实际利率为 1%，那么与这个月实际利率相对应的年名义利率可以定义为 $1\% \times 12 = 12\%$。如果一个季度的实际利率为 3%，那么与这个季度实际利率相对应的年名义利率可以定义为 $3\% \times 4 = 12\%$。

综上所述，年名义利率必须与一年所包含的时间区间个数相联系，否则是没有意义的。譬如，只说年名义利率为 12%是没有任何意义的，因为我们不知道这个年名义利率度量的是哪个时间区间的实际利率。年名义利率可以用下述类似的方法进行表述：

“年利率为 12%，每年结转 4 次利息（或每个季度复利 1 次）”，其含义是每个季度的实际利率为 12%÷4 =3%。

在已知年名义利率的条件下，可以计算出年实际利率。假设一笔贷款的年名义利率是 6%，每月复利一次（即每年结转 12 次利息），那么月实际利率就是 6%÷12=0.5%。不妨假设年实际利率为 i，则根据月实际利率计算的年末累积值应该等于根据年实际利率计算的年末累积值，即

$$(1+0.5\%)^{12}=1+i$$

由此可得年实际利率为

$$i=(1+0.5\%)^{12}-1=6.2\%$$

名义利率的第二种形式是多年复利一次的利率，即每隔多年才结转一次利息。譬如，商业银行 3 年期定期存款利率就是这种形式的名义利率。假设商业银行 3 年期定期存款的利率为 4.5%，存款人在期初存入 1 元，则在第 3 年末，可以获得的利息总额为 0.045 ×3 =0.135 元。3 年期满之后，这 0.135 元本金才可结转为下一个存期的本金，也就是所谓的每 3 年结转一次利息，或每 3 年复利一次。显然，存款人在这 3 年期间获得的实际利率为 13.5%。也就是说，商业银行 3 年期定期存款的年利率 4.5%是一种名义利率，其含义是 3 年期的实际利率为 13.5%。相应地，其对应的年实际利率 i 可以由下式求得：

$$(1+i)^3=1+13.5\%$$
$$\Rightarrow i=4.31\%$$

如果用 $i^{(m)}$ 表示一年复利 m 次的年名义利率，则每个利息结转周期的实际利率就是 $\frac{i^{(m)}}{m}$；一年包含 m 个利息结转周期，所以年末的累积值为 $\left[1+\frac{i^{(m)}}{m}\right]^m$，它应该等于以年实际利率 i 计算的年末累积值 $(1+i)$，即

$$\left[1+\frac{i^{(m)}}{m}\right]^m=1+i \tag{1.17}$$

由此可得，由年名义利率表示的年实际利率为

$$i=\left[1+\frac{i^{(m)}}{m}\right]^m-1 \tag{1.18}$$

相应地，由年实际利率表示的年名义利率为

$$i^{(m)}=m\left[(1+i)^{\frac{1}{m}}-1\right]$$

多年复利一次（如 k 年复利一次）的名义利率，也可以看作每年复利 $m=\frac{1}{k}$ 次的名义利率，在这种情况下，年名义利率与实际利率之间的上述关系依然成立。

名义利率与实际利率的关系还可以表示为

$$1+\frac{i^{(m)}}{m}=(1+i)^{\frac{1}{m}}$$

上式左边表示期初的 1 元本金用单利计算经过 $\frac{1}{m}$ 时期后的累积值，右边表示期初的 1

元本金用复利计算经过$\frac{1}{m}$时期后的累积值，因此，名义利率 $i^{(m)}$ 也可以解释为：在$\frac{1}{m}$时期内与年实际利率（复利利率）等价的单利利率。

【例 1—15】 2 000 元的本金按每年复利 4 次的年名义利率 6%投资，请计算 2 年零 6 个月后的累积值。

【解】 本题有两种解法。

方法一： 每年复利 4 次，就意味着每季度复利 1 次，因此每个季度的实际利率为 6%÷4=1.5%。而 2 年零 6 个月一共包含 10 个季度，所以第 10 个季度末的累积值为

$$2\,000\times(1+1.5\%)^{10}=2\,321.08\ (\text{元})$$

方法二： 首先计算出年实际利率为

$$\begin{aligned} i&=\left[1+\frac{i^{(m)}}{m}\right]^m-1\\ &=\left(1+\frac{0.06}{4}\right)^4-1\\ &=6.136\,4\% \end{aligned}$$

再由复利的累积函数公式计算出期末的累积值为

$$2\,000\times(1+6.136\,4\%)^{2.5}=2\,321.08\ (\text{元})$$

在 EXCEL 中，可以用 EFFECT 函数把年名义利率转化为年实际利率，用 NOMINAL 函数把年实际利率转化为年名义利率。

譬如，在例 1—15 中，年名义利率为 $i^{(4)}=6\%$，在 EXCEL 的一个单元格中输入“=EFFECT（0.06，4）”并按回车键，即可得到年实际利率为 0.061 364。

如果给出年实际利率为 0.061 364，在 EXCEL 的一个单元格中输入“=NOMINAL（0.061 364，4）”后按回车键，即可得到每年复利 4 次的年名义利率为 0.06。

在年名义利率给定的条件下，每年复利的次数越多，年实际利率越大。表 1-2 给出了在年名义利率为 10%的情况下，年实际利率随每年复利次数的增加而增大的一个例子。

表 1-2　年实际利率随复利次数的变化情况

复利次数	年实际利率	年初的 1 000 元在年末的累积值（元）
1（每年复利一次）	0.100 00	1 100.00
2（每半年复利一次）	0.102 50	1 102.50
4（每季复利一次）	0.103 81	1 103.81
12（每月复利一次）	0.104 71	1 104.71
52（每周复利一次）	0.105 07	1 105.07
365（每天复利一次）	0.105 16	1 105.16

【例 1—16】 基金 X 按每个季度复利一次的年名义利率 8%累积，基金 Y 按每半年复利一次的年名义利率 6%累积。在第 10 年末，两笔基金的总价值是 1 000 万元。在第 5 年末，基金 X 的总价值是基金 Y 的两倍。请计算两笔基金在第 2 年末的总价值。

【解】 基金 X 每季度的实际利率是 2%，基金 Y 每半年的实际利率是 3%，因此，根

据题意，可以建立下述方程组：

$$\begin{cases} X(1.02)^{40}+Y(1.03)^{20}=1\,000 \\ X(1.02)^{20}=2Y(1.03)^{10} \end{cases}$$

解此方程组可得：

$$\begin{cases} X=311.86 \\ Y=172.41 \end{cases}$$

故两笔基金在第2年末的总价值为

$$X(1.02)^{8}+Y(1.03)^{4}=559.44(万元)$$

1.3.2 名义利率的应用

在现实中，银行公布的存款利率基本上都是年名义利率，如表1-3所示。为了比较这些年名义利率，必须将它们转换成年实际利率。以3个月期银行存款利率1.8%为例，它表示3个月期的实际利率为1.8%÷4=0.45%，对应的年实际利率为

$$(1.8\%\div4+1)^{4}-1=1.812\%$$

再以3年期的银行存款利率3.69%为例，它表示3年期的实际利率为3.69%×3=11.07%，对应的年实际利率为

$$(1+3.69\%\times3)^{\frac{1}{3}}-1=3.562\%$$

其他存款利率对应的年实际利率也可做类似计算，结果如表1-3和图1-11所示。可见，对于1年期定期存款，年名义利率等价于年实际利率。当存款期限小于1年时，年名义利率小于等价的年实际利率。当存款期限大于1年时，年名义利率大于等价的年实际利率，且存款期限越长，年名义利率与年实际利率的差异越大。

表1-3 银行存款的年名义利率及其等价的年实际利率

存款期限	3个月	6个月	1年	2年	3年	5年
存款利率（年名义利率）(%)	1.80	2.25	2.52	3.06	3.69	4.14
等价的年实际利率（%）	1.81	2.26	2.52	3.02	3.56	3.83

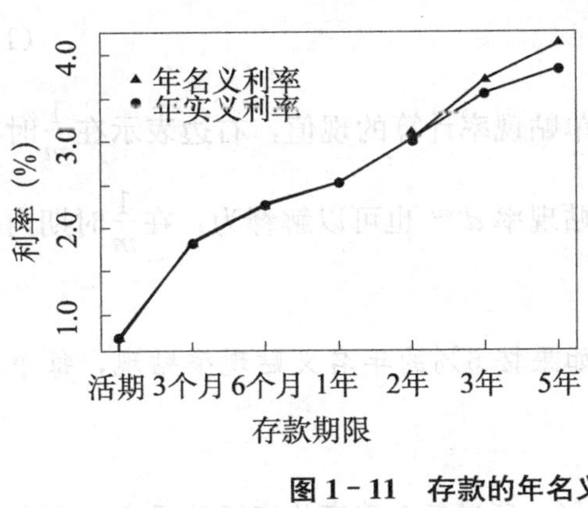

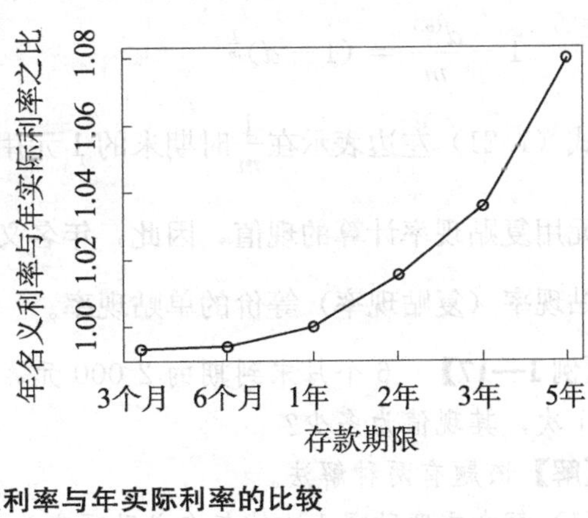

图1-11 存款的年名义利率与年实际利率的比较

1.4 名义贴现率

1.4.1 名义贴现率的定义

名义贴现率（nominal rate of discount）用于度量不足一年的一个时间区间内的实际贴现率。譬如，如果年名义贴现率为6%，每月贴现1次，那么每月的实际贴现率为6%÷12=0.5%。在已知每月的实际贴现率的情况下，也可以计算出年实际贴现率。不妨假设年实际贴现率为d，则根据月实际贴现率计算的现值应该等于根据年实际贴现率计算的现值，即

$$(1-0.5\%)^{12}=1-d$$

由此可得，年实际贴现率为$1-(1-0.5\%)^{12}=5.8\%$。

在使用名义贴现率的概念时，必须说明多长时间贴现一次，否则是没有意义的。

如果用$d^{(m)}$表示年名义贴现率，每$\frac{1}{m}$年贴现一次，则每$\frac{1}{m}$年的实际贴现率为$\frac{d^{(m)}}{m}$，因此年末的1元在年初的现值为$\left[1-\frac{d^{(m)}}{m}\right]^m$，它应该等于按年实际贴现率$d$计算的现值$(1-d)$，即

$$\left[1-\frac{d^{(m)}}{m}\right]^m=1-d$$

故由年名义贴现率表示的年实际贴现率为

$$d=1-\left[1-\frac{d^{(m)}}{m}\right]^m \tag{1.19}$$

由年实际贴现率表示的年名义贴现率为

$$d^{(m)}=m\left[1-(1-d)^{\frac{1}{m}}\right] \tag{1.20}$$

名义贴现率与实际贴现率的关系还可以表示为

$$1-\frac{d^{(m)}}{m}=(1-d)^{\frac{1}{m}} \tag{1.21}$$

式（1.21）左边表示在$\frac{1}{m}$时期末的1元用单贴现率计算的现值，右边表示在$\frac{1}{m}$时期末的1元用复贴现率计算的现值，因此，年名义贴现率$d^{(m)}$也可以解释为：在$\frac{1}{m}$时期内与年实际贴现率（复贴现率）等价的单贴现率。

【例1—17】 6个月末到期的2 000元，如果按6%的年名义贴现率贴现，每个季度贴现1次，其现值为多少？

【解】 该题有两种解法。

(1) 每个季度贴现1次的年名义贴现率为6%，所以每个季度的实际贴现率为6%÷4=1.5%。6个月一共包含2个季度，所以其现值为

$$2\,000\times(1-1.5\%)^2=1\,940.45\text{（元）}$$

(2) 首先计算出年实际贴现率为

$$d=1-\left[1-\frac{d^{(m)}}{m}\right]^m$$
$$=1-\left(1-\frac{0.06}{4}\right)^4$$
$$=5.866\,3\%$$

再计算现值为

$$2\,000\times(1-5.866\,3\%)^{0.5}=1\,940.45\text{（元）}$$

在年名义贴现率给定的条件下，每年的贴现次数越多，年实际贴现率将越小。表1-4给出了在年名义贴现率为10%的情况下，年实际贴现率随贴现次数增加而减小的一个例子。

表1-4　年实际贴现率随贴现次数的变化情况

贴现次数	年实际贴现率	年末的1 000元在年初的现值（元）
1（每年贴现一次）	0.100 00	900.00
2（每半年贴现一次）	0.097 50	902.50
4（每季贴现一次）	0.096 31	903.69
12（每月贴现一次）	0.095 54	904.46
52（每周贴现一次）	0.095 25	904.75
365（每天贴现一次）	0.095 17	904.83

1.4.2 名义利率与名义贴现率的关系

名义利率与名义贴现率之间存在着密切的关系，通过这些关系，可以进行名义利率与名义贴现率之间的相互转换。

名义利率 $i^{(m)}$ 与名义贴现率 $d^{(m)}$ 的含义是，在 $\frac{1}{m}$ 年的时间区间内，实际利率和实际贴现率分别为 $\frac{i^{(m)}}{m}$ 和 $\frac{d^{(m)}}{m}$。由前述实际利率与实际贴现率的关系可知，实际贴现率等于实际利率的现值，即有

$$\frac{d^{(m)}}{m}=\frac{i^{(m)}}{m}(1+i)^{-\frac{1}{m}}$$

由此可得，名义利率 $i^{(m)}$ 与名义贴现率 $d^{(m)}$ 的关系为：

$$d^{(m)}=i^{(m)}v^{\frac{1}{m}} \tag{1.22}$$

若令 $i^{(m)}$ 为每年复利 m 次的名义利率，$d^{(n)}$ 为每年贴现 n 次的名义贴现率，则年初的1元本金用名义利率和名义贴现率计算的年末累积值应该相等，即有

$$\left[1+\frac{i^{(m)}}{m}\right]^m=\left[1-\frac{d^{(n)}}{n}\right]^{-n} \tag{1.23}$$

若令 $m=1$，则上式描述了实际利率 i 与名义贴现率 $d^{(n)}$ 之间的关系。

若令 $n=1$，则上式给出了实际贴现率 d 与名义利率 $i^{(m)}$ 之间的关系。

若令 $m=n=1$，则上式给出了实际利率 i 与实际贴现率 d 之间的关系。

若令 $m=n$，则上式经变形成为

$$\frac{i^{(m)}}{m}-\frac{d^{(m)}}{m}=\frac{i^{(m)}}{m}\cdot\frac{d^{(m)}}{m} \tag{1.24}$$

即在$\frac{1}{m}$年的时间区间内，实际利率与实际贴现率之差等于它们的乘积。

【例 1—18】 如果每月复利一次的年名义利率为 6%，当每个季度贴现一次的年名义贴现率为多少时，名义利率与名义贴现率是等价的？等价的含义是指，无论按名义利率计算还是按名义贴现率计算，期末的 1 元在期初的现值是相等的，或期初的 1 元在期末的累积值是相等的。

【解】 根据题意有：

$$\left(1+\frac{0.06}{12}\right)^{12}=\left(1-\frac{d^{(4)}}{4}\right)^{-4}$$

上式左边是期初的 1 元本金按名义利率计算的期末累积值，右边是按名义贴现率计算的期末累积值。解上述方程可得每个季度贴现一次的年名义贴现率为 $d^{(4)}=5.94\%$。

从本例可以看出，当名义利率与名义贴现率等价时，名义利率大于名义贴现率。这一结论总是成立的，即不论多长时间复利一次或贴现一次，只要名义利率与名义贴现率等价，名义利率总是大于名义贴现率。当结转利息的时间长度和贴现的时间长度都为一个度量时期时，名义利率就是实际利率，名义贴现率就是实际贴现率，因此，当实际利率和实际贴现率等价时，实际利率总是大于实际贴现率。

【例 1—19】 投资者对某个基金的投资情况如下：初始投入为 10 万元，第 15 年末又投入 30 万元。如果此基金在前 10 年按每个季度贴现一次的年名义贴现率 d 计息，10 年后按每半年复利一次的年名义利率 6%计息。在第 30 年末，投资者在基金中的累积值为 120 万元。请计算 d 的值。

【解】 当 $t=30$ 时，投资者在基金中的累积值可以表示为

$$10\times\left(1-\frac{d}{4}\right)^{-40}\times\left(1+\frac{0.06}{2}\right)^{40}+30\times\left(1+\frac{0.06}{2}\right)^{30}=120$$

上式左边的第一项表示初始投入的 10 万元在第 30 年末的累积值，第二项表示第 15 年末投入的 30 万元在第 30 年末的累积值。

解此方程可得：

$$d=3.67\%$$

1.5 利息力

1.5.1 利息力的定义

前面讨论的利息度量工具都度量了资本在一定时期内平均获取利息的能力。如年实际利率度量了资本在一年内平均获取利息的能力，年名义利率度量了资本在不足一年的时间

区间内（如半年、一个季度或一个月）平均获取利息的能力。本节讨论的利息力（force of interest）可以度量资本在每一个时点上获取利息的能力。

利息力在期货、期权和其他衍生金融工具的定价中具有十分重要的应用价值。在某些借贷业务中，如银行同业拆借，也使用利息力作为计算利息的基本依据。

利息力度量了资本每个时点上的利息增长强度，可以用累积函数的相对变化率定义如下：

$$\delta(t)=\frac{a'(t)}{a(t)} \tag{1.25}$$

其中，$\delta(t)$ 表示在时刻 t 的利息力。分子 $a'(t)$ 是累积函数的导数，表示在时刻 t，累积值在单位时间内的变化速率；分母 $a(t)$ 是在时刻 t 的累积值。因此，上式定义的利息力也就是在时刻 t，单位金额在单位时间内的变化速率。

由于 $A(t)=A(0)\times a(t)$，所以利息力还可用金额函数表示为

$$\delta(t)=\frac{a'(t)}{a(t)}=\frac{A'(t)}{A(t)}$$

下面从导数的定义出发，讨论对利息力的直观解释。根据导数的定义，有

$$a'(t)=\lim_{\varepsilon\to 0}\frac{a(t+\varepsilon)-a(t)}{\varepsilon}$$

所以利息力可以表示为

$$\delta(t)=\frac{a'(t)}{a(t)}=\lim_{\varepsilon\to 0}\frac{a(t+\varepsilon)-a(t)}{\varepsilon\cdot a(t)}$$

上式中，$a(t+\varepsilon)-a(t)$ 是1元本金在长度为 ε 的时间区间（t，$t+\varepsilon$）内产生的利息，而 $\frac{a(t+\varepsilon)-a(t)}{a(t)}$ 是其在时间区间（t，$t+\varepsilon$）内的实际利率。一年包含的时间区间个数为 $\frac{1}{\varepsilon}$。因此，每个时间区间的实际利率 $\frac{a(t+\varepsilon)-a(t)}{a(t)}$ 与一年所包含的时间区间个数 $\frac{1}{\varepsilon}$ 相乘，就是对应于这一实际利率的年名义利率 $\frac{a(t+\varepsilon)-a(t)}{\varepsilon\cdot a(t)}$。

譬如，如果3个月（0.25年）的实际利率为2%，那么对应于这一实际利率的年名义利率就是 $2\%\times(1/0.25)=8\%$。

$\varepsilon\to 0$ 意味着连续结转利息，即连续复利，因此利息力就是在连续结转利息时的名义利率。连续结转利息等价于复利次数趋于无穷大，所以利息力也可以解释为复利次数趋于无穷大时的名义利率。

由利息力的定义可知

$$\delta(t)=\frac{a'(t)}{a(t)}=[\ln a(t)]'$$

上式中，用 s 代替 t，并在等式两边从0到 t 积分，可得

$$\begin{aligned}\int_0^t\delta(s)\mathrm{d}s&=\int_0^t[\ln a(s)]'\mathrm{d}s\\&=\ln a(t)-\ln a(0)\\&=\ln a(t)\end{aligned}$$

因此，可以用利息力把累积函数表示如下：

$$a(t)=\exp\left(\int_0^t\delta(s)\mathrm{d}s\right)\tag{1.26}$$

【例 1—20】 已知积累函数为 $a(t)=8t^2+2t+100$，求 $t=0.5$ 时的利息力。

【解】 由利息力的定义可得：

$$\delta(t)=\frac{a'(t)}{a(t)}=\frac{16t+2}{8t^2+2t+100}$$

所以有

$$\delta(0.5)=9.71\%$$

【例 1—21】 请计算单利累积函数的利息力。

【解】 单利条件下的累积函数为 $a(t)=1+it$，所以单利条件下的利息力为

$$\delta(t)=\frac{a'(t)}{a(t)}=\frac{(1+it)'}{1+it}=\frac{i}{1+it}$$

可见，单利条件下的利息力是时间 t 的递减函数。

【例 1—22】 2015 年 1 月 1 日，投资者 A 在一个基金中投入 X，该基金按单利 10% 计息；在同一天，投资者 B 在另一个基金中也投入 X，该基金按利息力 $\delta(t)=\dfrac{2t}{t^2+k}$ 计息。假设从第 4 年末到第 8 年末，两个投资者赚取的利息相等，请计算 k。

【解】 投资者 A 在第 4 年末和第 8 年末的累积值分别为

$$\begin{cases}A(4)=X\times(1+4\times 0.10)=1.4X\\ A(8)=X\times(1+8\times 0.10)=1.8X\end{cases}$$

所以投资者 A 从第 4 年末到第 8 年末赚取的利息为

$$A(8)-A(4)=0.4X$$

投资者 B 在第 4 年末和第 8 年末的累积值分别为

$$\begin{cases}A(4)=X\cdot\exp\left(\int_0^4\delta(t)\mathrm{d}t\right)=X\cdot\dfrac{16+k}{k}\\ A(8)=X\cdot\exp\left(\int_0^8\delta(t)\mathrm{d}t\right)=X\cdot\dfrac{64+k}{k}\end{cases}$$

所以投资者 B 从第 4 年末到第 8 年末赚取的利息为

$$A(8)-A(4)=\frac{48X}{k}$$

这两个投资者在此期间赚取的利息金额相等，即

$$0.4X=\frac{48X}{k}$$

所以

$$k=120$$

1.5.2 复利条件下的利息力

复利条件下的利息力为常数，即

$$\delta=\ln(1+i) \tag{1.27}$$

证明：在复利条件下，累积函数为 $a(t)=(1+i)^t$，根据利息力的定义可得：

$$\delta(t)=\frac{a'(t)}{a(t)}=\frac{[(1+i)^t]'}{(1+i)^t}=\frac{(1+i)^t\ln(1+i)}{(1+i)^t}=\ln(1+i)$$

可见在复利条件下，利息力是常数，与时间 t 无关。

将上式变形，可以用利息力表示实际利率：

$$i=e^{\delta}-1 \tag{1.28}$$

可见，当利息力为常数时，实际利率也是常数。但是，当实际利率为常数时，利息力却未必一定是常数。这是因为，利息力度量的是每一个时点上的利息增长强度，而实际利率度量的是一个时期内的平均利息增长强度，所以，当每个时点上的利息增长强度为常数时，在一个时期内的平均利息增长强度必定为常数。但是，当一个时期内的平均利息增长强度为常数时，未必能保证在每个时点上的利息增长强度也为常数。

【例 1—23】 当每年的复利次数 m 趋于无穷时，求名义利率和名义贴现率的极限。

【解】 根据名义利率和实际利率的关系，名义利率的极限为

$$\begin{aligned}\lim_{m\to\infty}i^{(m)}&=\lim_{m\to\infty}m[(1+i)^{\frac{1}{m}}-1]\\&=\lim_{x\to0}\frac{(1+i)^x-1}{x}\quad\left(令\ x=\frac{1}{m}\right)\\&=\ln(1+i)\\&=\delta\end{aligned}$$

类似地，名义贴现率的极限为

$$\begin{aligned}\lim_{m\to\infty}d^{(m)}&=\lim_{m\to\infty}m[1-(1-d)^{\frac{1}{m}}]\\&=\lim_{x\to0}\frac{1-(1-d)^x}{x}\quad\left(令\ x=\frac{1}{m}\right)\\&=-\ln(1-d)\\&=\ln(1+i)\\&=\delta\end{aligned}$$

该例的结果表明，当复利次数趋于无穷大时，名义利率和名义贴现率相等，都等于利息力。

由于实际利率可以表示成实际贴现率的函数，即 $i=\frac{d}{1-d}$；而贴现因子是实际利率的函数，即 $v=\frac{1}{1+i}$；实际利率又可以由利息力确定，即 $i=e^{\delta}-1$。所以，实际利率 i、实际贴现率 d、贴现因子 v 和利息力 δ 之间是可以相互转化的，只要知道其中任何一个值，

就可以计算出另外三个值。它们之间的关系如表 1－5 所示。

表 1－5　实际利率 i、实际贴现率 d、贴现因子 v 和利息力 δ 之间的换算关系

	实际利率 i	实际贴现率 d	贴现因子 v	利息力 δ
实际利率 i	—	$\frac{d}{1-d}$	$\frac{1}{v}-1$	$e^{\delta}-1$
实际贴现率 d	$\frac{i}{1+i}$	—	$1-v$	$1-e^{-\delta}$
贴现因子 v	$\frac{1}{1+i}$	$1-d$	—	$e^{-\delta}$
利息力 δ	$\ln(1+i)$	$-\ln(1-d)$	$-\ln v$	—

在复利条件下，累积函数可以分别用实际利率、名义利率、实际贴现率、名义贴现率或利息力来表示，如果用它们表示的累积函数是相同的，则可以称这些利息度量工具是等价的。譬如，与年实际利率 i 等价的年实际贴现率为 d，利息力为 δ。注意，这里所谓的等价，是指它们对利息的计量结果在价值上是相同的，但它们在数值大小上并不相同，譬如与年实际利率 $i=10\%$ 等价的年实际贴现率为 $d=9.1\%$，在数值上年实际利率小于年实际贴现率，这是因为利率是在年末收取的，而贴现率是在年初收取的。基于同样的原因，各种等价的利息度量工具在数值上有下述大小关系：

$$d \leqslant d^{(2)} \leqslant d^{(3)} \leqslant \cdots \leqslant \delta \leqslant \cdots \leqslant i^{(3)} \leqslant i^{(2)} \leqslant i$$

图 1－12 直观地展示了上述各种利息度量工具之间在数值上的大小关系。该图使用的年实际利率为 5%。可以看出，随着每年复利次数 m 的增加，等价的年名义利率逐渐变小，而等价的年名义贴现率逐渐变大。当复利次数趋于无穷大时，它们都等于利息力。

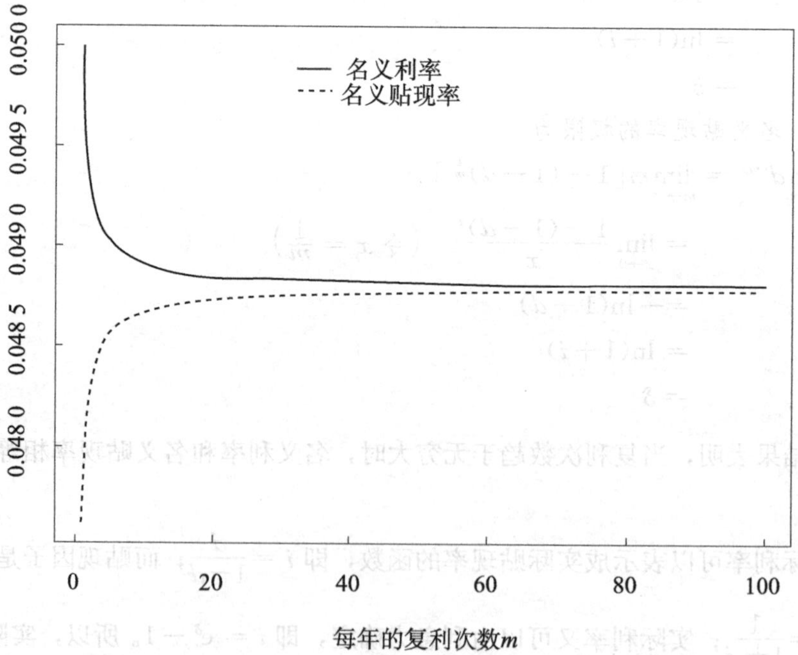

图 1－12　各种等价的利息度量工具之间的数值大小关系

【例 1—24】 投资者 A 在银行存入 10 万元，按每半年复利一次的年名义利率 i 计息；与此同时，投资者 B 也在银行存入 10 万元，按常数利息力 δ 来计息。经过 5 年之后，两人的存款都累积到了 20 万元。求 $(i-\delta)$ 的值。

【解】 5 年之后，投资者 A 的存款将累积到

$$10\times\left(1+\frac{i}{2}\right)^{2\times5}=20$$

由此可得：

$$i=0.143\,547$$

5 年之后，投资者 B 的存款将累积到

$$10\times e^{5\delta}=20$$

由此可得：

$$\delta=0.138\,629$$

所以，

$$i-\delta=0.49\%$$

1.6 贴现力

与利息力的定义相对应，贴现力（force of discount）是指贴现函数的单位变化率，即

$$\delta(t)=-\frac{[a^{-1}(t)]'}{a^{-1}(t)}$$

可见，贴现力的定义公式与利息力的定义公式基本相同，只是由于贴现函数是递减的，所以为了保证贴现力的值大于零，在前面增加了一个负号。

应用求导公式，将上式变形，可得

$$\begin{aligned}\delta(t)&=-\frac{[a^{-1}(t)]'}{a^{-1}(t)}\\&=\frac{a^{-2}(t)a'(t)}{a^{-1}(t)}\\&=\frac{a'(t)}{a(t)}\end{aligned}$$

由此可见，贴现力与利息力是等价的。这个结论也可以做如下解释：利率之所以在数值上大于贴现率，是因为利率是在期末赚取的，而贴现率是在期初预收的。利息力和贴现力是定义在一个时间点上的概念，期初和期末相互重叠，所以利息力和贴现力也就相等了。

由于贴现力与利息力是等价的，所以在实际应用中经常使用利息力的概念，而很少使用贴现力的概念。

1.7 利率概念辨析

利率是一个应用十分广泛的概念，也是一个容易引起歧义的概念。本节指出了在使用利率及其相关概念时可能出现的某些混淆，希望读者注意辨析。

1.7.1 实际利率与名义利率

熟悉经济学和金融学的读者会发现，本章关于实际利率和名义利率的定义与经济学和金融学著作中的定义完全不同。

在本章中，实际利率是指在每一个度量时期内只复利一次的利率；而名义利率是指在一个度量时期内复利多次或在多个度量时期复利一次的利率。

在经济学和金融学文献中，所谓的实际利率（real interest rate）是指扣除了预期的通货膨胀影响以后的利率；而名义利率（nominal interest rate）是指没有扣除通货膨胀影响的利率。

譬如，根据经济学中的定义，如果年初的100元在1年以后可以累积到110元，那么当年的名义利率就是10%，如果当年的预期通货膨胀率为4%，则从10%的名义利率中扣除预期通货膨胀率4%以后，即可得到当年的实际利率近似为6%。

下面我们根据经济学中关于实际利率和名义利率的定义，给出它们之间的严格关系。假设用i表示名义利率，用r表示实际利率，用π表示预期的通货膨胀率，则有下述关系：

$$1+i=(1+r)(1+\pi)$$

$$i=r+\pi+r\pi \tag{1.29}$$

由于r和π都是很小的数，所以它们的乘积就更小，非常接近于零，可以忽略。因此上式可近似表示为

$$i\approx r+\pi \tag{1.30}$$

即名义利率近似等于实际利率与预期的通货膨胀率之和。

或者

$$r\approx i-\pi \tag{1.31}$$

即实际利率近似等于名义利率减去预期的通货膨胀率。

由此可见，在经济学中，实际利率反映了资金借贷的真实成本。当预期的通货膨胀率大于名义利率时，贷款人实际上获得的利息收入将是负值，即他在贷出资金之前本来有能力购买的产品或服务在贷款到期后将无力购买，因为产品或服务的价格上升幅度大于本金的增长幅度。

1.7.2 利率与贴现率

在经济学文献中，利率和贴现率是使用频率很高的两个概念，但这两个概念也经常被混淆。尤其在需要计算现值的场合中，利率常常被误称为贴现率。

利率是以本金（或现值）为基础计算的，而贴现率正好相反，它是以累积值为基础计算的。譬如，如果当前 100 元的本金在一年以后的累积值为 110 元，那么这笔款项的利率为 10÷100=10%。反过来，如果年末到期的 110 元的现值为 100 元，那么贴现率就是 10÷110=9.091%。尽管利率和贴现率的计算基础完全不同，但它们之间仍然存在着下述换算关系：

$$利率=\frac{贴现率}{1-贴现率}$$

从理论上讲，计算现值既可以应用利率，也可以应用贴现率。譬如，计算年末的 110 元在当前的现值可以通过下述两种方法：

（1）通过利率计算，现值为$\frac{110}{1+0.10}=100$元。

（2）通过贴现率计算，现值为$110\times(1-9.091\%)=100$元。

两种结果完全相同，只是第一种方法按 10%的利率计算，而第二种方法按 9.091%的贴现率计算。

由于计算现值的过程就是贴现的过程，所以有些文献在应用利率计算现值时，误将利率称为贴现率。

总之，计算现值所使用的未必就是贴现率，许多人可能更加习惯于使用利率计算现值。

小结

累积函数 $a(t)$ 是期初 1 单位本金在时刻 t 的累积价值，反映了资金随着时间增长变化的过程。在已知累积函数的情况下，就可以确定资金在任意时点上的价值。在金融实践中，常用的两种计息方式是单利和复利，单利的累积函数为 $a(t)=1+it$，复利的累积函数为 $a(t)=(1+i)^t$，其中 i 表示年利率。

贴现函数 $a^{-1}(t)$ 是累积函数的倒数，表示时刻 t 的单位 1 资金在时刻 0 的现值。累积函数用于计算资金的终值，贴现函数用于计算资金的现值。单利的贴现函数为 $a^{-1}(t)=(1+it)^{-1}$，复利的贴现函数为 $a^{-1}(t)=(1+i)^{-t}$。

单利不满足一致性，即单利的有效利率随着时间而递减。复利的有效利率恒等于复利利率，所以满足一致性。

如果没有特别说明，本书的利息度量工具都是基于复利的累积函数定义的，包括有效利率、有效贴现率、名义利率、名义贴现率和利息力。

有效利率是期末的利息与期初的本金之比；有效贴现率是期末的利息与期末的累积值之比。名义利率 $i^{(m)}$ 表示将一年等分为 m 个时间区间后每个区间的有效利率为 $i^{(m)}/m$，也表示在 $1/m$ 年的时间区间内与复利利率等价的单利利率，还表示将一年等分为 m 个时间区间时间后进行分段投资的单利利率。名义贴现率 $d^{(m)}$ 表示将一年等分为 m 个时间区间后每个时间区间的有效贴现率为 $d^{(m)}/m$。利息力表示在每个时点上的利息增长强度，也可以表示当每年的复利次数趋于无穷大时名义利率或名义贴现率的极限，还可以表示将一年等分为无穷多个时间区间后进行分段投资时的单利利率。

在复利条件下，各种利息度量工具之间的关系可以通过累积函数表示如下：

$$a(t)=(1+i)^t=\left[1+\frac{i^{(m)}}{m}\right]^{mt}=(1-d)^{-t}=\left[1-\frac{d^{(m)}}{m}\right]^{-mt}=e^{\delta t}=\exp\left(\int_0^t\delta(s)\,\mathrm{d}s\right)$$

现实中使用的利率大多是年名义利率，为了比较它们所表示的收益率水平孰高孰低，应该将其换算为等价的年有效利率再进行比较。年有效利率越高，表示收益率水平越高。如果两种利息度量工具对应的年有效利率相等，就认为这两种利息度量工具是等价的。等价的利息度量工具在数值上存在下述大小关系：

$$d\leqslant d^{(2)}\leqslant d^{(3)}\leqslant\cdots\leqslant\delta\leqslant\cdots\leqslant i^{(3)}\leqslant i^{(2)}\leqslant i$$

换言之，在价值给定的条件下，支付越晚，数值越大。譬如，有效利率是在年末支付，所以数值最大；有效贴现率是在年初支付，所以数值最小；利息力是连续支付，所以数值居中。

本章知识点的思维导图如下：

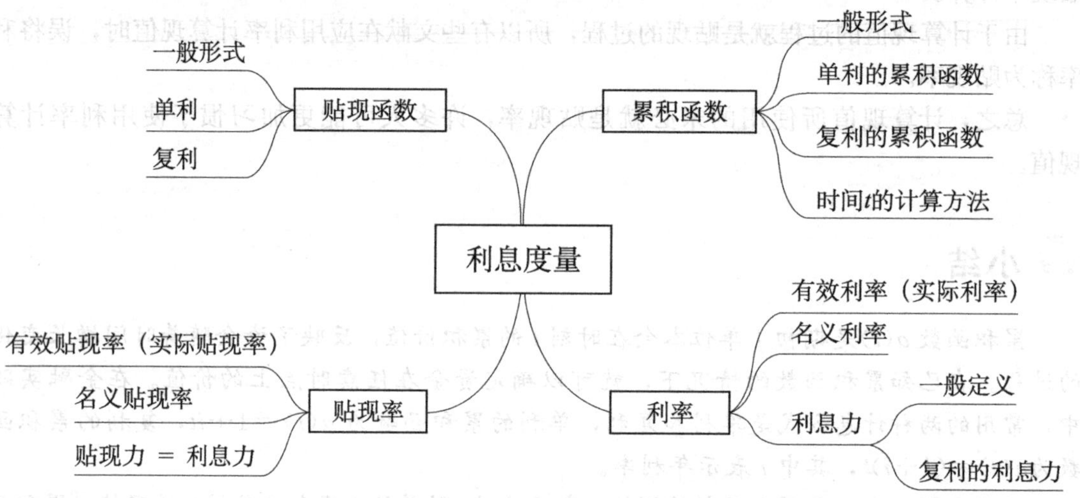

习题

1.1 在当前时刻投资 6 000 元，以单利计息，2 年后可以获得 1 500 元的利息。如果以相同的复利利率投资 2 000 元，请计算在第 3 年末的累积值。

1.2 在第 1 个月末支付 3 140 元的现值与第 18 个月末支付 2 710 元的现值之和，等于在第 T 个月末支付 10 040 元的现值。假设年实际利率为 5%，求 T。

1.3 在当前时刻，投资者 A 在其账户存入 X，按每半年复利一次的年名义利率 i 计息。同时，投资者 B 在另一个账户存入 $2X$，按单利利率 i 来计息。假设两个投资者在第 8 年的后 6 个月中将获得相等的利息，求 i。

1.4 一项投资以 δ 的利息力累积，27.72 年后将翻番。1 单位的投资以每两年复利一次的名义利率 δ 累积 n 年，累积值将为 7.04。求 n。

1.5 如果年名义贴现率为6%，每4年贴现一次，请计算100万元在第2年末的累积值。

1.6 如果 $i^{(m)} = 0.184\ 414\ 4$，$d^{(m)} = 0.180\ 260\ 8$，请计算 m。

1.7 基金A以每月复利一次的名义利率12%累积。基金B以 $\delta(t) = \frac{t}{6}$ 的利息力累积。在时刻0，分别存入1元到两个基金中。何时两个基金的累积值将相等?

1.8 基金A以利息力 $\delta(t)=a+bt$ 累积，基金B以利息力 $\delta(t) = g + ht$ 累积。当 $t=0$ 和 $t=n$ 时，基金A与基金B的价值相等。已知 $a>g>0$，$h>b>0$，求 n。

1.9 在当前时刻将100万元投入一个基金。该基金在前两年以每个季度贴现一次的名义贴现率 d 支付利息；从 $t=2$ 开始，按照利息力 $\delta(t) = \frac{1}{t+1}$ 支付利息。在 $t=5$ 时，投资者在该基金的累积值为260万元。求 d。

1.10 一项投资A的累积函数为 $t+1$，$t>0$；另一项投资B的累积函数为 $1+t^2$。两项投资的利息力在何时相等?

1.11 已知利息力为 $\delta(t) = \frac{2}{t+1}$。假设第3年末支付300万元的现值与第6年末支付600万元的现值之和，等于第2年末支付200万元的现值与第5年末支付 X 万元的现值之和。求 X。

1.12 已知利息力为 $\delta(t) = \frac{t^3}{100}$，求 $a^{-1}(3)$。

1.13 基金的累积函数为二次多项式，如果向该基金投资1年，则上半年的名义利率为5%（每半年复利一次），全年的实际利率为7%，计算 $\delta(0.5)$。

1.14 投资者在时刻0向基金投入100万元，在时刻3又投入 X 万元。此基金按利息力 $\delta(t) = \frac{t^2}{100}$ 累积，其中 $t>0$。从时刻3到时刻6的总利息为 X，求 X。

1.15 投资者在时刻0投资1 000万元，按照以下利息力计息：当 $0 \leqslant t \leqslant 3$ 时，利息力为 $\delta(t)=0.02t$；当 $t>3$ 时，利息力为 $\delta(t) = 0.045$。求前4年每季度复利一次的年名义利率。

1.16 已知每半年复利一次的年名义利率为7.5%，求下列两项之和：

(1) 利息力；

(2) 每季度贴现一次的年名义贴现率。

1.17 当 $0<t\leqslant 5$ 时，利息力为 $\delta(t)=kt$；当 $5<t\leqslant 10$ 时，利息力为 $\delta(t)=\frac{kt^2}{25}$。假设期初的1单位本金在第10年末将会累积到2.718 3，求 k。

1.18 已知利息力为 $\delta(t) = \frac{1}{t+2}$，当前时刻的1单位投资在前 n 年赚取的利息总额为8，求 n。

1.19 2014年1月1日，投资者向一项基金投入1 000万元，该基金在时刻 t 的利息力为 $\delta(t) = 0.1\,(t-1)^2$，求该笔投资在2016年1月1日的累积值。

1.20 投资者A在一项基金中的初始投资为10万元，5年后又投入30万元，已知该基金按单利11%计息。n 年后，投资者B在另一项基金存入10万元，$2n$ 年后又投入30万元，已知该基金按复利9.15%计息。在第10年末，两个投资者的累积值相等。求 n。

第2章 等额年金

在投资和财务分析中，经常需要计算一个现金流的价值。现金流的形式多种多样，既有毫无规律可循的一般现金流，也有支付时间和支付金额非常规律的现金流。本章首先分析最具规律的一种现金流（即等额年金），下一章再讨论更为一般的现金流。

等额年金是一种特殊的现金流，每隔固定时期支付相等的金额。本章主要介绍如何计算等额年金的现值和终值。2.1 节到 2.4 节分别介绍等额年金的含义，现值和终值的计算以及它们之间的相互关系。2.5 节介绍等额年金在任意时点上的价值。2.6 节和 2.7 节介绍每年支付 m 次的等额年金和每年连续支付的等额年金。2.8 节介绍如何通过价值方程来求解未知利率或未知时间，事实上就是如何应用 EXCEL 求解高次方程。

为方便起见，表 2－1 给出了本章使用的主要符号及其含义。

表 2－1　符号及其说明

$a_{\overline{n}\vert}$，$s_{\overline{n}\vert}$	每年支付 1 元的期末付年金的现值和终值
$\ddot{a}_{\overline{n}\vert}$，$\ddot{s}_{\overline{n}\vert}$	每年支付 1 元的期初付年金的现值和终值
$a_{\overline{n}\vert}^{(m)}$，$s_{\overline{n}\vert}^{(m)}$	每年支付 1 元、每年支付 m 次的期末付年金的现值和终值
$\ddot{a}_{\overline{n}\vert}^{(m)}$，$\ddot{s}_{\overline{n}\vert}^{(m)}$	每年支付 1 元、每年支付 m 次的期初付年金的现值和终值
$\bar{a}_{\overline{n}\vert}$，$\bar{s}_{\overline{n}\vert}$	每年支付 1 元、连续支付年金的现值和终值

2.1　年金的含义

年金（annuity）是一种特殊的现金流，定义为一系列的付款或收款。为了便于说明，本书后面统一使用“给付”、“支付”或“付款”等概念来定义年金，其结论同样适用于收款的情形。

年金最早期的含义应该是指一种支付时间和支付金额非常规律的现金流，即每年付款一次，每次支付相等的金额。现在，年金的含义被广泛应用于更加一般的情形。如每季付款一次，每月付款一次，或每周付款一次的现金流都可以称作年金。每次付款的金额也未必是相等的，可以按照某种规律递增或递减，这就是所谓的变额年金（varying annuity）。

现实中的年金多种多样，可以从不同的角度对它们进行分类。

（1）按照支付时间和支付金额是否确定，年金可以分为确定年金和风险年金。如果年金的支付时间和支付金额都是事先确定的，这种年金就是确定年金，如政府发行的附息债券，每年支付的利息金额就是一种确定年金。本书讨论的年金都是确定年金。为简单起见，后面将确定年金直接称作年金。支付时间和支付金额并不确定的年金称作风险年金，如终身生存年金就是一种风险年金，从开始给付一直到被保险人死亡的整个期间，保险公司都需要定期给付年金，但被保险人何时死亡是不确定的，因此年金的给付次数和给付总额都是不确定的，取决于被保险人的实际生存年数。

（2）按照支付期限长短，年金可以分为定期年金和永续年金。年金的支付期限是指从第一次付款开始直至最后一次付款结束的整个期间。如果支付期限是有限的，相应的年金称作定期年金；如果支付期限是无限的，相应的年金称作永续年金。西方国家有些债券是没有到期期限的，其利息可视为永续年金。此外，优先股因为有固定的股息而无到期日，所以也可以看作永续年金。

（3）按照支付周期不同，年金可以分为每年支付一次的年金、每季支付一次的年金、每月支付一次的年金等。如果年金是连续不断地支付的，则这种年金就是所谓的连续支付年金，简称为连续年金。

（4）按照年金支付的时点不同，年金可以分为期初付年金和期末付年金。期初付年金是指在每个支付周期初（如年初、季初、月初）支付的年金，期末付年金是指在每个支付周期末（如年末、季末、月末）支付的年金。

（5）按照第一次支付的时间不同，年金可以分为即期年金和延期年金。即期年金是指在第一期就开始支付的年金；延期年金是指经过一定时期以后才开始支付的年金。

（6）按照每次付款的金额是否相等，年金可以分为等额年金和变额年金。等额年金是指每次支付相等金额的年金；变额年金是指每次付款金额并不相等的年金。

本章仅讨论等额年金的价值分析，所以如果没有特别说明，本章所谓的“年金”均指等额年金（level annuity）。

2.2 年金的现值

不同的现金流因为其付款时间和金额不同而不能直接比较其价值。一种可行的比较方法是计算现金流的现值（present value），即它们在当前时刻的价值。

年金的现值是指年金的一系列付款在期初时的价值。年金有即期年金和延期年金之分，有期初付年金和期末付年金之分，还有定期年金和永续年金之分。下面分别讨论这些年金的现值计算问题。

2.2.1 期末付定期年金的现值

如果年金的支付期限是 n 个时期，在每个时期末支付 1 元，那么这种年金就是期末付定期年金（annuity-immediate）。

期末付定期年金的现值用符号 $a_{\overline{n}|i}$ 表示，其中 n 表示年金的支付次数，i 表示计算年金现值时所使用的利率。在不引起混淆的情况下，可以省略利率符号，把年金的现值简记为 $a_{\overline{n}|}$。

期末付定期年金的现值计算公式为

$$a_{\overline{n}|}=\frac{1-v^n}{i} \tag{2.1}$$

证明：期末付定期年金的现值可以表示为

$$a_{\overline{n}|}=v+v^2+\cdots+v^n \tag{2.2}$$

由此可得

$$(1+i)a_{\overline{n}|}=1+v+\cdots+v^{n-1} \tag{2.3}$$

用式（2.3）减去式（2.2）即可得到

$$ia_{\overline{n}|}=1-v^n$$

$$\Rightarrow a_{\overline{n}|}=\frac{1-v^n}{i}$$

【例 2—1】 解释下述等式两边的现金流是等价的。

$$ia_{\overline{n}|}+v^n=1$$

【解】上述恒等式是对期末付定期年金现值公式（2.1）的变形，可以解释如下：

等式左边是期初投资的 1 元本金在未来产生的所有收入的现值：如果期初投资 1 元、历经 n 个时期、利率为 i，那么在每个时期末将产生 i 元的利息，这些利息的现值为 $ia_{\overline{n}|}$。在第 n 期末，还可以收回初始投资的 1 元本金，其现值为 v^n。

等式右边是期初投资的 1 元本金的现值。

等式两边是同一笔投资的现值，所以在价值上应该相等。

【例 2—2】 一笔年金在 20 年内每年末支付 4，另一笔年金在 10 年内每年末支付 5。如果年实际利率为 i，则这两笔年金的现值相等。若另一笔款项在 n 年内以年实际利率 i 投资则可以翻番，求 n。

【解】根据题意有等式：

$$4a_{\overline{20}|}=5a_{\overline{10}|}$$

故有

$$4\times\frac{1-v^{20}}{i}=5\times\frac{1-v^{10}}{i}$$

$$4v^{20}-5v^{10}+1=0$$

$$v^{10}=0.25$$

$$i=0.148\,698$$

假设另一笔款项的投资额为 x，则有

$$x(1+i)^n=2x$$

由此可解得

$$n=5$$

2.2.2 期初付定期年金的现值

假设年金的支付期限是 n 个时期，在每个时期初支付1元，那么这种年金就是期初付定期年金（annuity-due）。

期初付定期年金的现值用符号 $\ddot{a}_{\overline{n}|i}$ 表示，其中 n 表示年金的支付次数，i 表示计算年金现值时所使用的利率。在不致引起混淆的情况下，可以省略利率符号，把年金的现值简记为 $\ddot{a}_{\overline{n}|}$。

期初付定期年金的现值计算公式为

$$\ddot{a}_{\overline{n}|}=\frac{1-v^n}{d} \tag{2.4}$$

期初付定期年金的现值可以通过期末付定期年金的现值求得。期初付年金的每1元款项都比期末付年金提前了一个时期，而期初的1元相当于期末的（$1+i$）元，因此将期末付年金的现值乘以（$1+i$）便可得到期初付年金的现值，即

$$\ddot{a}_{\overline{n}|}=(1+i)a_{\overline{n}|} \tag{2.5}$$

上式经过简单变形，即可得到式（2.4）。

期初付定期年金的现值与期末付定期年金的现值之间还存在下述关系：

$$\ddot{a}_{\overline{n}|}=1+a_{\overline{n-1}|} \tag{2.6}$$

这是因为，$\ddot{a}_{\overline{n}|}$ 的 n 次付款可以分解为在时刻0的第1次付款，再加上后面的（$n-1$）次期末付款。第1次付款的现值为1，而后（$n-1$）次付款的现值为 $a_{\overline{n-1}|}$。

【例2—3】 企业租用了一间仓库，一次性支付50 000元的租金后可以使用8年，假设年实际利率为6%，如果每年初支付租金，该仓库的年租金应该是多少？

【解】 设每年初的租金为 x，则根据题意，可以建立下述方程：

$$50\ 000=x\ddot{a}_{\overline{8}|6\%}$$

因此，每年初的租金应为

$$x=\frac{50\ 000}{\ddot{a}_{\overline{8}|6\%}}=\frac{50\ 000}{6.582\ 4}=7\ 596（元）$$

2.2.3 期末付永续年金的现值

永续年金（perpetuity）是指无限期地支付下去的年金。因此，其现值等于定期年金的现值在支付期限 $n\to\infty$ 时的极限。若用 $a_{\overline{\infty}|}$ 表示期末付永续年金的现值，则有

$$a_{\overline{\infty}|}=\frac{1}{i} \tag{2.7}$$

证明： $a_{\overline{\infty}|}=\lim\limits_{n\to\infty}a_{\overline{n}|}=\lim\limits_{n\to\infty}\frac{1-v^n}{i}=\frac{1}{i}$

永续年金的计算公式表明，如果在期初将$\frac{1}{i}$的本金按利率i投资，那么在本金不被动用的情况下，可以无限期地在每期末获得1元的利息。

【例2—4】 一项等额永续年金由A、B、C和D分享。A获得前n次付款，B获得第2个n次付款，C获得第3个n次付款，而D将获得在此之后的所有付款。已知C所获款项的现值与D所获款项的现值之比为1。B所获款项的现值与D所获款项的现值之比为多少？

【解】 A所获款项的现值为：$PV_A = a_{\overline{n}|} = \frac{1-v^n}{i}$

B所获款项的现值为：$PV_B = v^n \cdot a_{\overline{n}|} = v^n \cdot \frac{1-v^n}{i}$

C所获款项的现值为：$PV_C = v^{2n} \cdot a_{\overline{n}|} = v^{2n} \cdot \frac{1-v^n}{i}$

D所获款项的现值为：$PV_D = v^{3n} \cdot a_{\overline{\infty}|} = \frac{v^{3n}}{i}$

由于C所获款项的现值与D所获款项的现值之比为1，即

$$\frac{PV_C}{PV_D} = \frac{1-v^n}{v^n} = 1$$

故

$$v^n = 0.5$$

由此可以求得B所获款项的现值与D所获款项的现值之比为

$$\frac{PV_B}{PV_D} = \frac{1-v^n}{v^{2n}} = \frac{1-0.5}{0.5^2} = 2$$

2.2.4 期初付永续年金的现值

如前所述，永续年金的现值等于定期年金的现值在支付期限$n \to \infty$时的极限。故若用$\ddot{a}_{\overline{\infty}|}$表示期初付永续年金的现值，则有：

$$\ddot{a}_{\overline{\infty}|} = \frac{1}{d} \tag{2.8}$$

证明： $\ddot{a}_{\overline{\infty}|} = \lim_{n\to\infty} \ddot{a}_{\overline{n}|} = \lim_{n\to\infty} \frac{1-v^n}{d} = \frac{1}{d}$

与定期年金类似，期初付永续年金的现值与期末付永续年金的现值存在下述关系：

$$\ddot{a}_{\overline{\infty}|} = (1+i)a_{\overline{\infty}|} \tag{2.9}$$

应用EXCEL计算年金的现值时可以使用PV函数，具体操作可参见本书的附录。

2.3 年金的终值

终值（future value）也称作累积值，是指现金流在未来时刻的价值。对于等额年金而言，定期年金存在终值，而永续年金不存在终值。这是因为，如果无限期地支付下去，每期支付1元，年金的终值将无穷大。本节只讨论定期年金的终值计算问题。

2.3.1 期末付定期年金的终值

期末付定期年金的终值用符号 $s_{\overline{n}|i}$ 表示，其中 n 表示年金的支付次数，i 表示计算年金终值时所使用的利率，在不致引起混淆的情况下，可以省略利率符号，简记为 $s_{\overline{n}|}$。

期末付定期年金终值的计算公式为

$$s_{\overline{n}|}=\frac{(1+i)^n-1}{i} \tag{2.10}$$

证明：把现值 $a_{\overline{n}|}$ 按照利率 i 累积到第 n 年末，即可得到终值

$$\begin{aligned}s_{\overline{n}|}&=(1+i)^n a_{\overline{n}|}\\&=(1+i)^n\frac{1-(1+i)^{-n}}{i}\\&=\frac{(1+i)^n-1}{i}\end{aligned}$$

【例 2—5】 请解释下述恒等式为何成立。

$$(1+i)^n=1+is_{\overline{n}|}$$

【解】等式左边是期初投资的 1 元在第 n 年末的终值。

等式右边是期初投资的 1 元在未来 n 年产生的利息收入的终值，再加上第 n 年末收回的 1 元本金。每个时期末的利息为 i 元，它们的终值为 $is_{\overline{n}|}$。

等式两边都是期初投资的 1 元在第 n 年末的终值，所以两者相等。

【例 2—6】 投资者在前 5 年的每年末存入基金 2 万元，在随后的 5 年，每年末存入 4 万元。已知基金的年实际利率为 5%，求投资者在第 10 年末的累积值。

【解】存入基金的款项相当于两个期末付年金，一个是每年末支付 2 万元的 10 年期年金，一个是从第 6 年开始每年末支付 2 万元的 5 年期年金。这两个年金的终值之和为

$$\begin{aligned}&2s_{\overline{10}|}+2s_{\overline{5}|}\\&=2\times\left[\frac{(1+0.05)^{10}-1}{0.05}+\frac{(1+0.05)^5-1}{0.05}\right]\\&=36.21(\text{万元})\end{aligned}$$

2.3.2 期初付定期年金的终值

期初付定期年金的终值用符号 $\ddot{s}_{\overline{n}|i}$ 表示，其中 n 表示年金的支付次数，i 表示计算年金终值时所使用的利率，可以简记为 $\ddot{s}_{\overline{n}|}$。

期初付定期年金终值的计算公式为

$$\ddot{s}_{\overline{n}|}=\frac{(1+i)^n-1}{d} \tag{2.11}$$

证明：期初付年金是期末付年金的 $(1+i)$ 倍，所以有

$$\begin{aligned}\ddot{s}_{\overline{n}|}&=s_{\overline{n}|}(1+i)\\&=\frac{(1+i)^n-1}{i}\times(1+i)\\&=\frac{(1+i)^n-1}{d}\end{aligned}$$

【例 2—7】 请解释下述关系式成立：$\ddot{s}_{\overline{n}|}=s_{\overline{n+1}|}-1$。

【解】 对于期初付年金，假设在第 n 期末虚设一次付款，那么将有 $(n+1)$ 次付款，其终值为 $s_{\overline{n+1}|}$。从 $s_{\overline{n+1}|}$ 中减去虚设的 1 元（其终值仍然是 1 元），即得原来 n 次付款的终值为 $\ddot{s}_{\overline{n}|}$。

【例 2—8】 投资者在每年初都存入 1 000 元，持续 20 年。如果存款按单利计息，年利率为 i，则第 20 年末的累积值是 28 400 元。如果存款按复利计息，年实际利率为 i，计算这些存款在第 20 年末的累积值。

【解】 上述存款以单利 i 计息时的累积值为

$$\begin{aligned}&1\,000\times[(1+20i)+(1+19i)+\cdots+(1+i)]\\&=1\,000\times[20+i(1+2+\cdots+20)]\\&=20\,000+210\,000i\end{aligned}$$

令其等于 28 400，即可求得：

$$i=0.04$$

如果上述存款按复利 $i=0.04$ 计息，则其累积值为

$$\begin{aligned}1\,000\ddot{s}_{\overline{20}|}&=1\,000\times\frac{(1+i)^{20}-1}{d}\\&=1\,000\times\frac{(1+i)^{20}-1}{\dfrac{i}{1+i}}\\&=30\,970(\text{元})\end{aligned}$$

应用 EXCEL 计算年金的终值可以使用 FV 函数，具体操作可参见本书的附录。

2.4 年金现值与终值的关系

年金的现值与终值之间存在着一些重要的换算关系，熟悉这些关系有助于简化年金的计算问题。

年金的现值与终值相差 n 个时期，计算现值在第 n 个时期末的累积值即得终值，所以下述两个等式显然成立：

(1) $s_{\overline{n}|}=a_{\overline{n}|}(1+i)^n$ (2.12)

(2) $\ddot{s}_{\overline{n}|}=\ddot{a}_{\overline{n}|}(1+i)^n$ (2.13)

年金的现值与终值之间还存在下述两个倒数关系：

(1) $\dfrac{1}{a_{\overline{n}|}}=\dfrac{1}{s_{\overline{n}|}}+i$ (2.14)

(2) $\dfrac{1}{\ddot{a}_{\overline{n}|}}=\dfrac{1}{\ddot{s}_{\overline{n}|}}+d$ (2.15)

证明：

$$\begin{aligned}\frac{1}{s_{\overline{n}|}}+i&=\frac{i}{(1+i)^n-1}+i\\&=\frac{i+i[(1+i)^n-1]}{(1+i)^n-1}\end{aligned}$$

$$= \frac{i(1+i)^n}{(1+i)^n - 1}$$

$$= \frac{i}{1 - v^n}$$

$$= \frac{1}{a_{\overline{n}|}}$$

期初付年金的现值与终值之间的倒数关系与此类似，不再赘述。

【例 2—9】 投资者 A 和投资者 B 在 40 年间每年末均投资 10 000 元，从第 41 年开始，投资者 A 每年末抽回 X 并持续 15 年，投资者 B 每年末抽回 Y 也持续 15 年。两项投资在最后一次抽回资金后的账面余额均为 0。已知投资者 A 的年利率为 8%，投资者 B 的年利率为 10%，求 $Y-X$。

【解】 对于投资者 A：

$$10\,000 \cdot s_{\overline{40}|0.08} = X \cdot a_{\overline{15}|0.08}$$

故

$$X = 302\,654\text{（元）}$$

对于投资者 B：

$$10\,000 \cdot s_{\overline{40}|0.10} = Y \cdot a_{\overline{15}|0.10}$$

故

$$Y = 581\,893\text{（元）}$$

所以有

$$Y - X = 279\,239\text{（元）}$$

2.5 年金在任意时点上的值

年金的现值是年金在支付期限初的值，终值是在支付期限末的值。有时可能需要计算年金在其他任意一个时点上的值，主要包括下述三种情况：

(1) 年金在支付期限开始前任意时点上的值。这种年金的现值事实上就是所谓的延期年金的现值。

(2) 年金在支付期限内任意时点上的值。

(3) 年金在支付期限结束后任意时点上的值。

只要灵活应用年金现值和终值的公式，这些问题都是容易解决的。下面通过几个具体示例来说明其计算过程。本节无须建立新的计算公式，只要掌握年金计算的基本原理，并灵活应用，即可解决所有问题。

2.5.1 延期年金的现值

对于延期 m 个时期的期末付定期年金，其现值用符号 ${}_{m|}a_{\overline{n}|i}$ 表示，可以简记为 ${}_{m|}a_{\overline{n}|}$。

参照图 2-1，延期年金 ${}_{m|}a_{\overline{n}|}$ 的计算可以选择下述两种方法之一：

(1) 首先计算期末付 n 期年金的现值 $a_{\overline{n}|}$，再将此现值按复利计算其在 m 期前的现

值，即

$$_{m|}a_{\overline{n}|} = v^m \cdot a_{\overline{n}|} \tag{2.16}$$

（2）从（$m+n$）期的期末付年金现值中减去 m 期的期末付年金现值，即

$$_{m|}a_{\overline{n}|} = a_{\overline{m+n}|} - a_{\overline{m}|} \tag{2.17}$$

在上式中，首先虚设在前 m 期的每期末也有 1 元的付款，然后计算所有（$m+n$）期的现值 $a_{\overline{m+n}|}$。由于 $a_{\overline{m+n}|}$ 多算了前 m 期的现值，所以从中扣除这 m 期付款的现值 $a_{\overline{m}|}$，就得到延期 m 个时期的年金现值。

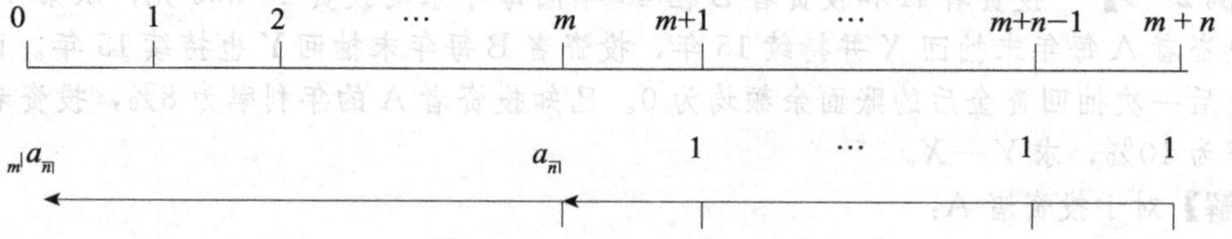

图 2－1　延期年金的现值

类似于期末付延期年金的现值，期初付延期年金的现值也可以通过下述公式计算：

$$_{m|}\ddot{a}_{\overline{n}|} = v^m \cdot \ddot{a}_{\overline{n}|} \tag{2.18}$$

$$_{m|}\ddot{a}_{\overline{n}|} = \ddot{a}_{\overline{m+n}|} - \ddot{a}_{\overline{m}|} \tag{2.19}$$

对于延期 m 个时期的永续年金，其现值可以通过求极限获得。若用 $_{m|}a_{\overline{\infty}|}$ 表示延期 m 个时期的期末付永续年金的现值，则有

$$_{m|}a_{\overline{\infty}|} = \frac{v^m}{i} \tag{2.20}$$

证明： $_{m|}a_{\overline{\infty}|} = \lim\limits_{n\to\infty} v^m a_{\overline{n}|} = \dfrac{v^m}{i}$

同样可以证明，延期 m 个时期的期初付永续年金的现值为

$$_{m|}a_{\overline{\infty}|} = \frac{v^m}{d} \tag{2.21}$$

前面的延期年金公式都假设延期了整数个时期，如果延期了非整数个时期，仍然可以应用式（2.16）和式（2.18）求现值。在这两个公式中，m 可以是任意的正实数。

【例 2—10】　企业从银行获得一笔贷款，年利率为 8%。双方约定，前 10 年不用还本付息，但从第 11 年至第 20 年的每年末偿还本息 2 000 元，这笔贷款的本金是多少？

【解】 贷款本金等于偿还值的现值。偿还值是一个延期 10 年的等额年金，求其现值有两种方法：

方法一：

$$\begin{aligned} 2\,000_{m|}a_{\overline{n}|} &= 2\,000 \times v^{10} \times a_{\overline{10}|} \\ &= 2\,000 \times 0.463\,19 \times 6.710\,1 \\ &= 6\,216(\text{元}) \end{aligned}$$

方法二：

$$\begin{aligned} 2\,000_{m|}a_{\overline{n}|} &= 2\,000 \times (a_{\overline{20}|} - a_{\overline{10}|}) \\ &= 2\,000 \times (9.818\,1 - 6.710\,1) \\ &= 6\,216(\text{元}) \end{aligned}$$

【例 2—11】 投资者用 10 万元购买了一个延期 3 年的永续年金，该年金在每年初的付款为 1.2 万元，年实际利率为多少？

【解】 延期 3 年的永续年金的现值为

$$1.2\times v^3\cdot \ddot{a}_{\overline{\infty}|}=1.2\times\frac{v^3}{d}=1.2\times\frac{(1+i)^{-3}}{\frac{i}{1+i}}$$

令其等于 10 万元，即得

$$1.2\times\frac{(1+i)^{-3}}{\frac{i}{1+i}}=10$$

$$\Rightarrow i=9.93\%$$

2.5.2 年金在支付期限内任意时点上的值

在年金支付期限内的任意一个时点上都可以将原来的年金分解成两个新的年金，一个由该时点之前的付款组成，另一个由该时点之后的付款组成。这时原来的年金在该时点上的值就等于第一个年金的终值加上第二个年金的现值。下面通过一个示例说明其计算原理。

【例 2—12】 投资者从银行获得一笔贷款，年利率为 6%。假设投资者每年末向银行偿付 20 000 元，10 年后即可还清贷款的所有本息。如果投资者打算在 5 年零 3 个月时一次付清所有贷款本息，投资者应该一次性偿付多少？

【解】 本例事实上就是计算 10 年期的期末付年金在 5 年零 3 个月末的值。可以首先计算年金在第 5 年末的值，然后再计算它在 5 年零 3 个月末的值。

上述年金在第 5 年末的值可表示为前 5 年付款的终值加上后 5 年付款的现值，即

$$20\,000(s_{\overline{5}|}+a_{\overline{5}|})$$

将此值再累积 3 个月，即 0.25 年，可得上述年金在 5 年零 3 个月末的值为

$$\begin{aligned}20\,000(s_{\overline{5}|}+a_{\overline{5}|})(1+i)^{0.25}&=20\,000\times(5.637\,1+4.212\,4)\times(1+0.06)^{0.25}\\&=199\,880\text{（元）}\end{aligned}$$

本例也可以首先计算贷款的本金，然后再将其累积到 5 年零 3 个月末即可，计算过程如下：

$$\begin{aligned}20\,000a_{\overline{10}|}(1+i)^{5.25}&=20\,000\times7.360\,1\times(1+0.06)^{5.25}\\&=199\,880\text{（元）}\end{aligned}$$

2.5.3 年金在支付期限结束后任意时点上的值

计算年金在支付期限结束后任意时点上的值，可以首先计算年金的终值，再将其累积到未来的特定时点即可。下面仍然通过一个示例来说明其计算原理。

【例 2—13】 一份保险合同规定，年金受益人可以在每年末从保险公司领取 20 000 元，一共领取 10 年（年金受益人死亡后由其继承人继续领取，直至 10 年期满）。如果年金受益人希望将这笔年金暂时存在保险公司，并在第 15 年末一次性领取，又假设保险公司同意按

5%的年利率支付利息，那么保险公司在第15年末一次性支付的金额应该是多少？

【解】首先计算上述年金在第10年末的终值为 $20\ 000s_{\overline{10}|}$，再计算该终值在5年末的累积值为

$$\begin{aligned}20\ 000s_{\overline{10}|}(1+0.05)^5 &= 20\ 000\times 12.577\ 9\times 1.276\ 3\\ &= 321\ 063(\text{元})\end{aligned}$$

2.6 每年支付 m 次的等额年金

在前文所述的等额年金中，每年末支付1元。如果将年末支付的1元等分为 m 次支付，每次支付 $\frac{1}{m}$ 元，就得到了每年支付 m 次的期末付年金。m 的常见取值是4或12，分别表示每季度或每月支付1次。

为了计算此类年金的现值或终值，可以通过利率转换，将年利率转换成月利率或季度利率，然后应用基本的年金公式计算即可，如下例所示。

【例2—14】 一笔50万元的贷款，计划在今后的5年内按月等额偿还，如果年实际利率为6%，计算每月末的偿还金额。

【解】可以将年实际利率转换为月实际利率。月实际利率为：

$$j=(1+0.06)^{\frac{1}{12}}-1=0.004\ 868$$

5年共有60个月，假设每月末的偿还金额为 X，则有：

$$500\ 000 = Xa_{\overline{60}|0.004\ 868}$$

$$\Rightarrow X = 9\ 629.62(\text{元})$$

从本例可以看出，通过利率转换可以很容易计算上述年金的现值。

为了便于将上述结果推广到一般形式，本节将通过建立新的公式来解决此类问题。

2.6.1 每年支付 m 次的期末付年金

每年支付 m 次的期末付年金如图2-2所示，其中假设每次支付 $\frac{1}{m}$ 元，从而每年的付款是1元。

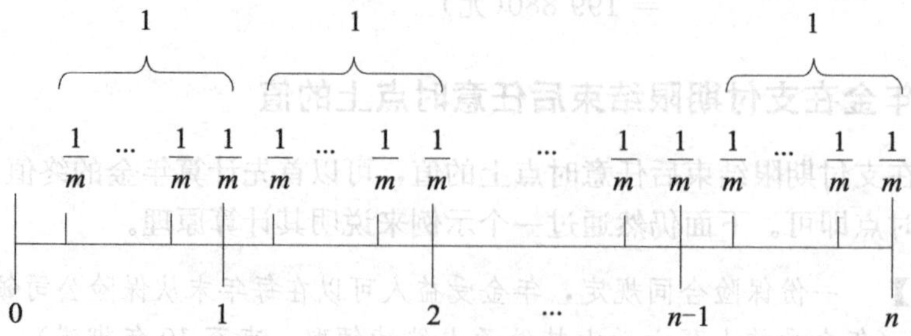

图2-2 每年支付 m 次的期末付年金

对于期末付年金，如果分为 m 次进行支付，现金流的付款时间将提前，所以年金的价值将会上升。

以 1 年期的年金为例，如果在年末支付 1 元，该年金的终值为 1 元。如果分为 m 次等额支付，每次支付$\frac{1}{m}$元，年金的终值将会上升，即为原来的 $\frac{i}{i^{(m)}}$ 倍，如图 2－3 所示。

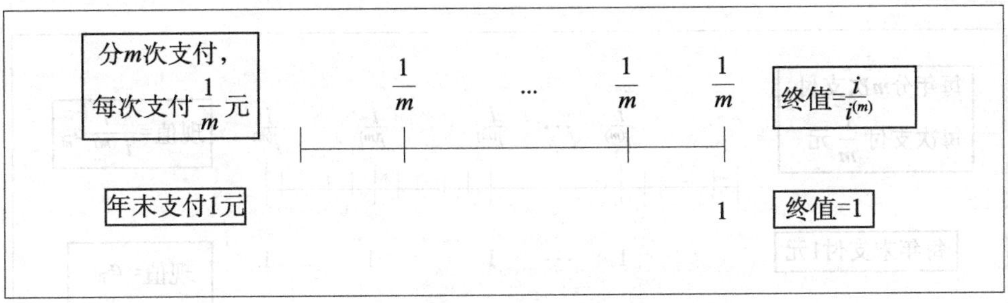

图 2－3　每年支付 m 次的 1 年期期末付年金

在图 2－3 中，期末支付的 1 元，其终值就是 1 元。如果将其分为 m 次等额支付，每次支付$\frac{1}{m}$元，年金的终值将会上升为原来的 $\frac{i}{i^{(m)}}$ 倍。证明过程如下：

假设年实际利率为 i，每年复利 m 次的年名义利率为 $i^{(m)}$，则每 $\frac{1}{m}$ 年的实际利率为 $j=\frac{i^{(m)}}{m}$。图 2－3 中的年金可以看作一共支付了 m 次，每次支付$\frac{1}{m}$元的等额年金，每个支付周期的实际利率为 j。应用基本年金的终值公式（2.10），其终值可以表示为

$$\frac{1}{m}\times s_{\overline{m}|j}=\frac{1}{m}\times\frac{(1+j)^m-1}{j}$$

$$=\frac{1}{m}\times\frac{\left[1+\frac{i^{(m)}}{m}\right]^m-1}{\frac{i^{(m)}}{m}}$$

$$=\frac{i}{i^{(m)}}$$

上式表明，对于年末支付 1 元的 1 年期年金，分为 m 次等额支付以后，其终值将上升为原来的 $\frac{i}{i^{(m)}}$ 倍。

由于终值和现值是成比例变化的，所以，当终值上升为原来的 $\frac{i}{i^{(m)}}$ 倍时，现值也将上升为原来的 $\frac{i}{i^{(m)}}$ 倍。换言之，对于年末支付 1 元的 1 年期年金，分为 m 次等额支付以后，其终值和现值均将上升为原来的 $\frac{i}{i^{(m)}}$ 倍。

对于 n 年期年金，从图 2－4 可知，上述结论依然成立，即有

$$a_{\overline{n}|}^{(m)}=\frac{i}{i^{(m)}}a_{\overline{n}|} \tag{2.22}$$

在图 2-4 中，可以分别考虑每一年的情况：每年支付 m 次，每次支付 $\frac{1}{m}$ 元的现金流，等价于每年末支付 $\frac{i}{i^{(m)}}$ 元的现金流。相应地，每年支付 m 次，每次支付 $\frac{1}{m}$ 元的 n 年期年金，等价于每年末支付 $\frac{i}{i^{(m)}}$ 元的 n 年期年金，而该年金的现值就可以直接表示为 $\frac{i}{i^{(m)}}a_{\overline{n}|}$。

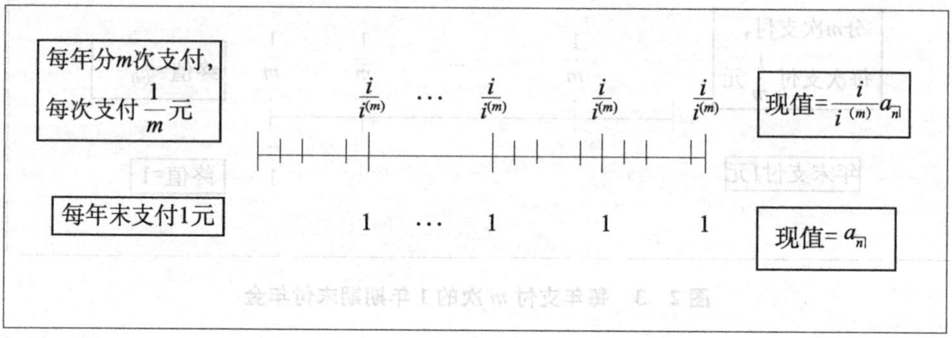

图 2-4　每年支付 m 次的 n 年期期末付年金

对式（2.22）经过简单变形，也可以表示为

$$a_{\overline{n}|}^{(m)}=\frac{1-v^n}{i^{(m)}} \tag{2.23}$$

类似地，年实际利率为 i，每年支付 m 次，每次支付 $\frac{1}{m}$ 元，一共支付 n 年的期末付年金的终值可表示为

$$s_{\overline{n}|}^{(m)}=\frac{i}{i^{(m)}}s_{\overline{n}|} \tag{2.24}$$

上式经过简单变形，也可以表示为

$$s_{\overline{n}|}^{(m)}=\frac{(1+i)^n-1}{i^{(m)}} \tag{2.25}$$

在式（2.22）～式（2.25）的计算公式中，假设每次付款 $\frac{1}{m}$ 元，每年支付 m 次，所以每年的付款总额为 1 元。因此，在应用上述公式时，要注意这些公式是以每年付款总额为 1 单位计算的。

【例 2—15】　投资者在每月末向基金存入 1 000 元，如果基金的年实际利率为 5%，该投资者在第 5 年末的累积值是多少？

【解】 这是一项每年支付 12 次的期末付年金，$m=12$，$i=5\%$，每年的支付额为 12 000元，因此有

$$12\,000s_{\overline{5}|}^{(12)}=12\,000\frac{i}{i^{(12)}}s_{\overline{5}|}=67\,813.74\text{（元）}$$

其中：

$$i^{(12)}=12\times[(1+i)^{\frac{1}{12}}-1]=0.048\,89$$

$$s_{\overline{5|}}=\frac{(1+i)^5-1}{i}=5.525\ 6$$

【例 2—16】 有一笔 3 000 万元的贷款将在 5 年内每半年末等额偿还一次，若贷款年实际利率为 5%，每半年末的偿还金额 R 应为多少？

【解】 每年有两次支付，每年的付款总额为 $2R$，因此有

$$2Ra_{\overline{5|}0.05}^{(2)}=3\ 000$$

从上式可以求得：

$$R=\frac{1\ 500}{a_{\overline{5|}0.05}^{(2)}}=1\ 500\div\left[\frac{i}{i^{(2)}}a_{\overline{5|}0.05}\right]=342.24(\text{万元})$$

其中：

$$i^{(2)}=2\times[(1+i)^{\frac{1}{2}}-1]=0.049\ 39$$

$$a_{\overline{5|}}=\frac{1-(1+i)^{-5}}{i}=4.329\ 5$$

2.6.2 每年支付 m 次的期初付年金

每年支付 m 次的期初付年金如图 2－5 所示，其中假设每次支付 $\frac{1}{m}$ 元，从而每年的付款总额是 1 元。

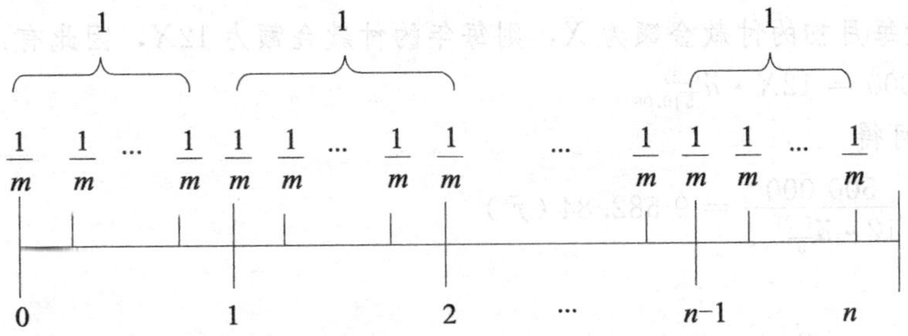

图 2－5 每年支付 m 次的期初付年金

对于期初付年金，如果分为 m 次进行支付，现金流的付款时间将推迟，所以年金的价值将会下降为原来的 $\frac{d}{d^{(m)}}$，即

$$\ddot{a}_{\overline{n|}}^{(m)}=\frac{d}{d^{(m)}}\ddot{a}_{\overline{n|}} \tag{2.26}$$

证明： 由图 2－2 和图 2－5 可知，期初付年金的每一次付款比期末付年金早 $\frac{1}{m}$ 个时期，而每次对应的付款金额相等，所以期初付年金的现值是期末付年金现值的 $(1+i)^{\frac{1}{m}}$ 倍，即有

$$\ddot{a}_{\overline{n|}}^{(m)}=(1+i)^{\frac{1}{m}}a_{\overline{n|}}^{(m)}$$

$$=(1+i)^{\frac{1}{m}}\frac{1-v^n}{i^{(m)}}$$

$$=\frac{1-v^n}{(1+i)^{-\frac{1}{m}}\cdot i^{(m)}}$$

$$=\frac{1-v^n}{d^{(m)}}$$

$$=\frac{d}{d^{(m)}}\ddot{a}_{\overline{n}|}$$

对式（2.26）经过简单变形，还可以表示为

$$\ddot{a}_{\overline{n}|}^{(m)}=\frac{1-v^n}{d^{(m)}} \tag{2.27}$$

类似地，年实际利率为 i，每年支付 m 次，每次支付$\frac{1}{m}$元，一共支付 n 年的期初付年金的终值可表示为

$$\ddot{s}_{\overline{n}|}^{(m)}=\frac{d}{d^{(m)}}\ddot{s}_{\overline{n}|} \tag{2.28}$$

上式经过简单变形，还可以表示为

$$\ddot{s}_{\overline{n}|}^{(m)}=\frac{(1+i)^m-1}{d^{(m)}} \tag{2.29}$$

【例 2—17】 一笔 50 万元的贷款，计划在今后的 5 年内按月偿还，如果年实际利率为 6%，计算每月初的付款金额。

【解】假设每月初的付款金额为 X，则每年的付款金额为 $12X$，因此有：

$$500\ 000=12X\cdot\ddot{a}_{\overline{5}|0.06}^{(12)}$$

解此方程可得

$$X=\frac{500\ 000}{12\cdot\ddot{a}_{\overline{5}|0.06}^{(12)}}=9\ 582.84\text{（元）}$$

其中：

$$\ddot{a}_{\overline{5}|0.06}^{(12)}=\frac{d}{d^{(12)}}\ddot{a}_{\overline{5}|}$$

$$=\frac{\frac{0.06}{1+0.06}}{12\times(1-1.06^{-\frac{1}{12}})}\times\frac{1-1.06^{-5}}{\frac{0.06}{1.06}}$$

$$=4.348\ 05$$

2.6.3 每年支付 m 次的永续年金

年实际利率为 i，每年支付 m 次，每次支付$\frac{1}{m}$元的期末付永续年金的现值可表示为

$$a_{\overline{\infty}|}^{(m)}=\frac{1}{i^{(m)}} \tag{2.30}$$

证明：$a_{\overline{\infty}|}^{(m)}=\lim\limits_{n\to\infty}a_{\overline{n}|}^{(m)}=\lim\limits_{n\to\infty}\frac{i}{i^{(m)}}a_{\overline{n}|}=\frac{1}{i^{(m)}}$

类似地，年实际利率为 i，每年支付 m 次，每次支付$\frac{1}{m}$元的期初付永续年金的现值可表示为

$$\ddot{a}_{\overline{\infty}|}^{(m)}=\frac{1}{d^{(m)}} \tag{2.31}$$

证明：$\ddot{a}_{\overline{\infty}|}^{(m)}=\lim\limits_{n\to\infty}\ddot{a}_{\overline{n}|}^{(m)}=\lim\limits_{n\to\infty}\frac{d}{d^{(m)}}\ddot{a}_{\overline{n}|}=\frac{1}{d^{(m)}}$

期初付永续年金 $\ddot{a}_{\overline{\infty}|}^{(m)}$ 与期末付永续年金 $a_{\overline{\infty}|}^{(m)}$ 相差$\frac{1}{m}$年，因此它们之间存在下述关系：

$$\ddot{a}_{\overline{\infty}|}^{(m)}=(1+i)^{\frac{1}{m}}a_{\overline{\infty}|}^{(m)} \tag{2.32}$$

【例 2—18】 投资者现在投资 24 000 元，希望在今后的每月末领取 100 元，且无限期地领下去，年实际利率应为多少？

【解】 这是一笔永续年金。根据题意可知，$m=12$，每年领取的金额为 1 200 元。假设年实际利率为 i，则有下述方程：

$$1\,200\,\frac{1}{i^{(m)}}=24\,000$$
$$\Rightarrow i^{(m)}=0.05$$

将名义利率转换为年实际利率，则有

$$i=\left(1+\frac{0.05}{12}\right)^{12}-1=0.051\,16$$

【例 2—19】 投资者 A 购买了一项每年付款 100 的永续年金，第一笔付款在一年以后。该年金价格为 975.61，以每半年复利一次的年名义利率 $i^{(2)}$ 计息。投资者 A 收到第二笔款项以后，立即以 1 642.04 的价格转卖给投资者 B，投资者 B 获得的年金以每半年复利一次的年名义利率 $j^{(2)}$ 计息，求 $i^{(2)}-j^{(2)}$。

【解】 对于投资者 A，由 $975.61=\frac{100}{i}$ 可得年实际利率为 $i=0.102\,5$，因此，每半年复利一次的年名义利率为

$$i^{(2)}=2\times[(1+i)^{0.5}-1]=0.1$$

对于投资者 B，由 $1\,642.04=\frac{100}{j}$ 可得年实际利率为 $j=0.060\,9$，故每半年复利一次的年名义利率为

$$j^{(2)}=2\times[(1+j)^{0.5}-1]=0.06$$

由此可得

$$i^{(2)}-j^{(2)}=0.04$$

2.7 连续支付的等额年金

在每年支付 m 次的等额年金中，每次的付款金额为$\frac{1}{m}$元，全年的付款总额为 1 元。假

设每年连续不断地进行付款，但保持全年的付款总额仍然为 1 元，就得到了连续支付的等额年金。

连续支付的年金（continuously payable annuity）是指在一年内连续支付，支付无穷多次的年金。连续支付的年金在现实生活中虽然并不存在，但在理论研究中十分重要。某些支付频率很高的年金，如每日支付一次的年金，也可以用连续支付的年金进行近似讨论。

下面分别讨论连续支付年金的现值和终值。

2.7.1 连续支付年金的现值

一般年金根据付款时点的不同，可以区分为期初付年金和期末付年金，但对于连续支付的年金而言，期初和期末将融为一点。

假设年金的支付期限为 n 年，每年的实际利率为 i，在每年内连续支付且支付总额为 1 元的年金现值用 $\bar{a}_{\overline{n}|}$ 表示，则有

$$\bar{a}_{\overline{n}|}=\frac{1-v^n}{\delta} \tag{2.33}$$

证明：对每年支付 m 次的年金现值，当 m 趋于无穷时，即可得到连续支付年金的现值，即：

$$\bar{a}_{\overline{n}|}=\lim_{m\to\infty}a_{\overline{n}|}^{(m)}=\lim_{m\to\infty}\frac{1-v^n}{i^{(m)}}=\frac{1-v^n}{\delta}$$

或

$$\bar{a}_{\overline{n}|}=\lim_{m\to\infty}\ddot{a}_{\overline{n}|}^{(m)}=\lim_{m\to\infty}\frac{1-v^n}{d^{(m)}}=\frac{1-v^n}{\delta}$$

连续支付年金的现值也可以通过积分方法求得。连续支付、一年内的付款总额为 1 元的年金可以看作在时刻 t 支付 $\mathrm{d}t$ 元的年金，该项年金在一年内的付款总额正好等于 1 元，即：

$$\int_0^1\mathrm{d}t=1$$

在时刻 t 支付 $\mathrm{d}t$ 元的现值可以表示为 $v^t\mathrm{d}t$。将 $[0,n]$ 期间所有付款的现值求和，即得 n 年期连续支付年金的现值为

$$\bar{a}_{\overline{n}|}=\int_0^n v^t\mathrm{d}t=\left.\frac{v^t}{\ln v}\right|_0^n=\frac{v^n-1}{\ln v}=\frac{1-v^n}{\delta}$$

容易验证，连续支付年金的现值与基本年金的现值之间存在下述关系：

$$\bar{a}_{\overline{n}|}=\frac{i}{\delta}a_{\overline{n}|} \tag{2.34}$$

【例 2—20】 假设年实际利率为 10%，请在下列各种情况下计算每年支付 1 元的 20 年期年金的现值：

(1) 每年末支付一次。

(2) 每季末支付一次。

(3) 每月末支付一次。

(4) 每天支付一次。

(5) 连续支付。

【解】(1) $a_{\overline{20}|}=\dfrac{1-1.1^{-20}}{0.1}=8.513\ 6$(元)

(2) $a_{\overline{20}|}^{(4)}=\dfrac{i}{i^{(4)}}a_{\overline{20}|}=\dfrac{0.1}{4\times(1.1^{\frac{1}{4}}-1)}\times 8.513\ 6=8.826\ 5$(元)

(3) $a_{\overline{20}|}^{(12)}=\dfrac{i}{i^{(12)}}a_{\overline{20}|}=\dfrac{0.1}{12\times(1.1^{\frac{1}{12}}-1)}\times 8.513\ 6=8.897\ 1$(元)

(4) $a_{\overline{20}|}^{(365)}=\dfrac{i}{i^{(365)}}a_{\overline{20}|}=\dfrac{0.1}{365\times(1.1^{\frac{1}{365}}-1)}\times 8.513\ 6=8.931\ 3$(元)

(5) $\bar{a}_{\overline{20}|}=\dfrac{i}{\delta}a_{\overline{20}|}=\dfrac{0.1}{\ln(1.1)}\times 8.513\ 6=8.932\ 5$(元)

本例的结果表明，如果每年的付款金额保持不变，每年支付的次数越多，年金的现值越大。图 2－6 给出了本例年金的现值随着年支付次数的增加而不断增加的过程。可见，当年金的支付次数较小时，譬如每年不超过 12 次，年金现值随着支付次数的增加而快速增加；当年金的支付次数较大时，譬如每年超过 12 次以后，年金现值随着支付次数的增加而增加的速度比较缓慢。

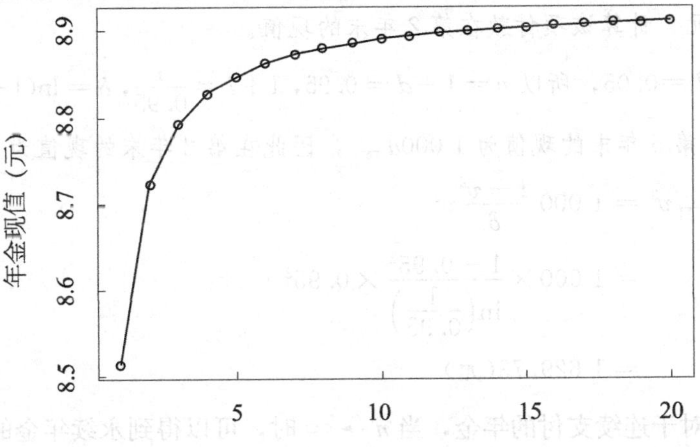

图 2－6　年金现值与每年支付次数的关系

从每年支付一次的年金到每年支付 m 次的年金，再到连续支付的年金，年金的现值因子是不断变化的。对于期末付年金而言，随着每年支付次数的增加，年金的平均付款时间逐渐提前，所以年金现值因子越来越大。对于期初付年金来说，随着每年支付次数的增加，年金的平均付款时间逐渐延迟，所以年金现值因子越来越小。当每年的支付次数趋于无穷大时，期末付和期初付年金的现值因子都将等于连续支付年金的现值因子。它们的变化过程如图 2－7 所示。

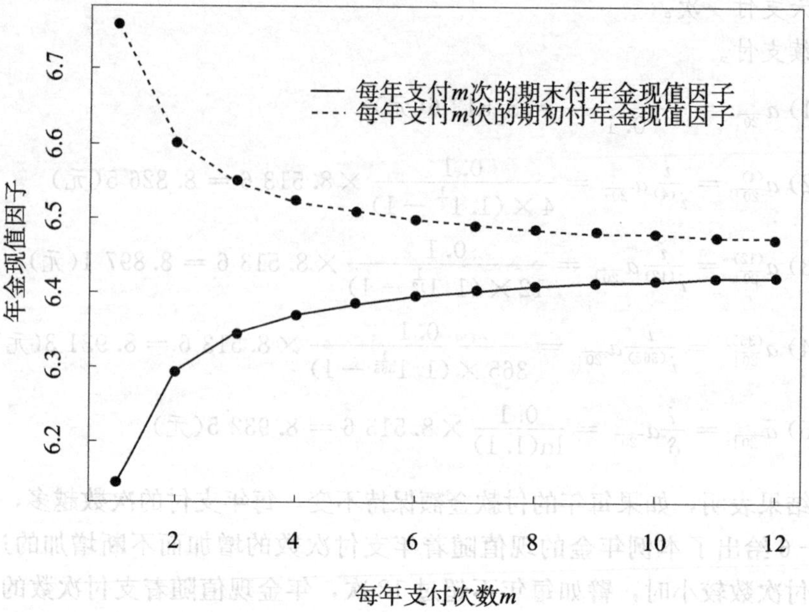

图 2-7　年金现值因子随着每年支付次数增加的变化过程

【例 2—21】　假设年实际贴现率为 5%，在第 5 年末和第 7 年末之间，投资者每年连续支付 1 000 元。计算该项付款在第 2 年末的现值。

【解】 已知 $d=0.05$，所以 $v=1-d=0.95$，$1+i=\frac{1}{0.95}$，$\delta=\ln(1+i)=\ln\left(\frac{1}{0.95}\right)$。

上述款项在第 5 年末的现值为 $1\,000\bar{a}_{\overline{2}|}$，因此在第 2 年末的现值为

$$\begin{aligned}1\,000\bar{a}_{\overline{2}|}v^3&=1\,000\,\frac{1-v^2}{\delta}v^3\\&=1\,000\times\frac{1-0.95^2}{\ln\left(\frac{1}{0.95}\right)}\times 0.95^3\\&=1\,629.73(\text{元})\end{aligned}$$

容易验证，对于连续支付的年金，当 $n\to\infty$ 时，可以得到永续年金的现值为

$$\bar{a}_{\overline{\infty}|}=\frac{1}{\delta}\tag{2.35}$$

【例 2—22】　假设年实际利率为 6%，计算每年连续支付 500 元的永续年金的现值。

【解】 上述永续年金的现值为

$$500\bar{a}_{\overline{\infty}|}=\frac{500}{\delta}=\frac{500}{\ln(1.06)}=8\,580.91\ (\text{元})$$

2.7.2　连续支付年金的终值

假设年金的支付期限为 n，年实际利率为 i。对于每年连续支付、支付总额为 1 元的年金，其终值用 $\bar{s}_{\overline{n}|}$ 表示，则有

$$\bar{s}_{\overline{n}|} = \frac{(1+i)^n - 1}{\delta} \tag{2.36}$$

证明：连续支付年金的终值可以通过其现值求得，即：

$$\bar{s}_{\overline{n}|} = (1+i)^n \bar{a}_{\overline{n}|} = \frac{(1+i)^n - 1}{\delta}$$

连续支付年金的终值也可以通过积分方法求得。如果在时刻 t 的付款为 $\mathrm{d}t$ 元，则一年的付款总额正好等于 1 元。也就是说，连续支付的等额年金等价于在时刻 t 支付 $\mathrm{d}t$ 元的年金。时刻 t 的 $\mathrm{d}t$ 元在第 n 年末的终值为 $(1+i)^{n-t}\mathrm{d}t$，所以连续支付年金的终值等于在 $[0,n]$ 期间所有付款的终值之和：

$$\bar{s}_{\overline{n}|} = \int_0^n (1+i)^{n-t}\mathrm{d}t = -\frac{(1+i)^{n-t}}{\ln(1+i)}\bigg|_0^n = \frac{(1+i)^n - 1}{\delta}$$

【例 2—23】 对每年支付 m 次的年金终值公式式 (2.24) 和式 (2.28)，求 m 趋于无穷时的极限值。

【解】 对每年支付 m 次的年金终值公式求 m 趋于无穷时的极限，可以得到连续支付年金的终值，即：

$$\begin{aligned}\lim_{m\to\infty} s_{\overline{n}|}^{(m)} &= \lim_{m\to\infty} \frac{(1+i)^n - 1}{i^{(m)}} \\ &= \frac{(1+i)^n - 1}{\delta} \\ &= \bar{s}_{\overline{n}|}\end{aligned}$$

$$\begin{aligned}\lim_{m\to\infty} \ddot{s}_{\overline{n}|}^{(m)} &= \lim_{m\to\infty} \frac{(1+i)^n - 1}{d^{(m)}} \\ &= \frac{(1+i)^n - 1}{\delta} \\ &= \bar{s}_{\overline{n}|}\end{aligned}$$

将连续支付年金的终值与基本年金的终值进行比较，很容易建立下述关系式：

$$\bar{s}_{\overline{n}|} = \frac{i}{\delta} s_{\overline{n}|} \tag{2.37}$$

【例 2—24】 假设年实际利率为 6%，在第 2 年末和第 7 年末之间，投资者每年连续支付 10 000 元。计算该项支付在第 10 年末的累积值。

【解】 在第 7 年末，该项付款的累积值为

$$\begin{aligned}10\,000\bar{s}_{\overline{5}|} &= 10\,000 \times \frac{(1+i)^5 - 1}{\delta} \\ &= 10\,000 \times \frac{1.06^5 - 1}{\ln(1.06)} \\ &= 58\,045.6(\text{元})\end{aligned}$$

再将其累积 3 年，可得在第 10 年末的累积值为

$$58\,045.6 \times (1.06)^3 = 69\,133.2\,(\text{元})$$

【例 2—25】 计算当利息力为多少时，有 $\bar{s}_{\overline{15}|} = \bar{s}_{\overline{10}|} + 2\bar{s}_{\overline{5}|}$？

【解】 将等式两边用利息力表示，可得：

$$\frac{e^{15\delta}-1}{\delta}=\frac{e^{10\delta}-1}{\delta}+2\frac{e^{5\delta}-1}{\delta}$$

$$e^{15\delta}-e^{10\delta}-2e^{5\delta}+2=0$$

$$(e^{5\delta}-1)(e^{10\delta}-2)=0$$

若 $e^{5\delta}=1$，则意味着利息力为 0。

所以有

$$e^{10\delta}=2\Rightarrow\delta=\frac{\ln(2)}{10}=0.069\ 31$$

2.8 价值方程及其应用

任何一个等额年金问题都包含下述三个变量：

(1) 年金的现值或终值。

(2) 年金的支付次数 n。

(3) 利率 i。

在这三个变量中，只要已知其中的任意两个变量，即可求得第三个变量。前面关于年金问题的讨论都假设年金的利率 i 和支付次数 n 是已知的，并在此基础上计算年金的现值和终值。如果已知年金的现值或终值，需要求解未知的利率或支付次数，可以通过价值方程（equation of value）来解决。所谓价值方程，是基于现金流入的现值等于现金流出的现值而建立的方程。下面通过几个示例来说明价值方程的应用。

【例 2—26】 投资者每年初向基金存入 5 000 元。如果基金的年实际利率为 6%，投资者需要经过多长时间可以累积到 20 万元？

【解】 根据题意可以建立下述价值方程：

$$5\ 000\ddot{s}_{\overline{n}|}=200\ 000$$

变形可得：

$$\ddot{s}_{\overline{n}|}=4$$

$$\frac{\dfrac{(1+0.06)^n-1}{0.06}}{1+0.06}=4$$

$$\Rightarrow n=20.302\ 4(\text{年})$$

即需要 20.302 4 年。0.302 4 年相当于 110 天，故经过 20 年零 110 天之后投资者可以累积到 20 万元。

【例 2—27】 投资者将 20 万元存入基金，希望在每年末领取 1 万元，假设基金的年收益率为 4.5%，投资者最多可以领取多长时间？

【解】 根据题意可以建立下述价值方程：

$$20=a_{\overline{n}|}=\frac{1-(1+i)^{-n}}{i}$$

解此方程可得：

$$n=52.311\ 4\ (\text{年})$$

即投资者可以在前52年的每年末领取1万元，并在第53年领取一笔小额付款W，其中$W<1$万元。下面在三种不同的领取时间下，分别计算最后一次的领取金额。

(1) 假设领取时间为第53年的第$0.311\,4\times365=114$天（一年按365天计算），领取金额为W，则求解W的价值方程为

$$10\,000\cdot s_{\overline{52|}}\cdot(1+0.045)^{0.311\,4}+W=200\,000\times(1+0.045)^{52.311\,4}$$

故有

$$W=3\,067\text{（元）}$$

(2) 如果将这笔小额付款W提前至第52年末领取，假设领取金额为X，则求解X的价值方程为

$$10\,000s_{\overline{52|}}+X=200\,000\times(1+0.045)^{52}$$

故有

$$X=3\,025\text{(元)}$$

也可以根据W的值直接计算，即

$$X=W(1+0.045)^{-0.311\,4}=3\,025\text{(元)}$$

(3) 如果将这笔小额付款W推迟至第53年末领取，假设领取金额为Y，则有

$$Y=W(1+0.045)^{1-0.311\,4}=3\,161\text{(元)}$$

可见，提前付款的金额最小，推迟付款的金额最大，在中间付款的金额居于两者之间。

注意，如果投资收益率等于或超过了5%，那么投资者不但在每年末可以领取1万元，而且可以无限期地领下去。因为每年末领取1万元，收益率为5%的永续年金的现值等于20万元。

【例2—28】 一项年金的现值为80 000元，每年末支付一次，每次支付25 000元，可以支付4年。此项年金的年利率是多少？

【解】 年金的利率i是下述方程的解：

$$80\,000=25\,000\times a_{\overline{4|}i}$$

求解上述方程可以使用EXCEL中的RATE函数。譬如，在一个空白单元格中输入“=RATE (4，−25 000，80 000)”后按回车键，即可求得年利率为9.56%。

【例2—29】 投资者在期初投资2 000元，2年后又投资3 000元，到第5年末时的累积值为7 000元。该项投资的年实际利率是多少？

【解】 假设年实际利率为i，则有下述价值方程：

$$2\,000(1+i)^5+3\,000(1+i)^3=7\,000$$

显然，根据这个方程无法求得未知利率的解析表达式，但应用EXCEL可以很容易求解上述价值方程。譬如，在EXCEL 2010软件中可以通过下述步骤求解未知利率：

(1) 在A1单元格中输入利率的初始值“0.01”；

(2) 在A2单元格输入“=2 000*(1+A1)^5+3 000*(1+A1)^3−7 000”后按回车键；

(3) 打开“数据→模拟分析→单变量求解”对话框；

(4) 在“目标单元格”中输入“A2”，在“目标值”中输入“0”，在“可变单元格”中输入“A1”，最后单击“确定”，即可得到利率为9.15%。

在 EXCEL 中求解方程还可以应用规划求解功能，打开“数据→规划求解”即可看到。规划求解功能可以用于求解方程组。

小结

等额年金是指每次的付款金额完全相等的年金，既可以每年支付一次，也可以每年支付多次，在理论上还可以连续支付。在现实中，每天支付一次近似等于连续支付。

本章主要讨论了等额年金的计算问题。每年支付 1 元的 n 年期期末付等额年金的现值可以表示为

$$a_{\overline{n}|}=\frac{1-v^n}{i}$$

其他各种等额年金的价值都可以据此计算：

(1) 每年支付 m 次的期末付等额年金的现值 $a_{\overline{n}|}^{(m)}=\frac{i}{i^{(m)}}\times a_{\overline{n}|}$

(2) 连续支付的等额年金的现值 $\bar{a}_{\overline{n}|}=\frac{i}{\delta}\times a_{\overline{n}|}$

期初付年金的现金流比期末付年金提前了一个周期，所以将期末付年金的价值累积一个付款周期，即得期初付年金的价值：

$$\text{期初付年金的现值}=\text{期末付年金的现值}\times(1+i)^{\text{付款周期的长度}}$$

对于每年支付一次的年金，付款周期的长度为 1 年；对于每年支付 m 次的年金，付款周期的长度为 $1/m$ 年。

年金的累积值也称为终值，可以由现值直接求得，即

$$\text{年金的终值}=\text{年金的现值}\times(1+i)^n$$

永续年金是付款次数趋于无穷大时的年金，在定期年金的基础上，计算 $n\to\infty$ 的极限，即可求得永续年金的价值。

本章知识点的思维导图如下：

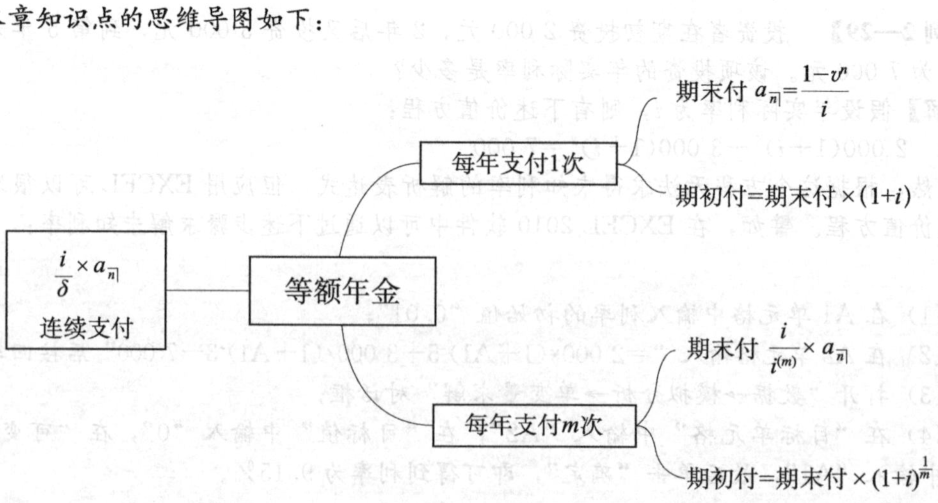

习题

2.1 某人想用分期付款的方式购买一辆现价为10万元的汽车，如果他首期支付一笔款项后，在今后的5年内每月末付款2 000元即可付清车款。假设每月复利一次的年名义利率为8%，他首期付款的金额为多少？

2.2 投资者将在10年后退休，他计划从现在开始每年初向基金存入20 000元，如果基金的年收益率为6%，他在退休时可以积存多少退休金？

2.3 某人从2010年3月1日起，每月末可以领取200元，2020年5月末是最后一次领取。如果每月复利一次的年名义利率为6%，计算该年金在2015年12月31日的价值。

2.4 某人在今后的20年内，每年初向基金存入10 000元。从第30年开始，每年末可以领取一笔退休金。该基金的年收益率为6%。

(1) 如果限期领取20年，每次可以领取多少？

(2) 如果无限期地领下去（当他死亡后，由其继承人领取），每次可以领取多少？

2.5 某人留下了10万元的遗产，遗嘱规定，该笔遗产前5年的利息收入由其长子领取，第二个5年的利息由其次子领取，从第11年开始，剩余遗产全部归第三个儿子。如果年实际利率为8%，计算三个儿子在该笔遗产中分别占多大份额？

2.6 一笔在36年内每年末支付4 000元的年金，与另一笔在18年内每年末支付5 000元的年金有相等的现值，年实际利率为i。1 000元的投资在年实际利率为i时，经过多长时间可以翻番？

2.7 借款人原计划在每月末偿付1 000元，用5年时间可以还清贷款。每月复利一次的年名义利率为12%。如果借款人一次性支付60 000元还清贷款，计算一次性还款的时间。

2.8 投资者每月初向基金存入一笔款项，5年后可以累积到60 000元。如果前2年每次存入1 000元，后3年每次存入500元。计算每月复利一次的年名义利率。

2.9 投资者每年末向基金存入2 000元，如果前2年的投资按6%的年实际利率计息，后2年的投资按5%的年实际利率计息，计算投资者在第4年末的累积值。

2.10 一项10年期的年金，在前5年的每季度末付款1 000元，后5年的每季度末付款2 000元。如果年实际利率为5%，计算该项年金的现值。

2.11 一项每3年末支付1元的永续年金，其现值为$\frac{125}{91}$，年实际利率是多少？

2.12 一项永续年金在每月初付款1元，如果每年复利4次的年名义利率为4%，计算该项年金的现值。

2.13 一项永续年金在每月初付款1 000元，另一项永续年金在每季度末付款3 020元。当年实际利率为多少时，这两项年金的现值相等？

2.14 假设一笔100 000元的贷款，计划从第5年开始在每年末偿还10 000元，直至还清为止。如果年实际利率为5%，并要求将不足10 000元的一次非正规付款提前到前一年末支付，计算最后一次付款的时间和金额。

2.15 一项年金从2015年1月1日开始，每月末支付100元，支付60次。这项年金

的价值等价于在第 k 月末支付一笔 6 000 元的款项。假设每月复利一次的年名义利率为 12%，求 k。

2.16　如果投资者用其获得的一笔人寿保险金购买一项 10 年期的期末付年金，则每年末可以领取 1 538 元；如果购买一项 20 年期的期末付年金，则每年末可以领取 1 072 元。假设年实际利率为 i，求 i。

2.17　投资者在前 2 年的每季度初向基金存入 1 000 元，在后 2 年的每季度初存入 2 000元，基金的名义利率为 12%，每月复利一次。第 4 年末的累积值为多少？

2.18　每半年复利一次的年名义利率为 i，每两年末支付 1 元的永续年金的现值是 5.89 元。计算 i。

2.19　投资者在 $t=0$ 和 $t=10$ 年时分别向基金投入 12 万元，这项基金以年实际利率 i 计息。利息在年末支付，并以 $0.75i$ 的年实际利率进行再投资。在 $t=20$ 年时，再投资利息的累积值为 64 万元，求 i。

2.20　已知利息力为 $\delta=\dfrac{1}{1+t}$，求 $\bar{a}_{\overline{n|}}$ 的表达式。

2.21　给定利息力为 $\delta=\dfrac{1}{1+0.5t}$，请计算 $s_{\overline{5|}}$。

2.22　已知 $\int_0^8 \bar{a}_{\overline{t|}}\,\mathrm{d}t=100$，计算 $\bar{a}_{\overline{10|}}$。

2.23　已知利息力为 $\delta=0.1$，计算当 t 为多少时，在时刻 t 支付 1 元相当于将这 1 元在时刻 0 与时刻 1 之间连续支付？

2.24　已知 $\bar{a}_{\overline{n|}}=4$，$\bar{s}_{\overline{n|}}=12$，求利息力。

第3章 变额年金

变额年金是指付款金额可以变化的年金。对于变额年金，其现值和终值的计算相对复杂一些。如果每次付款的金额没有任何变化规律，就只能逐笔计算每次付款的现值或终值，然后将它们相加，求得整个年金的现值或终值。本章讨论的变额年金是指有规律变化的年金，如付款金额按算术级数变化或按几何级数变化的年金。对于这类年金，可以建立较为简便的计算公式。

本章还将讨论连续支付的变额年金，对于这类年金，付款的变化形式可以多种多样。如果是规律性的变化，也可以建立相对简单的年金计算公式，否则只能遵循年金计算的基本原理求其现值或终值。

概括地讲，变额年金可以分为两大类：一类是离散变额年金，另一类是连续变额年金。

离散变额年金是指支付金额的变化是离散的，如每年变化一次。这类年金包括每年支付一次的变额年金、每年支付 m 次的变额年金和连续支付的变额年金。连续变额年金是指付款金额的变化是连续的，两个特例是连续递增年金和连续递减年金。离散变额年金的变化形式可以是算术级数变化（递增或递减），也可以是几何级数变化（即所谓的复递增年金）。

为方便起见，表 3－1 给出了本章使用的主要符号及其含义。

表 3－1　变额年金的符号及其说明

$(Ia)_{\overline{n}\mid}$，$(Is)_{\overline{n}\mid}$	第 1 年支付 1 元、以后每年增加 1 元的期末付年金的现值和终值
$(I\ddot{a})_{\overline{n}\mid}$，$(I\ddot{s})_{\overline{n}\mid}$	第 1 年支付 1 元、以后每年增加 1 元的期初付年金的现值和终值
$(Ia)_{\overline{n}\mid}^{(m)}$，$(Is)_{\overline{n}\mid}^{(m)}$	第 1 年支付 1 元、以后每年增加 1 元、每年支付 m 次的期末付年金的现值和终值
$(I\ddot{a})_{\overline{n}\mid}^{(m)}$，$(I\ddot{s})_{\overline{n}\mid}^{(m)}$	第 1 年支付 1 元、以后每年增加 1 元、每年支付 m 次的期初付年金的现值和终值
$(I\bar{a})_{\overline{n}\mid}$，$(I\bar{s})_{\overline{n}\mid}$	第 1 年支付 1 元、以后每年增加 1 元、连续支付年金的现值和终值

续表

$(\bar{I}\bar{a})_{\overline{n}\vert}, (\bar{I}\bar{s})_{\overline{n}\vert}$	连续支付、连续递增年金的现值和终值
$(Da)_{\overline{n}\vert}, (Ds)_{\overline{n}\vert}$	第 1 年支付 n 元、以后每年减少 1 元的期末付年金的现值和终值
$(D\ddot{a})_{\overline{n}\vert}, (D\ddot{s})_{\overline{n}\vert}$	第 1 年支付 n 元、以后每年减少 1 元的期初付年金的现值和终值
$(Da)_{\overline{n}\vert}^{(m)}, (Ds)_{\overline{n}\vert}^{(m)}$	第 1 年支付 n 元、以后每年减少 1 元、每年支付 m 次的期末付年金的现值和终值
$(D\ddot{a})_{\overline{n}\vert}^{(m)}, (D\ddot{s})_{\overline{n}\vert}^{(m)}$	第 1 年支付 n 元、以后每年减少 1 元、每年支付 m 次的期初付年金的现值和终值
$(D\bar{a})_{\overline{n}\vert}, (D\bar{s})_{\overline{n}\vert}$	第 1 年支付 n 元、以后每年减少 1 元、连续支付年金的现值和终值
$(\bar{D}\bar{a})_{\overline{n}\vert}, (\bar{D}\bar{s})_{\overline{n}\vert}$	连续支付、连续递减年金的现值和终值
$(Ca)_{\overline{n}\vert}$	每年支付 1 次的期末付复递增年金的现值
$(C\ddot{a})_{\overline{n}\vert}$	每年支付 1 次的期初付复递增年金的现值
$(Ca)_{\overline{n}\vert}^{(m)}$	每年支付 m 次的期末付复递增年金的现值
$(C\ddot{a})_{\overline{n}\vert}^{(m)}$	每年支付 m 次的期初付复递增年金的现值
$(C\bar{a})_{\overline{n}\vert}$	连续支付的复递增年金的现值

3.1 递增年金

递增年金（increasing annuity）是指每次的付款金额逐期增加的年金。年金增长的形式多种多样，但本节讨论的递增年金具有特殊的增长方式，即付款金额是以算术级数增长的。下面分期末付和期初付两种情况讨论其现值和终值的计算问题。

3.1.1 期末付递增年金

期末付递增年金（increasing annuity-immediate）的支付规律如下：第 1 期末支付 1 元，第 2 期末支付 2 元，…，第 n 期末支付 n 元。用 $(Ia)_{\overline{n}\vert}$ 表示期末付递增年金的现值，则有

$$(Ia)_{\overline{n}\vert} = \frac{\ddot{a}_{\overline{n}\vert} - nv^n}{i} \tag{3.1}$$

证明：未来付款的现值之和可以表示为

$$(Ia)_{\overline{n}\vert} = v + 2v^2 + 3v^3 + \cdots + nv^n \tag{3.2}$$

上式两边同时乘以 $(1+i)$，则有

$$(1+i)(Ia)_{\overline{n}\vert} = 1 + 2v + 3v^2 + \cdots + nv^{n-1} \tag{3.3}$$

用式（3.3）减去式（3.2），则有

$$\begin{aligned} i \cdot (Ia)_{\overline{n}\vert} &= (1 + v + v^2 + v^3 + \cdots + v^{n-1}) - nv^n \\ &= \ddot{a}_{\overline{n}\vert} - nv^n \end{aligned}$$

上式经变形即得期末付递增年金的现值，如式（3.1）所示。

期末付递增年金也可以分解成如表 3－2 所示的形式。

表 3-2 期末付递增年金的分解表

时期	0	1	2	3	…	$n-1$	n
递增年金		1	2	3	…	$n-1$	n
等额年金		1	1	1	…	1	1
			1	1	…	1	1
				1	…	1	1
					…	…	…
						1	1
							1

根据表 3-2，期末付递增年金可以表示为 n 项等额年金之和，因此有

$$\begin{aligned}(Ia)_{\overline{n}|} &= a_{\overline{n}|} + v \cdot a_{\overline{n-1}|} + \cdots + v^{n-1} \cdot a_1 \\ &= \frac{1-v^n}{i} + v \cdot \frac{1-v^{n-1}}{i} + \cdots + v^{n-1} \cdot \frac{1-v}{i} \\ &= \frac{1+v+v^2+\cdots+v^{n-1}-nv^n}{i} \\ &= \frac{\ddot{a}_{\overline{n}|}-nv^n}{i}\end{aligned}$$

根据期末付递增年金的现值很容易求得其终值 $(Is)_{\overline{n}|}$ 为

$$(Is)_{\overline{n}|} = (1+i)^n (Ia)_{\overline{n}|} = \frac{\ddot{s}_{\overline{n}|}-n}{i} \tag{3.4}$$

【例 3—1】 一项 20 年期的递增年金，在第 1 年末支付 650 元，在第 2 年末支付 700 元，在第 3 年末支付 750 元，依此类推，最后一次支付发生在第 20 年末，假设年实际利率为 6%，求此项年金的现值。

【解】 年金最后一次的支付额应为 650＋19×50＝1 600 元。该项年金的现金流如表 3-3所示，可以分解为下述年金之和：

(1) 600 元项等额年金。

(2) 50 元项递增年金。

表 3-3 年金分解表

年份	1	2	3	…	20
现金流	650	700	750	…	1 600
600 元项等额年金	1	1	1	…	1
50 元项递增年金	1	2	3	…	20

因此，上述年金的现值为

$$\begin{aligned}600a_{\overline{20}|} + 50(Ia)_{\overline{20}|} &= 600 \times 11.47 + 50 \times \frac{\ddot{a}_{\overline{20}|} - 20v^{20}}{0.06} \\ &= 6\,882 + 50 \times \frac{12.158\,1 - 20 \times 0.311\,8}{0.06} \\ &= 11\,817(\text{元})\end{aligned}$$

【例 3—2】 一项递增年金，第 1 年末支付 300 元，第 2 年末支付 320 元，第 3 年末支付 340 元，依此类推，直到最后一次支付 600 元，假设年实际利率为 5%，请计算此项年金在最后一次支付的终值。

【解】 支付金额每次递增 20 元，所以一共有 $\frac{600-300}{20}+1=16$ 次支付，最后一次支付发生在第 16 年末。

该项年金的现金流如表 3－4 所示，可以分解为下述年金之和：

(1) 280 元项等额年金。

(2) 20 元项递增年金。

表 3－4　年金分解表

年份	1	2	3	…	16
现金流	300	320	340	…	600
280 元项等额年金	1	1	1	…	1
20 元项递增年金	1	2	3	…	16

因此，上述年金的终值可以表示为

$$\begin{aligned}280s_{\overline{16}|}+20(Is)_{\overline{16}|}&=280\times 23.657\ 5+20\times\frac{\ddot{s}_{\overline{16}|}-16}{0.05}\\&=6\ 624.10+20\times\frac{24.840\ 4-16}{0.05}\\&=10\ 160.26(\text{元})\end{aligned}$$

3.1.2 期初付递增年金

期初付递增年金（increasing annuity-due）的现值和终值可以根据期末付年金与期初付年金之间的关系进行计算。用 $(I\ddot{a})_{\overline{n}|}$ 表示期初付递增年金的现值，用 $(I\ddot{s})_{\overline{n}|}$ 表示期初付递增年金的终值。期初付年金比期末付年金提前 1 年，其价值是期末付年金的 $(1+i)$ 倍，故有

$$(I\ddot{a})_{\overline{n}|}=\frac{\ddot{a}_{\overline{n}|}-nv^n}{d} \tag{3.5}$$

$$(I\ddot{s})_{\overline{n}|}=\frac{\ddot{s}_{\overline{n}|}-n}{d} \tag{3.6}$$

证明：

$$(I\ddot{a})_{\overline{n}|}=(1+i)(Ia)_{\overline{n}|}=(1+i)\frac{\ddot{a}_{\overline{n}|}-nv^n}{i}=\frac{\ddot{a}_{\overline{n}|}-nv^n}{d}$$

$$(I\ddot{s})_{\overline{n}|}=(1+i)(Is)_{\overline{n}|}=(1+i)\frac{\ddot{s}_{\overline{n}|}-n}{i}=\frac{\ddot{s}_{\overline{n}|}-n}{d}$$

当 $n\to\infty$ 时，可以得到递增永续年金的现值为

$$(Ia)_{\overline{\infty}|}=\frac{1}{di} \tag{3.7}$$

$$(I\ddot{a})_{\overline{\infty}|}=\frac{1}{d^2} \tag{3.8}$$

证明：

因为 $\lim\limits_{n\to\infty} nv^n = \lim\limits_{n\to\infty} \dfrac{n}{(1+i)^n} = 0$，所以有

$$(Ia)_{\overline{\infty|}} = \lim_{n\to\infty}(Ia)_{\overline{n|}} = \lim_{n\to\infty}\frac{\ddot{a}_{\overline{n|}} - nv^n}{i} = \frac{1}{di}$$

$$(I\ddot{a})_{\overline{\infty|}} = \lim_{n\to\infty}(I\ddot{a})_{\overline{n|}} = \lim_{n\to\infty}\frac{\ddot{a}_{\overline{n|}} - nv^n}{d} = \frac{1}{d^2}$$

【例 3—3】 一项永续年金每年末支付 100 元，第一次支付发生在第 n 年末，其现值为 170.50 元；另一项永续年金的第一次支付也发生在第 n 年末，每年末依次支付 100 元、200 元、300 元等，其现值为 3 410.30 元。已知两项年金的年实际利率 i 相等，请计算 n。

【解】 由第一项年金可知

$$170.5 = 100 \times v^{n-1} \times \frac{1}{i}$$

由第二项年金可知

$$3\,410.30 = 100 \times v^{n-1} \times \frac{1}{di}$$

以上两式相除即得

$$d = \frac{170.5}{3\,410.30} = 0.05$$

故

$$i = \frac{d}{1-d} = \frac{1}{19}$$

再由

$$170.5 = 100 \times v^{n-1} \times \frac{1}{i} = \frac{100 \times 19}{\left(1+\dfrac{1}{19}\right)^{n-1}}$$

可得

$$n = 48$$

3.2 递减年金

3.2.1 期末付递减年金

递减年金（decreasing annuity）是指付款金额逐期递减的年金。年金递减的形式也是多种多样的，本节讨论的递减年金是指付款金额按算术级数递减的年金。下面仍然首先讨论期末付递减年金（decreasing annuity-immediate）。

期末付递减年金的付款规律如下：第 1 期末支付 n 元，第 2 期末支付 $n-1$ 元，…，第 n 期末支付 1 元。用 $(Da)_{\overline{n|}}$ 表示期末付递减年金的现值，则有

$$(Da)_{\overline{n|}} = \frac{n - a_{\overline{n|}}}{i} \tag{3.9}$$

证明：期末付递减年金和期末付递增年金之和是一个等额年金，每期末的付款金额为 $(n+1)$，因此从等额年金的现值中减去递增年金的现值便可得到递减年金的现值，即

$$
\begin{aligned}
(n+1)a_{\overline{n|}}-(Ia)_{\overline{n|}} &= (n+1)\frac{1-v^n}{i}-\frac{\ddot{a}_{\overline{n|}}-nv^n}{i}\\
&=\frac{(n+1)-(v^n+\ddot{a}_{\overline{n|}})}{i}\\
&=\frac{(n+1)-(v^n+a_{\overline{n-1|}}+1)}{i}\\
&=\frac{n-(v^n+a_{\overline{n-1|}})}{i}\\
&=\frac{n-a_{\overline{n|}}}{i}
\end{aligned}
$$

期末付递减年金的现值也可以直接对现金流进行贴现求得，即

$$(Da)_{\overline{n|}}=nv+(n-1)v^2+(n-2)v^3+\cdots+v^n \tag{3.10}$$

上式两边同时乘以 $(1+i)$，即可得到

$$(1+i)(Da)_{\overline{n|}}=n+(n-1)v+(n-2)v^2+\cdots+v^{n-1} \tag{3.11}$$

用式（3.11）减去式（3.10），即可得到

$$
\begin{aligned}
i(Da)_{\overline{n|}} &= n-(v+v^2+\cdots+v^n)\\
&= n-a_{\overline{n|}}
\end{aligned}
$$

上式经变形可得如式（3.9）所示的期末付递减年金的现值。

递减年金还可以分解成一系列等额年金之和，如表 3-5 所示。

表 3-5　期末付递减年金的分解表

时期	0	1	2	3	…	$n-1$	n
递减年金		n	$n-1$	$n-2$	…	2	1
等额年金		1	1	1	…	1	1
		1	1	1	…	1	
		1	1	1	…		
		…	…	…			
		1	1	1			
		1	1				
		1					

应用表 3-5，期末付递减年金的现值可以表示为上述一系列等额年金的现值之和，即

$$
\begin{aligned}
(Da)_{\overline{n|}} &= a_{\overline{n|}}+a_{\overline{n-1|}}+\cdots+a_{\overline{1|}}\\
&=\frac{1-v^n}{i}+\frac{1-v^{n-1}}{i}+\cdots+\frac{1-v}{i}\\
&=\frac{n-(v^n+v^{n-1}+\cdots+v)}{i}\\
&=\frac{n-a_{\overline{n|}}}{i}
\end{aligned}
$$

根据递减年金的现值，很容易求得递减年金的终值 $(Ds)_{\overline{n|}}$ 为

$$(Ds)_{\overline{n|}}=(1+i)^n(Da)_{\overline{n|}}=\frac{n(1+i)^n-s_{\overline{n|}}}{i} \tag{3.12}$$

【例3—4】 投资者A拥有一份10年期的期末付递增年金，第1年末支付1 000元，以后每年递增500元。投资者B拥有一份10年期的期末付递减年金，第1年末支付X元，以后每年递减$\frac{X}{10}$元。假设年实际利率为5%，两项年金的现值相等，请计算X。

【解】投资者A的年金可以分解为期末付等额年金和期末付递增年金之和，如表3-6所示。

表3-6 投资者A的年金分解表

年份	1	2	3	…	10
原年金（元）	1 000	1 500	2 000	…	5 500
500元项等额年金	1	1	1	…	1
500元项递增年金	1	2	3	…	10

投资者A的现值可以表示为

$$PV_A = 500a_{\overline{10|}} + 500\,(Ia)_{\overline{10|}}$$

对于投资者B，其年金的现金流如表3-7所示。

表3-7 投资者B的现金流

年份	1	2	3	…	10
现金流（元）	X	$\frac{9X}{10}$	$\frac{8X}{10}$	…	$\frac{X}{10}$
$\frac{X}{10}$元项递减年金	10	9	8		1

上述现金流可以表示为$\frac{X}{10}$元项标准的递减年金，故其现值为

$$PV_B = \frac{X}{10}\cdot(Da)_{\overline{10|}}$$

由于两项年金的现值相等，所以有

$$500a_{\overline{10|}} + 500\,(Ia)_{\overline{10|}} = \frac{X}{10}\cdot(Da)_{\overline{10|}}$$

$$500a_{\overline{10|}} + 500\times\frac{1.05a_{\overline{10|}} - 10\times1.05^{-10}}{0.05} = \frac{X}{10}\times\frac{10-a_{\overline{10|}}}{0.05}$$

由此可得

X=5 168（元）

【例3—5】 一项期末付变额年金，付款时期为$2n$年，第1年末的付款金额为1元，以后每年递增1元，直至第n年末的付款为n元，在第$n+1$年末的付款仍然是n元，之后每年递减1元，直至第$2n$年末的最后一次付款为1元。请写出这项年金的现值表达式。

【解】该项年金的现金流如图3-1所示，其中上面一行数字表示年金，下面一行数字表示时间（年份）。

该年金由一项递增年金和一项延期n年的递减年金构成，因此，其现值可以表示为

$$PV = (Ia)_{\overline{n|}} + v^n\cdot(Da)_{\overline{n|}}$$

$$= \frac{\ddot{a}_{\overline{n|}} - nv^n}{i} + \frac{n-a_{\overline{n|}}}{i}\cdot v^n$$

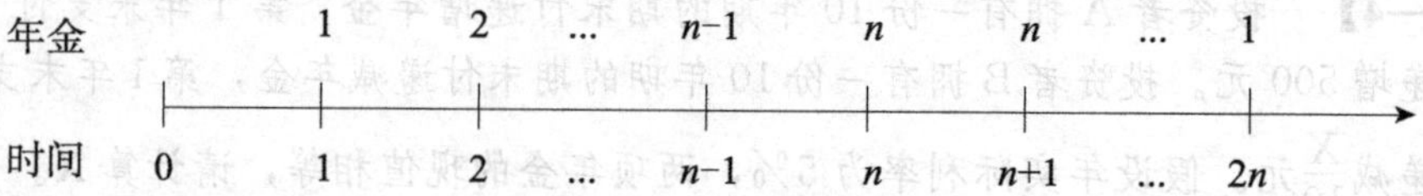

图 3-1　年金的现金流

$$= \frac{1}{i}(\ddot{a}_{\overline{n}|} - nv^n + nv^n - a_{\overline{n}|} \cdot v^n)$$

$$= \frac{1}{i}[(1+i)a_{\overline{n}|} - a_{\overline{n}|} \cdot v^n]$$

$$= \frac{a_{\overline{n}|}}{i}(1+i-v^n)$$

$$= a_{\overline{n}|}\left(\frac{1}{d} - \frac{v^n}{i}\right)$$

3.2.2　期初付递减年金

对于期初付递减年金（decreasing annuity-due），其现值和终值可以根据期末付递减年金的现值和终值计算，即

$$(D\ddot{a})_{\overline{n}|} = (1+i)(Da)_{\overline{n}|} = \frac{n - a_{\overline{n}|}}{d} \tag{3.13}$$

$$(D\ddot{s})_{\overline{n}|} = (1+i)(Ds_{\overline{n}|}) = \frac{n(1+i)^n - s_{\overline{n}|}}{d} \tag{3.14}$$

【例 3—6】　一项 10 年期的递减年金，在第 1 年初付款 100 元，第 2 年初付款 90 元，第 3 年初付款 80 元，依此类推，到第 10 年初付款 10 元。假设年实际利率为 6%，请计算此项年金在第 10 年末的终值。

【解】该项年金等价于 10 元项标准的递减年金，在第 10 年末的终值为

$$10(D\ddot{s})_{\overline{10}|} = 10 \times \frac{10 \times (1.06)^{10} - s_{\overline{10}|}}{\frac{0.06}{1.06}} = 835.22(\text{元})$$

其中，

$$s_{\overline{10}|} = \frac{1.06^{10} - 1}{0.06} = 13.1808(\text{元})$$

对于本例的年金，也可以首先计算此项年金在时刻 0 的现值，然后再将其累积到第 10 年末，即

$$10(D\ddot{a})_{\overline{10}|} = 10 \times \frac{10 - a_{\overline{10}|}}{\frac{0.06}{1.06}} = 10 \times \frac{10 - 7.3601}{\frac{0.06}{1.06}} = 466.38(\text{元})$$

$$10(D\ddot{s})_{\overline{10}|} = (1.06)^{10} \times 466.38 = 835.22(\text{元})$$

【例 3—7】　一项年金在第 1 年末付款 1 元，以后每年增加 1 元，直至第 n 年。从第 $n+1$ 年开始，每年递减 1 元，直至最后 1 年付款 1 元。证明该项年金的现值可以表示为 $a_{\overline{n}|} \cdot \ddot{a}_{\overline{n}|}$。

【解】这项年金的现金流如图 3-2 所示。

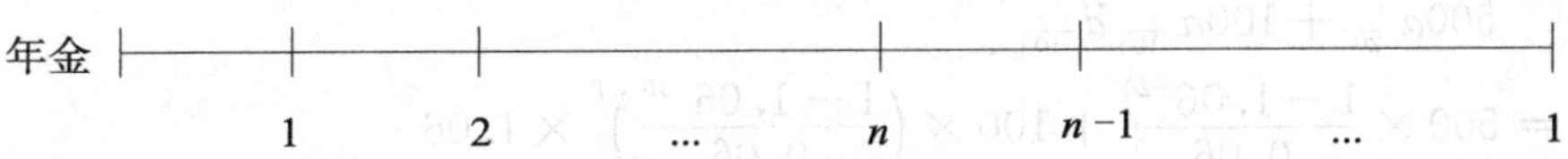

图 3-2　年金的现金流

这是一个 n 年期的递增年金与一个延期 n 年的 $n-1$ 年期的递减年金之和，其现值可以表示为

$$
\begin{aligned}
&(Ia)_{\overline{n|}}+v^n\cdot(Da)_{\overline{n-1|}}\\
&=\frac{\ddot{a}_{\overline{n|}}-nv^n}{i}+v^n\cdot\frac{(n-1)-a_{\overline{n-1|}}}{i}\\
&=\frac{1}{i}(a_{\overline{n-1|}}+1-nv^n+nv^n-v^n-v^na_{\overline{n-1|}})\\
&=\frac{1}{i}(a_{\overline{n-1|}}-v^na_{\overline{n-1|}}+1-v^n)\\
&=\frac{1}{i}(1-v^n)(a_{\overline{n-1|}}+1)\\
&=a_{\overline{n|}}\cdot\ddot{a}_{\overline{n|}}
\end{aligned}
$$

【例 3—8】　一项 20 年期的年金，第 1 年末支付 600 元，以后每年末的付款增加 100 元，直至第 10 年末的付款为 1 500 元；然后每年末的付款减少 100 元，直至第 20 年末的付款为 500 元。计算该年金的现值。

【解】 该项年金可以分解如表 3-8 所示：

表 3-8　年金分解表

年份	原年金（元）	分解后的年金（元）	
1	600	500	100
2	700	500	200
3	800	500	300
4	900	500	400
5	1 000	500	500
6	1 100	500	600
7	1 200	500	700
8	1 300	500	800
9	1 400	500	900
10	1 500	500	1 000
11	1 400	500	900
12	1 300	500	800
13	1 200	500	700
14	1 100	500	600
15	1 000	500	500
16	900	500	400
17	800	500	300
18	700	500	200
19	600	500	100
20	500	500	0

应用前例的结果，上述年金的现值可以表示为

$$
\begin{aligned}
&500a_{\overline{20}|}+100a_{\overline{10}|}\ddot{a}_{\overline{10}|}\\
&=500\times\frac{1-1.06^{-20}}{0.06}+100\times\left(\frac{1-1.06^{-10}}{0.06}\right)^2\times 1.06\\
&=11\,477.07(元)
\end{aligned}
$$

3.3 复递增年金

所谓复递增年金（compound increasing annuity），是指付款金额按照某一固定比例增长的年金，即按几何级数增长的年金。譬如，第 1 年末支付 1 元，第 2 年末支付 1.1 元，第 3 年末支付 1.21 元，依此类推，支付金额每年增长 10%，这就是一项复递增年金。下面分别期初付和期末付两种情况讨论复递增年金的现值和终值。

3.3.1 期末付复递增年金

期末付复递增年金的付款规律如下：在第 1 年末支付 1 元，此后每年的支付金额按 r 的复利增长，直至第 n 年末支付 $(1+r)^{n-1}$，如图 3-3 所示。

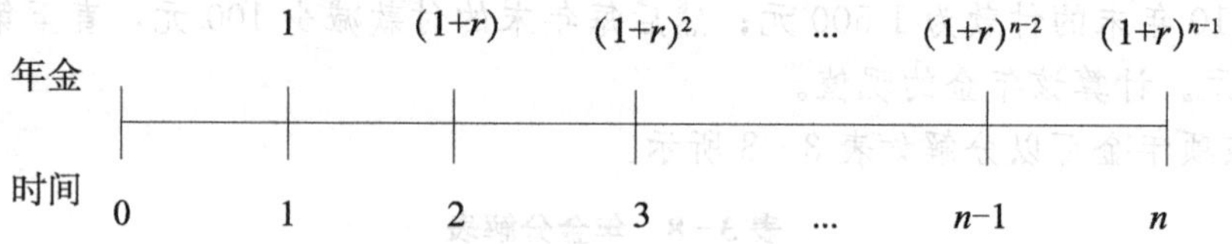

图 3-3 期末付复递增年金

期末付复递增年金的现值可以表示为

$$
(Ca)_{\overline{n}|}=\begin{cases}\dfrac{a_{\overline{n}|j}}{1+r}, & r\neq i\\[2ex] \dfrac{n}{1+r}, & r=i\end{cases}\tag{3.15}
$$

其中，

$$
j=\frac{i-r}{1+r}\tag{3.16}
$$

证明：把期末付复递增年金的现金流进行贴现，可得其现值为

$$
(Ca)_{\overline{n}|}=v+(1+r)v^2+(1+r)^2v^3+\cdots+(1+r)^{n-1}v^n
$$

上式可变形为

$$
(Ca)_{\overline{n}|}=\frac{1}{1+r}[(1+r)v+(1+r)^2v^2+(1+r)^3v^3+\cdots+(1+r)^nv^n]
$$

若 $r\neq i$，可令

$$
(1+r)v=\frac{1}{1+j}
$$

则期末付复递增年金的现值可以表示为

$$(Ca)_{\overline{n}|} = \frac{1}{1+r}\left[\frac{1}{1+j} + \left(\frac{1}{1+j}\right)^2 + \cdots + \left(\frac{1}{1+j}\right)^n\right]$$
$$= \frac{1}{1+r} a_{\overline{n}|j}$$

其中，j 满足式（3.16）。

若 $r = i$，则期末付复递增年金的现值可以简化为

$$(Ca)_{\overline{n}|} = \frac{n}{1+r}$$

式（3.16）的贴现利率 j 可以解释为净贴现利率。因为 $(1+r)(1+j) = 1+i$，所以也可以把 $1+j$ 解释为净累积因子，即不含年金增长率的累积因子。

把式（3.15）的现值按利率 i 累积 n 年，即乘以 $(1+i)^n$，就可以求得期末付复递增年金的终值。

【例 3—9】 投资者拥有一项 10 年期的期末付复递增年金，第 1 年末付 1 000 元，以后每年增长 5%。假设年实际利率为 11.3%，请计算这项年金的现值。

【解】 本例年金的现金流如图 3-4 所示。

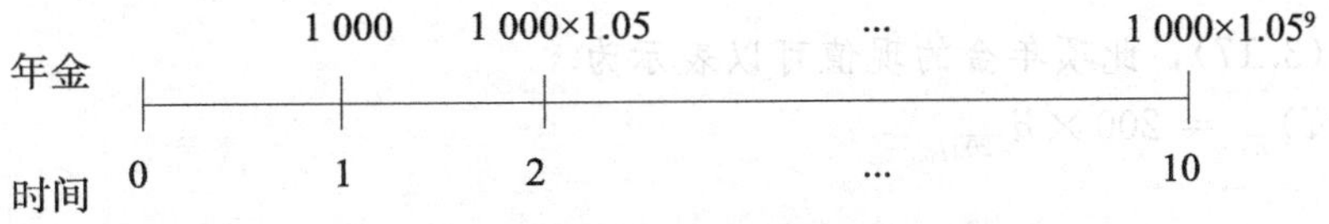

图 3-4 期末付复递增年金的现金流

在本例中，$r = 0.05$，$i = 0.113$，因此该项年金的现值为

$$(Ca)_{\overline{10}|} = 1\,000 \times \frac{1}{1.05} \times a_{\overline{10}|j}$$

其中，

$$j = \frac{i-r}{1+r} = \frac{0.113-0.05}{1.05} = 0.06$$

因此，该项年金的现值为

$$(Ca)_{\overline{10}|} = \frac{1\,000}{1.05} a_{\overline{10}|0.06} = \frac{1\,000}{1.05} \times \frac{1-1.06^{-10}}{0.06} = 7\,009.61\text{（元）}$$

3.3.2 期初付复递增年金

期初付复递增年金的现值为

$$(C\ddot{a})_{\overline{n}|} = \begin{cases} \ddot{a}_{\overline{n}|j}, & r \neq i \\ n, & r = i \end{cases} \tag{3.17}$$

其中，

$$j = \frac{i-r}{1+r}$$

证明： 如前所述，期初付年金是期末付年金的 $(1+i)$ 倍，因此，期初付复递增年金的现值可以用期末付复递增年金的现值乘以 $(1+i)$ 求得，即

$$(C\ddot{a})_{\overline{n}|} = (1+i)\times(Ca)_{\overline{n}|}$$
$$= \begin{cases} (1+i)\dfrac{a_{\overline{n}|j}}{1+r} = (1+j)a_{\overline{n}|j} = \ddot{a}_{\overline{n}|j},\ r \neq i \\ (1+i)\dfrac{n}{1+r} = n,\ r = i \end{cases}$$

把式（3.17）的现值按利率 i 累积 n 年，即乘以 $(1+i)^n$，就可以求得期初付复递增年金的终值。

【例 3—10】 投资者拥有一份 20 年期的期初付复递增年金，该年金在第 1 年初给付 200 元，以后每年给付金额按 10%增长。假设年实际利率为 5%，请计算此项年金的现值。

【解】 本例年金的现金流如图 3-5 所示。

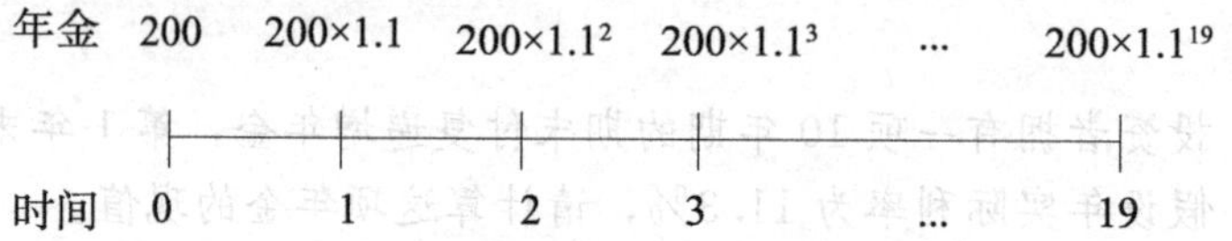

图 3-5 期初付复递增年金的现金流

应用式（3.17），此项年金的现值可以表示为

$$(C\ddot{a})_{\overline{n}|} = 200\times\ddot{a}_{\overline{20}|j}$$

其中，

$$j = \frac{i-r}{1+r} = \frac{0.05-0.1}{1.1} = -4.545\ 5\%$$

因此，此项年金的现值为：

$$(C\ddot{a})_{\overline{20}|} = 200\times\ddot{a}_{\overline{20}|-4.545\ 5\%}$$
$$= 200\times\frac{1-(1-0.045\ 455)^{-20}}{\dfrac{-0.045\ 455}{1-0.045\ 455}}$$
$$= 6\ 449(\text{元})$$

在特定条件下，复递增永续年金存在现值。从式（3.15）容易看出，当 $i>r$ 时，期末付复递增永续年金的现值存在，可以表示为

$$(Ca)_{\overline{\infty}|} = \frac{a_{\overline{\infty}|j}}{1+r}$$
$$= \frac{1}{1+r}\times\frac{1+r}{i-r}$$
$$= \frac{1}{i-r} \tag{3.18}$$

相应地，应用期初付年金与期末付年金的关系，当 $i>r$ 时，期初付复递增永续年金的现值可以表示为

$$(C\ddot{a})_{\overline{\infty}|} = (1+i)\times(Ca)_{\overline{\infty}|}$$
$$= \frac{1+i}{i-r} \tag{3.19}$$

【例 3—11】 一项永续年金从第 2 年末开始支付，首次的支付金额为 5 000 元，以后每年增长 5%。如果年实际利率为 8%，请计算该项年金的现值。

【解】 首先应用式（3.18）计算该项年金在第 2 年末的价值，然后再将其贴现至时刻 0，即可得到该项年金的现值为

$$\begin{aligned} PV &= 5\,000 \times 1.08^{-2} \times (Ca)_{\overline{\infty}|} \\ &= 5\,000 \times 1.08^{-2} \times \frac{1}{0.08-0.05} \\ &= 142\,889.8(\text{元}) \end{aligned}$$

3.4 每年支付 m 次的变额年金

在等额年金的分析中，我们得出了如下结论：

（1）每年支付 m 次的期末付年金是每年支付 1 次的期末付年金的 $\frac{i}{i^{(m)}}$ 倍；

（2）每年支付 m 次的期初付年金是每年支付 1 次的期初付年金的 $\frac{d}{d^{(m)}}$ 倍。

对于变额年金，上述结论同样成立。以 n 年期期末付变额年金为例，假设每年末的付款额分别为 $C_1, C_2, \cdots, C_n$，其终值记为 FV。如果将每年末的付款额等分为 m 次进行支付，则其终值将变为 $\frac{i}{i^{(m)}} \times FV$。如图 3－6 所示。

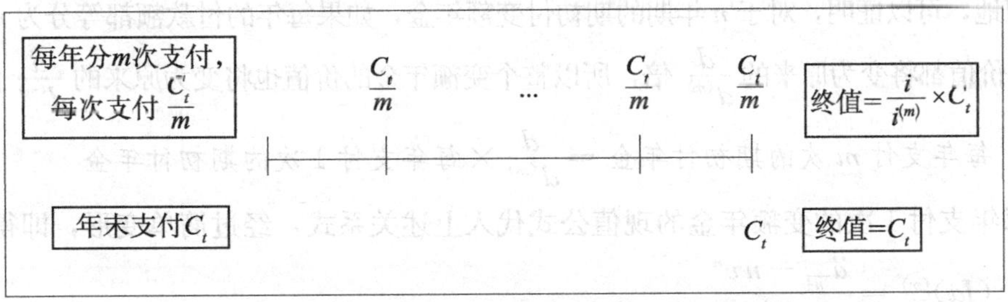

图 3－6　每年支付 m 次的变额年金

在图 3－6 中，第 t 年末的付款额为 C_t，所以在该年末的终值也是 C_t。如果等分为 m 次支付，每次支付 $\frac{C_t}{m}$，则形成一个 m 期的期末付等额年金，每期的时间长度为 $\frac{1}{m}$ 年，每期的实际利率为 $j = \frac{i^{(m)}}{m}$。应用等额年金的终值公式，该现金流在第 t 年末的终值可以表示为

$$\begin{aligned} \frac{C_t}{m} \times s_{\overline{m}|} &= \frac{C_t}{m} \times \frac{(1+j)^m - 1}{j} \\ &= \frac{C_t}{m} \times \frac{\left[1+\frac{i^{(m)}}{m}\right]^m - 1}{\frac{i^{(m)}}{m}} \end{aligned}$$

$$=C_t\times\frac{(1+i)-1}{i^{(m)}}$$

$$=C_t\times\frac{i}{i^{(m)}}$$

上式表明，第 t 年末的付款额，如果等分为 m 次支付，其价值将变为原来的 $\frac{i}{i^{(m)}}$ 倍。

对于 n 年期的期末付变额年金，如果每年的付款额都等分为 m 次进行支付，其价值都将变为原来的 $\frac{i}{i^{(m)}}$ 倍，所以整个变额年金的价值也将变为原来的 $\frac{i}{i^{(m)}}$ 倍，即

$$\text{每年支付}\,m\,\text{次的期末付年金}=\frac{i}{i^{(m)}}\times\text{每年支付 1 次的期末付年金}\tag{3.20}$$

常见的期末付变额年金包括递增年金、递减年金和复递增年金，如果将每年末的付款等分为 m 次进行支付，它们的价值都将变为原来的 $\frac{i}{i^{(m)}}$ 倍，即

每年支付 m 次的期末付递增年金：

$$(Ia)^{(m)}_{\overline{n}|}=\frac{i}{i^{(m)}}\times(Ia)_{\overline{n}|}\tag{3.21}$$

每年支付 m 次的期末付递减年金：

$$(Da)^{(m)}_{\overline{n}|}=\frac{i}{i^{(m)}}\times(Da)_{\overline{n}|}\tag{3.22}$$

每年支付 m 次的期末付复递增年金：

$$(Ca)^{(m)}_{\overline{n}|}=\frac{i}{i^{(m)}}(Ca)_{\overline{n}|}\tag{3.23}$$

类似地，可以证明，对于 n 年期的期初付变额年金，如果每年的付款额都等分为 m 次进行支付，其价值都将变为原来的 $\frac{d}{d^{(m)}}$ 倍，所以整个变额年金的价值也将变为原来的 $\frac{d}{d^{(m)}}$ 倍，即

$$\text{每年支付}\,m\,\text{次的期初付年金}=\frac{d}{d^{(m)}}\times\text{每年支付 1 次的期初付年金}\tag{3.24}$$

将每年支付 1 次的变额年金的现值公式代入上述关系式，经过简单变形，即得：

$$(Ia)^{(m)}_{\overline{n}|}=\frac{\ddot{a}_{\overline{n}|}-nv^n}{i^{(m)}}\tag{3.25}$$

$$(I\ddot{a})^{(m)}_{\overline{n}|}=\frac{\ddot{a}_{\overline{n}|}-nv^n}{d^{(m)}}\tag{3.26}$$

$$(Da)^{(m)}_{\overline{n}|}=\frac{n-a_{\overline{n}|}}{i^{(m)}}\tag{3.27}$$

$$(D\ddot{a})^{(m)}_{\overline{n}|}=\frac{n-a_{\overline{n}|}}{d^{(m)}}\tag{3.28}$$

将上述现值分别乘以 $(1+i)^n$，即可得到相应的终值公式：

$$(Is)^{(m)}_{\overline{n}|}=\frac{\ddot{s}_{\overline{n}|}-n}{i^{(m)}}\tag{3.29}$$

$$(I\ddot{s})^{(m)}_{\overline{n}|}=\frac{\ddot{s}_{\overline{n}|}-n}{d^{(m)}}\tag{3.30}$$

$$(Ds)_{\overline{n}|}^{(m)}=\frac{n(1+i)^n-s_{\overline{n}|}}{i^{(m)}} \tag{3.31}$$

$$(D\ddot{s})_{\overline{n}|}^{(m)}=\frac{n(1+i)^n-s_{\overline{n}|}}{d^{(m)}} \tag{3.32}$$

【例3—12】 一项年金在第1年的每月末支付2 000元，在第2年的每月末支付2 100元，在第3年的每月末支付2 200元，…，在第10年的每月末支付2 900元。如果年实际利率为5%，计算该项年金的现值。

【解】 该项年金可以分解为一系列等额年金和递增年金之和，如表3-9所示。

表3-9 年金现金流的分解（1）

年份	1	2	3	…	10
原始年金的现金流	2 000	2 100	2 200	…	2 900
1 900元项每年支付12次的等额年金	1	1	1	…	1
100元项每年支付12次的递增年金	1	2	3	…	10

根据表3-9，该项年金的现值为

$$\begin{aligned}PV&=1\,900\times12\times a_{\overline{10}|}^{(12)}+100\times12\times(Ia)_{\overline{10}|}^{(12)}\\&=1\,900\times12\times\frac{1-1.05^{-10}}{i^{(12)}}+100\times12\times\frac{\ddot{a}_{\overline{10}|}-10\times(1.05)^{-10}}{i^{(12)}}\\&=1\,900\times12\times\frac{1-1.05^{-10}}{0.048\,89}+100\times12\times\frac{8.107\,8-10\times(1.05)^{-10}}{0.048\,89}\\&=228\,373.47(\text{元})\end{aligned}$$

【例3—13】 一项10年期的年金，在第1年的每月初支付1 100元，在第2年的每月初支付1 000元，在第3年的每月初支付900元，依此递减，在第10年的每月初支付200元。假设年实际利率为8%，请计算此项年金的现值和第10年末的终值。

【解】 该项年金可以分解为一系列等额年金和递减年金之和，如表3-10所示。

表3-10 年金现金流的分解（2）

年份	1	2	3	…	10
原始年金的现金流	1 100	1 000	900	…	200
100元项每年支付12次的等额年金	1	1	1	…	1
100元项每年支付12次的递减年金	10	9	8	…	1

根据表3-10的年金分解结果，该项年金的现值为

$$\begin{aligned}PV&=100\times12\times\ddot{a}_{\overline{10}|}^{(12)}+100\times12\times(D\ddot{a})_{\overline{10}|}^{(12)}\\&=100\times12\times\frac{1-v^{10}}{d^{(12)}}+100\times12\times\frac{10-a_{\overline{10}|}}{d^{(12)}}\\&=100\times12\times\frac{1-1.08^{-10}}{d^{(12)}}+100\times12\times\frac{10-\dfrac{1-1.08^{-10}}{0.08}}{d^{(12)}}\\&=59\,859(\text{元})\end{aligned}$$

式中，

$$d^{(12)} = 12\times[1-(1+0.08)^{-\frac{1}{12}}] = 0.076\ 715$$

【例 3—14】 一项 30 年期的年金，如果每年末支付一次，现值为 46 502 元，如果将该年金调整每月末等额支付一次，且保持每年的付款总额不变，计算新年金的现值和累积值。假设年实际利率为 5%。

【解】 每年支付 12 次的期末付年金等价于 $\frac{i}{i^{(12)}}$ 个每年支付 1 次的期末付年金，故由式（3.20）可知，新年金的现值为

$$PV = 46\ 502\times\frac{i}{i^{(12)}} = 47\ 558(\text{元})$$

新年金的终值为

$$FV = PV\times(1+i)^{30} = 205\ 543(\text{元})$$

3.5 连续支付的变额年金

连续支付的变额年金（continuously payable varying annuity）是指每年的付款额是连续支付的。在每年支付 m 次的变额年金中，令每年的支付次数趋于无穷大，即 $m\rightarrow\infty$，就得到了连续支付的变额年金。

常见的变额年金有递增年金、递减年金和复递增年金，相应地，连续支付的变额年金也包括这三种类型。

连续支付的递增年金（continuously payable increasing annuity）遵循下述付款规律：在第 1 年连续支付 1 元，在第 2 年连续支付 2 元，在第 3 年连续支付 3 元，直至第 n 年连续支付 n 元，如图 3-7 所示。

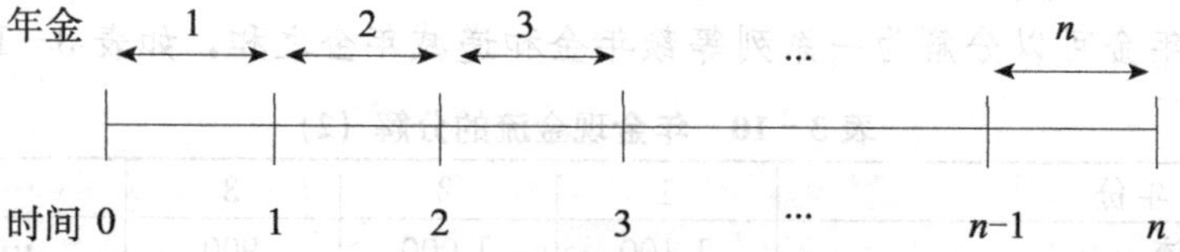

图 3-7 连续支付的递增年金

对于连续支付的递增年金，其现值用符号 $(I\bar{a})_{\overline{n}|}$ 表示。字母 a 上的横线代表支付是连续的；字母 I 上没有横线，代表支付金额按一定时期间隔离散增长，即每年增长一次。

连续支付的递减年金（continuously payable decreasing annuity）遵循下述付款规律：第 1 年连续支付 n 元，第 2 年连续支付 $n-1$ 元，直至第 n 年连续支付 1 元。该年金的现金流如图 3-8 所示，其现值用符号 $(D\bar{a})_{\overline{n}|}$ 表示。

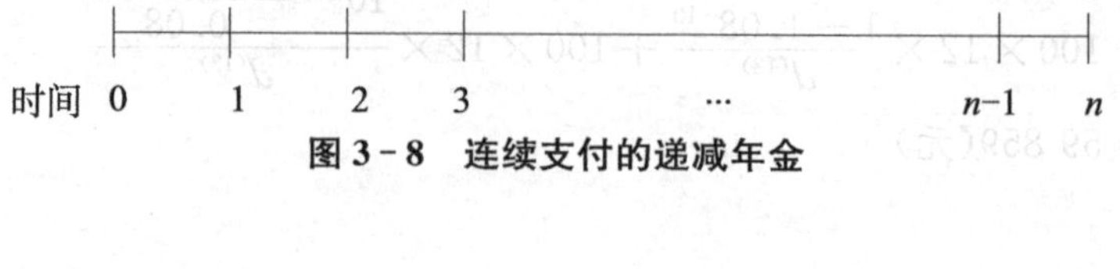

图 3-8 连续支付的递减年金

由于 $\lim\limits_{m\to\infty} i^{(m)}=\delta$，所以在式（3.21）中，令 $m\to\infty$，即得连续支付的递增年金的现值为

$$(I\bar{a})_{\overline{n}|}=\lim_{m\to\infty}(Ia)_{\overline{n}|}^{(m)}$$
$$=\lim_{m\to\infty}\frac{i}{i^{(m)}}\times(Ia)_{\overline{n}|}$$
$$=\frac{i}{\delta}\times(Ia)_{\overline{n}|}$$

类似地，连续支付的递减年金的现值为

$$(D\bar{a})_{\overline{n}|}=\lim_{m\to\infty}(Da)_{\overline{n}|}^{(m)}$$
$$=\lim_{m\to\infty}\frac{i}{i^{(m)}}\times(Da)_{\overline{n}|}$$
$$=\frac{i}{\delta}\times(Da)_{\overline{n}|}$$

连续支付的复递增年金的现值为

$$(C\bar{a})_{\overline{n}|}=\lim_{m\to\infty}(Ca)_{\overline{n}|}^{(m)}$$
$$=\lim_{m\to\infty}\frac{i}{i^{(m)}}\times(Ca)_{\overline{n}|}$$
$$=\frac{i}{\delta}\times(Ca)_{\overline{n}|}$$

上述结果表明，连续支付的变额年金是每年末支付 1 次的变额年金的 $\frac{i}{\delta}$ 倍，即

$$\text{连续支付的年金}=\frac{i}{\delta}\times\text{每年支付 1 次的期末付年金} \tag{3.33}$$

可以验证，在每年支付 m 次的期初付年金中，令 $m\to\infty$，也可以得到连续支付的变额年金的现值公式。

将每年末支付 1 次的变额年金的现值和终值表达式分别乘以 $\frac{i}{\delta}$，即得连续支付的变额年金的现值和终值计算公式，如下所示：

$$(I\bar{a})_{\overline{n}|}=\frac{\ddot{a}_{\overline{n}|}-nv^n}{\delta} \tag{3.34}$$

$$(I\bar{s})_{\overline{n}|}=\frac{\ddot{s}_{\overline{n}|}-n}{\delta} \tag{3.35}$$

$$(D\bar{a})_{\overline{n}|}=\frac{n-a_{\overline{n}|}}{\delta} \tag{3.36}$$

$$(D\bar{s})_{\overline{n}|}=\frac{n(1+i)^n-s_{\overline{n}|}}{\delta} \tag{3.37}$$

【例 3—15】 一项年金在第 1 年连续支付 30 元，第 2 年连续支付 40 元，第 3 年连续支付 50 元，直至第 10 年连续支付 120 元。假设年实际利率为 5%，请计算该项年金的现值。

【解】 可以把这项年金分解为两项年金：一项是连续支付、每年支付 20 元的 10 年期等额年金；另一项是连续支付的递增年金，第 1 年连续支付 10 元，第 2 年连续支付 20 元，直至第 10 年连续支付 100 元。分解结果如图 3－9 所示。

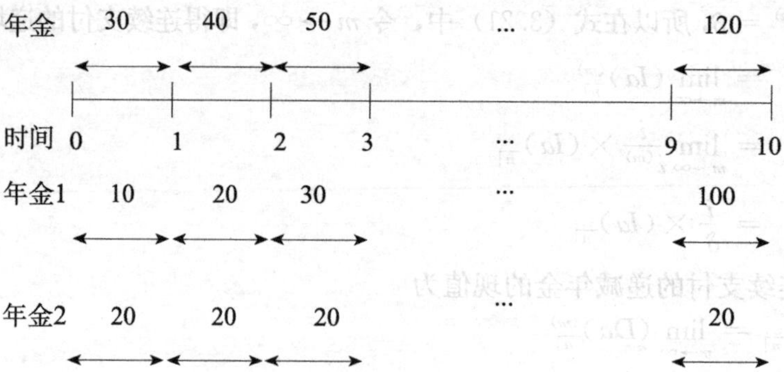

图 3-9　连续支付年金的分解

根据图 3-9，本例年金的现值可以表示为

$$PV=20\bar{a}_{\overline{10|}}+10\,(I\bar{a})_{\overline{10|}}$$

其中，

$$\bar{a}_{\overline{10|}}=\frac{1-1.05^{-10}}{\ln(1.05)}=7.913\,2(\text{元})$$

$$\ddot{a}_{\overline{10|}}=\frac{1-1.05^{-10}}{\frac{0.05}{1.05}}=8.107\,8(\text{元})$$

$$\begin{aligned}(I\bar{a})_{\overline{10|}}&=\frac{\ddot{a}_{\overline{n|}}-nv^n}{\delta}\\&=\frac{8.107\,8-10\times(1.05)^{-10}}{\ln(1.05)}\\&=40.350\,1(\text{元})\end{aligned}$$

因此，本例年金的现值为

$$PV=20\times7.913\,2+10\times40.350\,1=561.77(\text{元})$$

对于连续支付的递增年金，当支付期限趋于无穷时，就得到连续支付的永续年金，即

$$(I\bar{a})_{\overline{\infty|}}=\lim_{n\to\infty}(I\bar{a})_{\overline{n|}}=\lim_{n\to\infty}\frac{\ddot{a}_{\overline{n|}}-nv^n}{\delta}=\frac{1}{\delta d}$$

式中，

$$\lim_{n\to\infty}nv^n=\lim_{n\to\infty}\frac{n}{(1+i)^n}=0$$

【例 3—16】　一项连续支付的永续年金在第 1 年连续支付 2 000 元，第 2 年连续支付 3 000 元，第 3 年连续支付 4 000 元，以此方式无限期地支付下去。假设年实际利率为 6%，请计算此项年金的现值。

【解】 该项年金可以分解为一系列年金之和，即 1 000 元项每年连续支付的等额年金和 1 000 元项连续支付的递增年金，因此其现值为

$$\begin{aligned}PV&=1\,000\bar{a}_{\overline{\infty|}}+1\,000(I\bar{a})_{\overline{\infty|}}\\&=1\,000\times\frac{1}{\ln(1.06)}+1\,000\times\frac{1}{\ln(1.06)\times\frac{0.06}{1.06}}\\&=320\,353.8(\text{元})\end{aligned}$$

【例 3—17】 一项年金在第 1 年连续支付 100 元，第 2 年连续支付 90 元，第 3 年连续支付 80 元，直至第 10 年连续支付 10 元。假设年实际利率为 6%，请计算该项年金的现值。

【解】该项年金的现值为

$$\begin{aligned} PV &= 10 \cdot D\bar{a}_{\overline{10}|} \\ &= 10 \times \frac{10 - a_{\overline{10}|}}{\ln(1.06)} \\ &= 10 \times \frac{10 - \frac{1 - 1.06^{-10}}{0.06}}{\ln(1.06)} \\ &= 453.06(\text{元}) \end{aligned}$$

3.6 一般连续变化的现金流

本节讨论最一般形式的连续变化的现金流，其中的两个特例是连续递增年金和连续递减年金。

3.6.1 连续递增年金

连续递增年金（continuously increasing annuity）遵循下述付款规律：年金的支付期为 n，在时刻 t 的年付款率为 t，即付款率与时间同步增长。在时刻 t 的年付款率为 t 的含义是：如果按此付款率支付，一年的付款额将为 t 元，因此，在一个微小的时间区间 $\mathrm{d}t$ 的付款额为 $t\mathrm{d}t$。

n 年期的连续递增年金的现值用符号 $(\bar{I}\,\bar{a})_{\overline{n}|}$ 表示，字母 a 和 I 上都有一个横线，表示年金是连续支付，也是连续递增的。

连续递增年金的现值和终值为

$$(\bar{I}\,\bar{a})_{\overline{n}|} = \frac{\bar{a}_{\overline{n}|} - nv^n}{\delta} \tag{3.38}$$

$$(\bar{I}\,\bar{s})_{\overline{n}|} = \frac{\bar{s}_{\overline{n}|} - n}{\delta} \tag{3.39}$$

证明：根据连续递增年金的含义，在时刻 t 的付款额为 $t\mathrm{d}t$，其现值为 $\exp(-\delta t)t\mathrm{d}t$，将 $[0, n]$ 区间内所有付款的现值求和（即求积分）可得

$$\begin{aligned} (\bar{I}\,\bar{a})_{\overline{n}|} &= \int_0^n t \cdot \exp(-\delta t)\,\mathrm{d}t \\ &= \left[-\frac{t}{\delta} \cdot \exp(-\delta t)\right]\Big|_0^n - \int_0^n \frac{\exp(-\delta t)}{-\delta}\mathrm{d}t \\ &= -\frac{n \cdot \exp(-\delta n)}{\delta} - \left[\frac{1}{\delta^2} \cdot \exp(-\delta t)\right]\Big|_0^n \\ &= -\frac{n \cdot \exp(-\delta n)}{\delta} - \frac{\exp(-\delta n)}{\delta^2} + \frac{1}{\delta^2} \end{aligned}$$

$$=\frac{\frac{1-\exp(-\delta n)}{\delta}-n\cdot\exp(-\delta n)}{\delta}$$

$$=\frac{\frac{1-v^n}{\delta}-nv^n}{\delta}$$

$$=\frac{\bar{a}_{\overline{n}|}-nv^n}{\delta}$$

把前述的现值累积 n 年，即得连续递增年金的终值为

$$(\bar{I}\bar{s})_{\overline{n}|}=(1+i)^n(\bar{I}\bar{a})_{\overline{n}|}=\frac{\bar{s}_{\overline{n}|}-n}{\delta}$$

【例 3—18】 一项 10 年期的年金，在时刻 t 的年付款率为 $9t+6$，利息力为 9%，请计算此项年金的现值。

【解】 可以将此项年金的现金流分解成两部分：一部分是连续递增年金，另一部分是连续支付的等额年金，故其现值可以表示为

$$PV=9\cdot(\bar{I}\bar{a})_{\overline{10}|}+6\cdot\bar{a}_{\overline{10}|}$$

其中，

$$i=e^{0.09}-1=0.094\ 174$$

$$\bar{a}_{\overline{10}|}=\frac{1-v^{10}}{\delta}=\frac{1-(1.094\ 174)^{-10}}{0.09}$$

$$=6.593\ 670(\text{元})$$

$$(\bar{I}\bar{a})_{\overline{10}|}=\frac{\bar{a}_{\overline{10}|}-10v^{10}}{\delta}$$

$$=\frac{6.593\ 670-10\times(1.094\ 174)^{-10}}{0.09}=28.088\ 592(\text{元})$$

故此项年金的现值为：

$$PV=9\times 28.088\ 592+6\times 6.593\ 670=292.36(\text{元})$$

【例 3—19】 一项年金的付款期是从第 2 年末至第 7 年末，在时刻 t 的付款率为 $3t-4$，利息力为 6%，请计算此项年金在第 7 年末的终值。

【解】 如果此年金的付款期是从时刻 0 到第 7 年末，则其终值为

$$FV_1=3(\bar{I}\bar{s})_{\overline{7}|}-4\bar{s}_{\overline{7}|}$$

从时刻 0 到第 2 年末的付款在第 7 年末的累积值为

$$FV_2=[3(\bar{I}\bar{s})_{\overline{2}|}-4\bar{s}_{\overline{2}|}]e^{0.06\times(7-2)}$$

从 FV_1 中减去 FV_2，即可得到此项年金在第 7 年末的终值为

$$FV=FV_1-FV_2=3(\bar{I}\bar{s})_{\overline{7}|}-4\bar{s}_{\overline{7}|}-[3(\bar{I}\bar{s})_{\overline{2}|}-4\bar{s}_{\overline{2}|}]e^{0.3}$$

其中，

$$i=e^{0.06}-1=6.183\ 7\%$$

$$\bar{s}_{\overline{7}|}=\frac{(1+i)^7-1}{\delta}=\frac{(1.061\ 837)^7-1}{0.06}=8.699\ 360(\text{元})$$

$$\bar{s}_{\overline{2}|}=\frac{(1+i)^2-1}{\delta}=\frac{(1.061\,837)^2-1}{0.06}=2.124\,948(\text{元})$$

$$(\bar{I}\bar{s})_{\overline{7}|}=\frac{\bar{s}_{\overline{7}|}-7}{\delta}=\frac{8.699\,360-7}{0.06}=28.322\,667(\text{元})$$

$$(\bar{I}\bar{s})_{\overline{2}|}=\frac{\bar{s}_{\overline{2}|}-2}{\delta}=\frac{2.124\,948-2}{0.06}=2.082\,467(\text{元})$$

故此项年金的终值为

$$FV=3\times 28.322\,667-4\times 8.699\,360-(3\times 2.082\,467-4\times 2.124\,948)e^{0.3}$$
$$=53.21(\text{元})$$

对于连续递增年金，如果支付期限趋于无穷，即可得到连续递增永续年金，其现值用符号 $(\bar{I}\bar{a})_{\overline{\infty}|}$ 表示，则有

$$(\bar{I}\bar{a})_{\overline{\infty}|}=\frac{1}{\delta^2} \tag{3.40}$$

证明： 在连续递增年金的现值公式（3.38）中，令 n 趋于无穷大，则有

$$\begin{aligned}(\bar{I}\bar{a})_{\overline{\infty}|}&=\lim_{n\to\infty}(\bar{I}\bar{a})_{\overline{n}|}\\&=\lim_{n\to\infty}\frac{\bar{a}_{\overline{n}|}-nv^n}{\delta}\\&=\lim_{n\to\infty}\frac{\frac{1-(1+i)^{-n}}{\delta}-n(1+i)^{-n}}{\delta}\\&=\frac{1}{\delta^2}\end{aligned}$$

【例 3—20】 一项永续年金在时刻 t 的付款为 $3t$，付款从时刻 0 开始并一直延续下去，年实际利率为 5%，求该项年金的现值。

【解】 这是一项永续年金，应用式（3.40）可得其现值为

$$3(\bar{I}\bar{a})_{\overline{\infty}|}=3\times\frac{1}{[\ln(1.05)]^2}=1\,260.25(\text{元})$$

3.6.2 连续递减年金

连续递减年金（continuously decreasing annuity）遵循下述付款规律：年金的支付期为 n 年，在时刻 t 的年付款率为 $n-t$。连续递减年金的现值和终值分别用符号 $(\bar{D}\bar{a})_{\overline{n}|}$ 和 $(\bar{D}\bar{s})_{\overline{n}|}$ 表示，且有

$$(\bar{D}\bar{a})_{\overline{n}|}=\frac{n-\bar{a}_{\overline{n}|}}{\delta} \tag{3.41}$$

$$(\bar{D}\bar{s})_{\overline{n}|}=\frac{n(1+i)^n-\bar{s}_{\overline{n}|}}{\delta} \tag{3.42}$$

证明： 在时刻 t 的一个微小区间 dt，付款额为 $(n-t)dt$，其现值为 $\exp(-\delta t)(n-t)dt$，把 $[0,n]$ 区间内所有付款的现值求和（即求积分），可得连续递减年金的现值为

$$
\begin{aligned}
(\bar{D}\bar{a})_{\overline{n}|} &= \int_0^n (n-t)e^{-\delta t}dt \\
&= n\bar{a}_{\overline{n}|} - (\bar{I}\bar{a})_{\overline{n}|} \\
&= n\bar{a}_{\overline{n}|} - \frac{\bar{a}_{\overline{n}|} - nv^n}{\delta} \\
&= \frac{n(1-v^n) - \bar{a}_{\overline{n}|} + nv^n}{\delta} \\
&= \frac{n - \bar{a}_{\overline{n}|}}{\delta}
\end{aligned}
$$

将现值累积 n 年，即得连续递减年金的终值为

$$
\begin{aligned}
(\bar{D}\bar{s})_{\overline{n}|} &= (1+i)^n (\bar{D}\bar{a})_{\overline{n}|} \\
&= \frac{n(1+i)^n - \bar{s}_{\overline{n}|}}{\delta}
\end{aligned}
$$

【例 3—21】 一份 10 年期的年金，在时刻 t 的年付款率为 $10-t$。假设利息力为 5%，请计算此项年金的现值和在第 10 年末的终值。

【解】 根据已知条件可得

$$i = e^{0.05} - 1 = 5.127\%$$

$$\bar{a}_{\overline{10}|} = \frac{1-(1+0.051\,27)^{-10}}{0.05} = 7.869\,26(\text{元})$$

应用式 (3.41)，此项年金的现值为

$$(\bar{D}\bar{a})_{\overline{10}|} = \frac{10-\bar{a}_{\overline{10}|}}{0.05} = \frac{10-7.869\,26}{0.05} = 42.61(\text{元})$$

将上述现值累积到第 10 年末，即得其终值为

$$(\bar{D}\bar{s})_{\overline{10}|} = 42.61 \times e^{10\times 0.05} = 70.25(\text{元})$$

3.6.3 一般形式

最一般意义上的现金流，即付款连续发生、付款金额连续变化的现金流。这种现金流可以表述为：付款时间是从时刻 a 到时刻 b，在时刻 t 的付款率为 $\rho(t)$，利息力为 $\delta(t)$。以下讨论如何计算这种现金流的现值和终值。

由式 (1.26) 可知，在时刻 t 支付的 1 元，在时刻 a 的现值为 $\exp\left[-\int_a^t \delta(s)ds\right]$。为了计算从时刻 a 到时刻 b 所有付款的现值，需要将该期间所有付款的现值加总，在连续情况下就是对它们进行积分：

$$PV_a = \int_a^b \rho(t)\exp\left[-\int_a^t \delta(s)ds\right]dt \tag{3.43}$$

式 (3.43) 给出了一般现金流在支付期限开始时（即时刻 a）的现值。如果需要计算在时刻 0 的现值，可以把式 (3.43) 贴现至时刻 0，即乘以贴现因子 $\exp\left[-\int_0^a \delta(s)ds\right]$，由此可得上述现金流在时刻 0 的现值为

$$PV_0=\int_a^b\rho(t)\exp\left[-\int_0^t\delta(s)\mathrm{d}s\right]\mathrm{d}t \tag{3.44}$$

在已知现值的情况下，现金流的终值等于现值的累积值。譬如，计算前述现金流在支付期限结束时（即时刻 b）的值，可以将式（3.43）累积至时刻 b，即乘以累积因子 $\exp\left[\int_a^b\delta(s)\mathrm{d}s\right]$，由此可得前述现金流在时刻 b 的终值为

$$FV_b=\int_a^b\rho(t)\exp\left[\int_t^b\delta(s)\mathrm{d}s\right]\mathrm{d}t \tag{3.45}$$

如果要计算前述现金流在支付期限结束后某个时刻（如时刻 c，$c>b$）的终值，可以把式（3.45）从时刻 b 累积到时刻 c，即乘以累积因子 $\exp\left[\int_b^c\delta(s)\mathrm{d}s\right]$，由此可得现金流在时刻 c 的终值为

$$FV_c=\int_a^b\rho(t)\exp\left[\int_t^c\delta(s)\mathrm{d}s\right]\mathrm{d}t \tag{3.46}$$

【例3—22】 一项连续支付的现金流，支付期从时刻0到时刻0.5，在时刻 t 的付款率为 $\rho(t)=10t+3$，利息力为 $\delta(t)=0.2t+0.06$，请计算此现金流在时刻0的现值。

【解】 应用式（3.43），该现金流的现值为

$$\begin{aligned}PV&=\int_a^b\rho(t)\exp\left[-\int_a^t\delta(s)\mathrm{d}s\right]\mathrm{d}t\\&=\int_0^{0.5}(10t+3)\exp\left[-\int_0^t(0.2s+0.06)\mathrm{d}s\right]\mathrm{d}t\\&=\int_0^{0.5}(10t+3)\exp\left[-(0.1t^2+0.06t)\right]\mathrm{d}t\end{aligned}$$

令 $u=-0.1t^2-0.06t$，则有

$$\frac{\mathrm{d}u}{\mathrm{d}t}=-0.2t-0.06$$
$$\Rightarrow \mathrm{d}u=(-0.2t-0.06)\mathrm{d}t$$

故上述现金流的现值为

$$\begin{aligned}PV&=-50\int_0^{0.5}(-0.2t-0.06)\exp(-0.1t^2-0.06t)\mathrm{d}t\\&=-50\int_0^{0.5}\mathrm{e}^u\mathrm{d}u\\&=-50\left[\exp(-0.1t^2-0.06t)\right]\Big|_0^{0.5}\\&=-50\left[\exp(-0.055)-1\right]\\&=2.68(\text{元})\end{aligned}$$

【例3—23】 一项连续支付的现金流，在时刻 t 的付款率为 $\rho(t)=3$，支付期限从时刻2到时刻6，利息力为 $\delta(t)=0.05$，请计算此现金流在时刻0的现值。

【解】 应用式（3.44），该现金流的现值为

$$\begin{aligned}PV&=\int_2^6 3\exp\left[-\int_0^t0.05\mathrm{d}s\right]\mathrm{d}t\\&=\int_2^6 3\exp(-0.05t)\mathrm{d}t\end{aligned}$$

$$= \frac{3}{0.05}\left[-\exp(-0.05t)\right]\Big|_2^6$$

$$= 9.84(元)$$

【例 3—24】 一项连续支付的现金流，在时刻 t 的付款率为 $\rho(t) = 150\exp(-0.03t)$，支付期从时刻 1 到时刻 6，利息力为 $\delta(t) = 0.04$，请计算此现金流在时刻 $t = 9$ 的终值。

【解】 应用式（3.46），该现金流在时刻 9 的终值为

$$FV = \int_a^b \rho(t)\exp\left[\int_t^c \delta(t)\mathrm{d}s\right]\mathrm{d}t$$

$$= \int_1^6 150\exp(-0.03t)\exp\left[\int_t^9 0.04\mathrm{d}s\right]\mathrm{d}t$$

$$= 150\int_1^6 \exp(-0.03t)\exp(0.36 - 0.04t)\mathrm{d}t$$

$$= 150\int_1^6 \exp(0.36 - 0.07t)\mathrm{d}t$$

$$= \frac{150}{0.07}\left[-\exp(0.36 - 0.07t)\right]\Big|_1^6$$

$$= 845.71(元)$$

小结

变额年金是指付款金额随着时间而变化的年金。在现实中，常见的变额年金是指每年递增（或递减）一次的年金。递增（或递减）的方式包括算术级数递增（或递减）和几何级数递增（或递减）。在理论上还可以定义一种连续变化的年金，这种年金的价值计算一般需要通过积分运算求得。

对于每年末支付一次且按算术级数递增（或递减）的年金，其现值分别为

$$(Ia)_{\overline{n|}} = \frac{\ddot{a}_{\overline{n|}} - nv^n}{i}$$

$$(Da)_{\overline{n|}} = \frac{n - a_{\overline{n|}}}{i}$$

对于每年初支付一次且按算术级数递增（或递减）的年金，其现值是上述年金现值的 $(1+i)$ 倍。

对于每年初支付一次且按几何级数递增（或递减）的年金，其现值为

$$(C\ddot{a})_{\overline{n|}i} = \begin{cases} \ddot{a}_{\overline{n|}j}, & r \neq i \\ n, & r = i \end{cases}$$

其中 $j=\dfrac{i-r}{1+r}$ 表示从年利率 i 中扣除年金增长率 r 之后的净利率。

对于每年末支付一次且按几何级数递增（或递减）的年金，其现值为上述年金现值的 $1/(1+r)$。

对于每年末支付一次的变额年金，如果将每年的付款金额等分为 m 次进行支付，则其价值将变为原来的 $i/i^{(m)}$ 倍；如果将每年的付款金额连续支付，则其价值将变为原来的 i/δ 倍。

付款时间从时刻 a 到时刻 b，在时刻 t 的付款率为 $\rho(t)$，利息力为 $\delta(t)$ 的一般现金流，其在时刻 0 的价值为

$$PV_0=\int_a^b a^{-1}(t)\rho(t)\mathrm{d}t=\int_a^b \rho(t)\exp\left[-\int_0^t \delta(s)\mathrm{d}s\right]\mathrm{d}t$$

在任意时刻 T 的价值为

$$FV_T=\int_a^b \rho(t)\exp\left[\int_t^T \delta(s)\mathrm{d}s\right]\mathrm{d}t$$

本章知识点的思维导图如下：

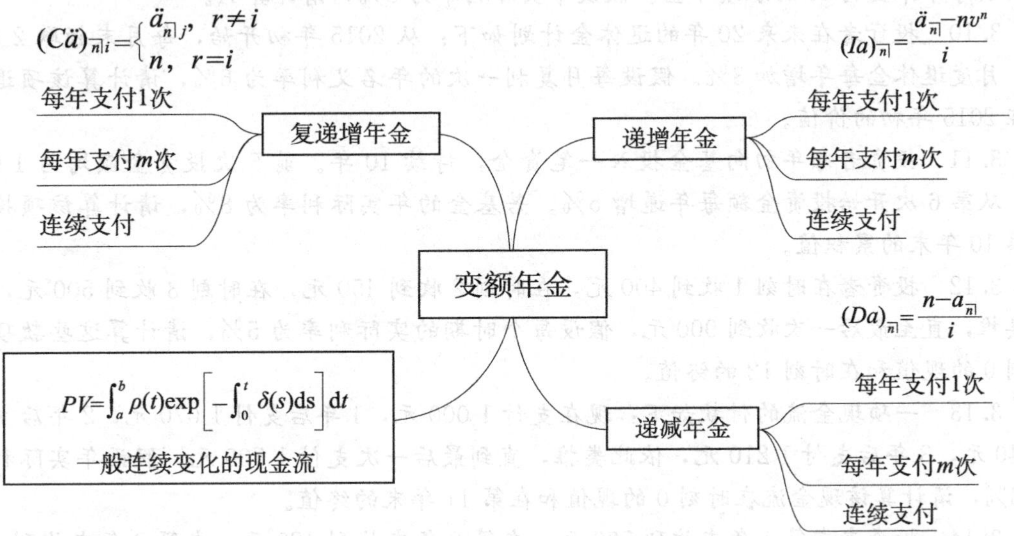

习题

3.1 投资者在 30 年内，每年年末向基金投资 1 单位。基金在每年末以年实际利率 j 支付利息。投资者所得利息立即进行再投资，再投资的年实际利率为 $\frac{j}{2}$。所有利息在 30 年期间的积累值为 72.88。请计算 j。

3.2 一项年金在第 1 年末的付款为 1 000 元，以后每年增加 100 元，一共支付 10 次。如果年实际利率为 5%，请计算该项年金的现值。

3.3 一项永续年金在第 1 年末支付 1，第 2 年末支付 2，直至第 n 年末支付 n，然后一直维持在每年支付 n，请计算此项年金的现值。

3.4 一项永续年金在第 4 年初支付 2，第 6 年初支付 4，第 8 年初支付 6，第 10 年初支付 8，并按此规律无限期地支付下去。若年实际利率为 10%，请计算该项年金的现值 X。

3.5 年金 A 支付 20 年，每年末支付 55。年金 B 支付 30 年，其中前 10 年每年末支付 30，中间 10 年每年末支付 60，最后 10 年每年末支付 90。若这两项年金的现值相等，年实际利率为 i，请计算它们的现值。

3.6 一项年金在第 1 年末付款 1 元，以后每年增加 1 元，直至第 n 年。从第 $n+1$ 年开始，每年递减 1 元，直至最后一年付款 1 元。请计算该项年金的现值。

3.7 一项15年期的年金，在第1年末给付300元，第2年末给付280元，第3年末给付260元，直至给付金额减少到160元，然后每年的给付金额保持160元不变，直至第15年末。假设年实际利率为5%，请计算此项年金在时刻0的现值。

3.8 一项10年期年金在第1年末的付款为1 000元，以后每年增长10%。如果年实际利率为5%，请计算该项年金的现值。

3.9 投资者在第1年的每季度初存款1个单位，在第2年的每季度初存款2个单位，依此类推，在第8年的每季度初存款8个单位。在第8年末，投资者取出这笔存款用于购买一项每年末支付X的永续年金。假设年实际利率为8%，请计算X。

3.10 投资者在未来20年的退休金计划如下：从2015年初开始，每月末领取2 000元，月度退休金每年增加3%。假设每月复利一次的年名义利率为6%，请计算该项退休金在2015年初的价值。

3.11 投资者每年初向基金投入一笔资金，持续10年。前5次投资金额均为1 000元，从第6次开始投资金额每年递增5%。若基金的年实际利率为8%，请计算该项投资在第10年末的累积值。

3.12 投资者在时刻1收到400元，在时刻2收到450元，在时刻3收到500元，依此类推，直至最后一次收到900元，假设每个时期的实际利率为5%，请计算这些款项在时刻0的现值和在时刻12的终值。

3.13 一项现金流的付款如下：现在支付1 000元，1年后支付1 070元，2年后支付1 140元，3年后支付1 210元，依此类推，直到最后一次支付1 700元。假设年实际利率为8%，请计算该现金流在时刻0的现值和在第11年末的终值。

3.14 投资者在第1年末收到500元，在第2年末收到480元，在第3年末收到460元，依此类推，直到最后一次收到300元，假设年实际利率为6%，请计算该现金流在第1年初的现值和在第20年末的终值。

3.15 一项现金流的付款过程如下：现在支付50元，此后每年比上一年减少10元，直至第4年末，然后每年的付款又比前一年增加10元，直至第8年末。假设年实际利率为9%，请计算该现金流在时刻0的现值。

3.16 投资者需要在第10年末筹集到80 000元，为此他现在投资X元，在第1年末投资（$X-500$）元，在第2年末投资（$X-1\ 000$）元，直到第9年末投资（$X-4\ 500$）元，假设年实际利率为6%，请计算X的值。

3.17 如果现在存入基金X元，基金将在第5年末返还3 000元，在第6年末返还2 900元，在第7年末返还2 800元，依此类推，最后一次返还在第15年末。假设年实际利率为6%，请计算X的值。

3.18 投资者在第5年末投资200元，在第6年末投资400元，在第7年末投资600元，依此类推，最后一次投资发生在第15年末。假设年实际利率为5%，请计算投资者在第20年末的累积值。

3.19 一项期末付永续年金，前5年的付款均为20元，从第6年开始，付款每年比上一年增长k。假设年实际利率为9%，此项永续年金的现值为335元，请计算k的值。

3.20 一项连续支付的年金，第1年连续支付100元，第2年连续支付110元，第3

年连续支付 120 元，依此类推，直到第 10 年连续支付 190 元。假设年实际利率为 4%，请计算此项年金在第 10 年末的终值。

3.21 一项连续年金在第 1 年连续支付 100 元，此后每一年比前一年减少 5 元，直到最后一次支付 65 元。假设年实际利率为 7%，请计算此项年金在第 10 年末的终值。

3.22 一项 10 年期的连续年金在时刻 t 的支付率为 $\rho(t)=4t+3$，假设利息力为 $\delta(t)=0.03+0.04t$，请计算此项年金在时刻 0 的现值。

3.23 一项现金流从时刻 5 到时刻 10 连续付款，在时刻 t 的支付率为 $\rho(t)=1.2t^2+2t$。从时刻 0 到时刻 5 的利息力为 $\delta_t=0.004t+0.01$，从时刻 5 到时刻 10 的利息力为 $\delta(t)=0.000\,6t^2+0.001t$，请计算此现金流在时刻 0 的现值。

3.24 一项连续年金在时刻 t 的支付率为 $\rho(t)=9k+tk$，其中 $0\leqslant t\leqslant 10$，利息力为 $\delta(t)=\dfrac{1}{t+9}$，在第 10 年末，此项年金的价值为 25 000 元，请计算 k 的值。

第4章 收益率和收益分配

一个完整的投资项目分析涉及社会、经济、法律等诸多因素，但收益分析无疑是最为重要的内容之一。本章将应用前面各章的有关理论，讨论投资收益分析的基本方法。

4.1 收益率与净现值

评价一个投资项目的收益水平，或者比较不同投资项目的收益水平，通常采用的方法是计算其现金流的收益率或净现值。一个投资项目的现金流是指与该项目相关的资金流出和资金流入。资金流出表示项目的投资金额，而资金流入表示从项目获得的投资收入。在其他条件相同的情况下，投资者应该优先选择收益率高或净现值大的项目进行投资。

4.1.1 收益率

收益率（yield rate），也称作内部报酬率（internal rate of return，IRR），通常定义为：使得未来资金流入的现值与资金流出的现值相等时的利率。由于资金流入与资金流出的差额就是资金净流入，所以收益率也可以定义为使得资金净流入的现值为零时的利率。

上述收益率的定义有些抽象。为了更加直观地解释收益率的定义，不妨假设一项投资，期初投资额为100万元，2年后的累积值为120万元。显然，这项投资的年收益率 i 可以计算如下：

$$100 \times (1+i)^2 = 120(\text{万元})$$

上式表明，期初的100万元按照年收益率 i 计算，经过两年后的累积值正好等于120万元。解上述方程即得收益率为9.544 5%。

上述方程显然没有与收益率的定义很好地对应起来，但经过变形可得：

$$100 = 120 \times (1+i)^{-2}$$

上式左边是期初投资的本金金额，可以看作资金流出的现值；右边是该项投资未来收入（即资金流入）的现值。所以，基于上述方程求得的收益率就是使得资金流出的现值与资金流入的现值相等时的利率。

显然，上述方程还可以变形为

$$120 \times (1+i)^{-2} - 100 = 0$$

上式左边表示资金净流入的现值，因此，收益率也就是使得资金净流入的现值等于零时的利率。

用收益率法进行投资决策时，当投资项目的收益率大于或等于投资者所要求的收益率时，该项目就是可行的。投资者所要求的最低收益率应该等于其筹集资金所支付的利率。不妨考虑一个简单的例子，假设一个投资项目的资金流出和资金流入如表 4－1 所示。资金流出表示该项目的初始投资和每年的维持费用，资金流入表示该项目每年产生的投资收入，资金净流入是资金流入与资金流出之差。

表 4－1　投资项目的资金流出和资金流入　　单位：万元

年度	资金流出	资金流入	资金净流入 R_t
0	10	0	−10
1	1	0	−1
2	1	4	3
3	1	4	3
4	1	4	3
5	1	4	3
6	0	4	4

在表 4－1 中，如果假设投资项目的收益率为 i，则它应该是下述方程的解：

$$10 + \sum_{t=1}^{5} v^t = 4\sum_{t=2}^{6} v^t$$

其中，$v = (1+i)^{-1}$。

在上述方程中，左边表示资金流出的现值，右边表示资金流入的现值。

因为收益率也是使得资金净流入的现值等于零时的利率，所以表 4－1 中的收益率也可以通过下述方程求得：

$$-10 - v + 3\sum_{t=2}^{5} v^t + 4v^6 = 0$$

上式左边是资金净流入的现值，即净现值。

求解前述两个方程中的任意一个，即可求得收益率为 9.983 96%。这就意味着，如果投资者所要求的收益率不超过 9.983 96%，该项目就是可行的。

应用 EXCEL 中的函数 IRR 可以求解一项现金流的收益率。应该注意，前述的现金流在发生时间上是十分规则的，譬如都发生在每年的年末。如果现金流的发生时间不规则，则计算现金流的收益率需要使用 XIRR 函数。

4.1.2 净现值

净现值（net present value，NPV）是资金净流入的现值。在表 4-1 中，第四栏为资金净流入，等于资金流入与资金流出之差。在利率为 i 的条件下，净现值为

$$NPV(i) = -10 - v + 3\sum_{t=2}^{5} v^t + 4v^6$$

更一般地，如果假设时刻 t 的资金净流入为 R_t，则净现值可表示为

$$NPV(i) = \sum_{t=0}^{n} v^t R_t \tag{4.1}$$

其中，$v = (1+i)^{-1}$。

从式（4.1）可以看出，净现值的大小取决于利率的高低。利率越高，净现值越小；利率越低，净现值越大。参见表 4-2 和图 4-1。

表 4-2 不同利率水平下的净现值

利率	净现值（万元）
0.05	2.163 8
0.06	1.683 3
0.07	1.227 6
0.08	0.795 1
0.09	0.384 3
0.10	−0.006 1
0.11	−0.377 3
0.12	−0.730 6
0.13	−1.066 9
0.14	−1.387 2
0.15	−1.692 5

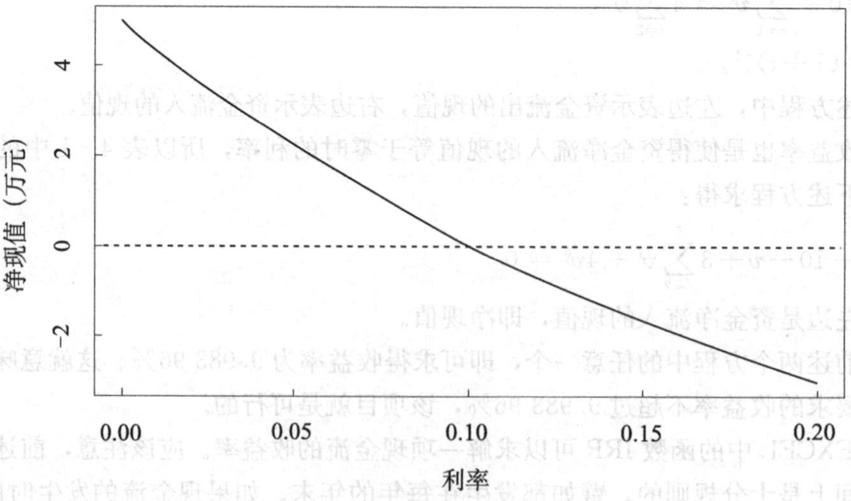

图 4-1 净现值曲线

如果用净现值比较不同的投资项目，在其他条件相同的情况下，应该优先选择净现值较大的项目进行投资。对于给定的投资项目，如果已知投资者所要求的收益率，且用此收益率计算的净现值大于或等于零，则该项目就是可行的。反之，如果用投资者所要求的收益率计算的净现值小于零，则该项目就是不可行的。

在 EXCEL 中计算现金流的净现值可以应用 NPV 函数。

对于表 4-1 中的投资项目，可以在单元格 A1：A7 中输入资金净流入，并在另一个空白单元格（如 B7）中输入函数"＝NPV（5%，A2：A7）＋A1"后按回车键，即可得到利率为 5%时的净现值 2.163 8 万元。

前述的现金流是很规则的，譬如发生在每年的年末。如果现金流的发生时间不规则，则计算现金流的净现值需要使用 XNPV 函数。

4.1.3 收益率与净现值的关系

从收益率的定义可知，收益率是使得资金流入的现值与资金流出的现值相等时的利率，也是使得净现值等于零的利率。换言之，收益率是下述方程的解：

$$NPV(i)=\sum_{t=0}^{n}v^tR_t=0 \tag{4.2}$$

由于收益率和净现值之间存在上述关系，所以，无论是根据收益率还是根据净现值，比较不同的投资项目时，其结论应该是相同的。

净现值的大小取决于利率水平的高低。对于表 4-1 中的现金流，表 4-2 给出了在不同利率水平下的净现值。可见，净现值是利率的单调递减函数，利率越高，净现值越小。在大多数情况下，这一结论是成立的。但是，当出现多重收益率时（参见下一节内容），也会发生例外。

结合表 4-2 可以得到，如果投资者所要求的收益率不超过 9.983 96%，净现值都是大于等于零的，因此项目是可行的；如果投资者所要求的收益率大于 9.983 96%，则净现值将小于零，此时项目不是可行的。根据表 4-2 绘制的净现值曲线如图 4-1 所示。

【例 4—1】 一个项目的初始投资为 3 000 万元，在第 2 年初追加投资 1 000 万元。项目在第 1 年末可获得 2 000 万元的收入，在第 2 年末可获得 4 000 万元的收入。假设该项目的收益率可以表示为 $\frac{1}{n}$，求 n。

【解】 该项目的资金净流入为：$R_0=-3\,000$，$R_1=2\,000-1\,000=1\,000$，$R_2=4\,000$，其收益率满足下述方程：

$$-3\,000+1\,000v+4\,000v^2=0$$

$$\Rightarrow v=\frac{3}{4}$$

$$\Rightarrow i=\frac{1}{3}$$

故 $n=3$。

【例 4—2】 如果在期初投资 20 万元，可以在今后的 5 年内每年末获得 5 万元的收入。假设投资者 A 所要求的年收益率为 7%，投资者 B 所要求的年收益率为 8%，试通过净现值法和收益率法分别分析投资者A和投资者B的投资决策。

【解】该投资项目的净现值为$-20+5a_{\overline{5}|}$，若按投资者A所要求的收益率7%计算，净现值为0.5万元，大于0，所以投资者A可以投资。若按投资者B所要求的收益率8%计算，净现值为-0.036万元，小于0，所以投资者B不会投资。

如果令净现值等于零，即$-20+5a_{\overline{5}|}=0$，则可以求得该项目的收益率为7.93%，大于投资者A所要求的收益率，而小于投资者B所要求的收益率，可以得到与前面相同的投资决策。

4.1.4 多重收益率

根据表4-1的现金流，我们得到了唯一的收益率。由于收益率是式（4.2）的解，而式（4.2）又是一个关于未知利率i的n次多项式，所以在某些情况下，它有可能存在若干个不同的解。也就是说，收益率有可能是不唯一的。下面就是存在多重收益率的一个示例。

【例4—3】 投资者在第1年初向基金投入10 000元，在第1年末，他抽走了年初投资的10 000元本金，并从该基金中借出11 500元，在第2年末，他向该基金偿还了11 550元结清其账户。请计算该项投资的收益率。

【解】该题的资金净流入如表4-3所示。

表4-3 资金净流入

时间	0	1	2
资金净流入（元）	-10 000	21 500	-11 550

假设收益率为i，则可建立下述方程：

$$-10\,000+21\,500\times(1+i)^{-1}-11\,550\times(1+i)^{-2}=0$$

上述方程经变形可得

$$[20\times(1+i)-21]\times[10\times(1+i)-11]=0$$

所以

$$20\times(1+i)-21=0$$

$$10\times(1+i)-11=0$$

由此可见，从此方程可以求得两个不同的收益率，分别是5%和10%。

从理论上讲，这两个收益率都是正确的，但要根据收益率的大小对该项投资做出评价十分困难。本例虽是人为构造的，但事实上，如果一个投资项目在经过一段时期以后开始出现资金净流入时，又由于某些原因（如大修理）出现了资金净流出，那么该项目就有可能出现多重收益率。

在出现多重收益率的情况下，不宜使用收益率进行投资项目的比较分析，而应该使用4.4节将要介绍的修正收益率或修正内部收益率。

当收益率不唯一时，无法用收益率比较投资项目的优劣。那么，是否可以用净现值比较呢？也是不行的。这是因为，当收益率不唯一时，净现值不再是利率的单调递减函数。

譬如在例 4—3 中，净现值在两个收益率处的值都为 0，而在 5%的收益率附近，净现值是利率的增函数，在 10%的收益率附近，净现值又是利率的减函数，参见表 4-4 和图 4-2。净现值的这种特性使得对投资项目的评价十分困难。譬如，如果投资者只要求 4%的收益率，则项目的净现值小于 0，该项目不可行；但如果投资者要求 7%的收益率，则项目的净现值大于 0，该项目又是可行的！这种情况显然不合逻辑。由此可见，虽然计算净现值可以获得唯一的数值，但在出现多重收益率的情况下，用净现值评价投资项目也是不可取的。

表 4-4　多重收益率条件下的净现值

利率（%）	3	4	5	6	7	8	9	10	11	12
净现值	−13.20	−5.55	0	3.56	5.24	5.14	3.37	0	−4.87	−11.16

该例的净现值曲线如图 4-2 所示。

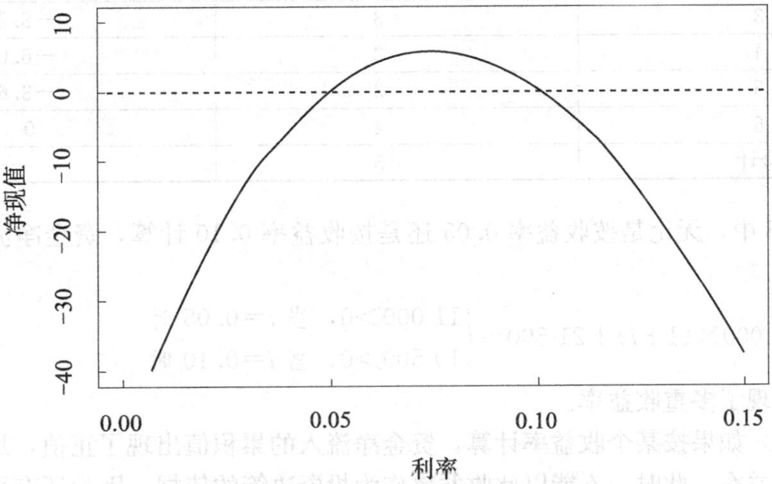

图 4-2　多重收益率情况下的净现值曲线

在出现多重收益率的情况下，可以考虑用 4.4 节介绍的修正收益率对投资项目进行评价。

4.1.5　收益率唯一性的条件

从例 4—3 可知，收益率有可能不是唯一的。那么，收益率在什么情况下将是唯一的呢？考察表 4-1 会有所启发。在表 4-1 中，资金净流入 R_t 的符号很有规律：前几年都是负号，而后几年都是正号。如果资金净流入的符号满足这一条件，即资金净流入只改变过一次符号，收益率将是唯一的。当然，这是一个比较粗糙的判断准则。在许多情况下，虽然资金净流入改变过两次符号，但收益率仍然是唯一的。譬如，对于表 4-5 的资金净流入，虽然改变过两次符号，但仍然有唯一的收益率，收益率为 23.513%。

事实上，在更加一般的条件下，收益率也是唯一的。如果用收益率计算资金净流入的累积值，该累积值始终为负，直至最后一年末才为零，那么这个收益率就是唯一的。譬如在表 4-5 中，如果按收益率 23.513%计算，每年末的资金净流入的累积值始终为负，直至最后一年末才为零，所以这个收益率是唯一的。

表 4-5 不同年份的资金净流入和累积值 单位：万元

年份	0	1	2	3	4	5
资金净流入	−10	5	5	5	−4	5
资金净流入的累积值	−10	−7.35	−4.08	−4.04	−4.05	0

对于表 4-1 中的现金流，若按收益率 0.099 839 6 计算，资金净流入的累积值也是始终为负，直至最后一年末才为零（如表 4-6 所示），所以该现金流的收益率是也唯一的。

表 4-6 资金净流入的累积值 单位：万元

年度	资金净流入 R_t	资金净流入的累积值
0	−10	−10.00
1	−1	−12.00
2	3	−10.20
3	3	−8.21
4	3	−6.03
5	3	−3.64
6	4	0
合计	5	—

在例 4—3 中，无论是按收益率 0.05 还是按收益率 0.10 计算，资金净流入的累积值都大于 0，即

$$-10\ 000\times(1+i)+21\ 500=\begin{cases}11\ 000>0,\ \text{当}\ i=0.05\ \text{时}\\10\ 500>0,\ \text{当}\ i=0.10\ \text{时}\end{cases}$$

所以，本例出现了多重收益率。

由此可见，如果按某个收益率计算，资金净流入的累积值出现了正值，那就表明有可能出现多重收益率。此时，不能以此收益率作为投资决策的依据，因为还有可能存在其他收益率。换言之，在应用收益率进行投资决策时，有必要先按此收益率计算资金净流入的累积值，如果资金净流入的累积值在某个年份出现了正值，就意味着这个收益率不是唯一的，不能据此进行投资决策。

判断一个收益率是否唯一，可以依次采用下述两个判断准则：

准则一：首先计算资金净流入，如果资金净流入只改变过一次符号，收益率将是唯一的。

如果资金净流入改变过两次或两次以上的符号，可以采用准则二。

准则二：用收益率计算资金净流入的累积值，如果该累积值始终为负，直至最后一年末才为零，那么该收益率就是唯一的。

关于收益率唯一性准则的证明，可参见参考文献。

4.1.6 收益率不存在的一个简例

值得一提的是，在某些情况下，收益率可能是不存在的。譬如在例 4—3 中，如果假设投资者在第 1 年初投资 10 000 元，在第 1 年末抽走年初投资的 10 000 元本金，并从该基金中借出 10 000 元；在第 2 年末，他向该基金偿还了 11 550 元的本金和利息之后结清

其账户，则求解收益率 i 的方程为

$$-10\,000+20\,000\times(1+i)^{-1}-11\,550\times(1+i)^{-2}=0$$

上述方程经变形得

$$1\,000i^2=-155$$

可见，此时的收益率将是虚数。不过，本例可以通过绘制净现值曲线做出是否投资的决策。本例的净现值曲线如图 4 - 3 所示。该图表明，无论根据哪个收益率计算，净现值都是小于零的，因此应该放弃投资。

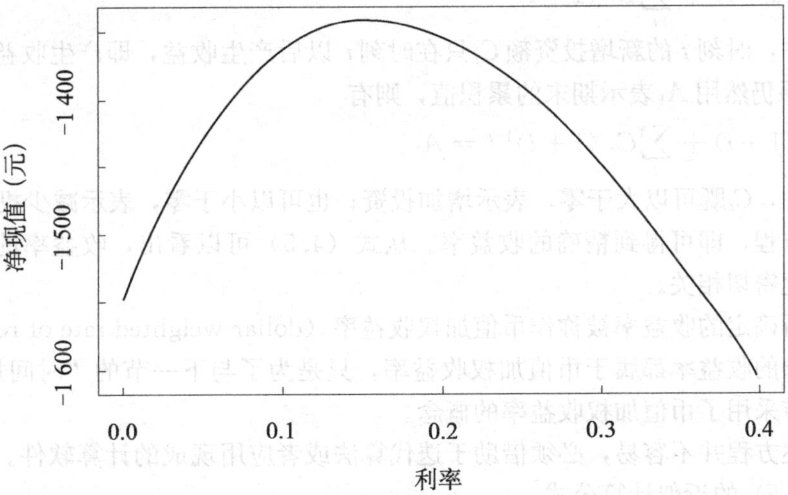

图 4 - 3 收益率不存在时的净现值曲线

4.2 币值加权收益率

每当我们论及收益率时，它总是与一定的条件相联系的，如某个时期的收益率，或某笔投资的收益率，等等。如果分析的对象仅仅涉及一笔本金，或者本金的变化仅仅发生在期初或期末，收益率的计算就比较简单。如果本金在一个度量时期内（如一年）是不断变化的，随时都有新资金的投入，也不断有资金的撤出。在这种情况下，如何计算收益率呢？

直观上看，如果本金在一个时期内是不断变化的，计算投资收益率，就首先要计算该项投资在当期的平均本金余额。用当期的利息收入除以当期的平均本金余额，即可近似求得投资收益率。利息收入的计算比较容易，关键在于计算当期的平均本金余额。

计算平均本金余额最简单的一种方法是假设本金在当期的变化是平稳的，因而期初本金余额与期末本金余额的平均数就是当期的平均本金余额。假设期初的本金余额（即初始投资额）为 A_0，随后不断有新本金的投入，也有原本金的撤出。在期末时，累积值变为 A_1，其中包括期末的本金余额和当期产生的利息 I，因此期末的本金余额为 A_1-I，当期的平均本金余额为 $\frac{A_0+A_1-I}{2}$。相应地，当期的收益率可近似表示为

$$i \approx \frac{I}{\dfrac{A_0 + A_1 - I}{2}} = \frac{2I}{A_0 + A_1 - I} \tag{4.3}$$

显然，上式是一个比较粗糙的近似公式，只有当本金的增减变化过程相对平稳时才可采用。

下面给出计算收益率的精确方法。

假设期初的本金为 A_0，在时刻 t 的新增本金为 $C_t(0 \leqslant t \leqslant 1)$，投资收益率为 i，那么这些投资在期末的累积值可表示为

$$A_0(1+i) + \sum_t C_t(1+i)^{1-t} \tag{4.4}$$

在上式中，时刻 t 的新增投资额 C_t 只在时刻 t 以后产生收益，即产生收益的时间长度为 $1-t$。如果仍然用 A_1 表示期末的累积值，则有

$$A_0(1+i) + \sum_t C_t(1+i)^{1-t} = A_1 \tag{4.5}$$

在上式中，C_t 既可以大于零，表示增加投资；也可以小于零，表示减少投资。

解上述方程，即可得到精确的收益率。从式（4.5）可以看出，收益率的大小与投资额的增减变化密切相关。

由上式所确定的收益率被称作币值加权收益率（dollar-weighted rate of return）。事实上，前文介绍的收益率都属于币值加权收益率，只是为了与下一节的“时间加权收益率”相区别，本节采用了币值加权收益率的概念。

求解上述方程并不容易，必须借助于迭代算法或者应用现成的计算软件。下面介绍一种基于式（4.5）的近似计算公式。

在式（4.5）中，计算累积值时使用了复利。对于不足一个时期的新增投资，如果用单利近似代替复利，即令

$$(1+i)^{1-t} \approx 1 + (1-t)i$$

并将上式代入式（4.5）左边，可得

$$\begin{aligned} & A_0(1+i) + \sum_t C_t[1+(1-t)i] \\ & = i[A_0 + \sum_t C_t(1-t)] + (A_0 + \sum_t C_t) \\ & \approx A_1 \end{aligned}$$

上式经变形即可得到计算收益率的一个近似公式为

$$\begin{aligned} i & \approx \frac{A_1 - (A_0 + \sum_t C_t)}{A_0 + \sum_t C_t(1-t)} \\ & = \frac{I}{A_0 + \sum_t C_t(1-t)} \end{aligned} \tag{4.6}$$

上式中，$I = A_1 - (A_0 + \sum_t C_t)$ 表示当期的利息收入，其中 $A_0 + \sum_t C_t$ 是总投资额，即本金之和，将其从期末的累积值 A_1 中减去，即可得到当期的利息收入。分母 $A_0 + \sum_t C_t(1-t)$ 可以看作以本金产生利息的时间长度为权数计算的加权平均本金余额，如期

初的本金将在整个时期内产生利息，所以它的权数为1；时刻 t 的新增投资 C_t 产生利息的时间长度是 $1-t$，所以其权数为 $1-t$。由此可见，根据式（4.6）计算的收益率也可以解释为当期产生的利息收入与当期的平均本金余额之比。

在式（4.6）中，如果进一步假设新增投资平均发生在期中，即 $t=0.5$，则可以得到式（4.3）所示的近似公式：

$$i \approx \frac{I}{A_0+\sum_t 0.5C_t}$$

$$=\frac{2I}{2A_0+\sum_t C_t}$$

$$=\frac{2I}{A_0+(A_0+\sum_t C_t)}$$

$$=\frac{2I}{A_0+(A_1-I)}$$

由于式（4.3）是式（4.6）的进一步近似，所以其精度不及式（4.6）。可以从下面的例子中得到验证。

【例4—4】 某投资账户的余额及其新增投资如表4-7所示，请计算该投资账户在当年的收益率。（注：每个日期的投资余额中不含当日的新增投资。）

表4-7 投资账户的余额 单位：万元

日期	2015年1月1日	2015年4月1日	2015年9月1日	2016年1月1日
账户余额	100	112	110	120
新增投资		−20	30	

【解】 在表4-7中，2015年1月1日的投资余额就是期初的本金余额。在以后日期的投资余额中，既包含当前日期的本金余额，也包含从2015年1月1日至当前日期所产生的利息收入，所以有 $A_0=100$，$A_1=120$，$I=120-(100-20+30)=10$。

假设收益率为 i，则根据题意可以建立下述方程：

$$100\times(1+i)-20\times(1+i)^{\frac{9}{12}}+30\times(1+i)^{\frac{4}{12}}=120$$

上式是按"30/360"规则计算投资天数的，即每月均按30天计算，而每年按360天计算。解此方程可得收益率为 $i=10.542\%$。

如果按照"实际/365"规则计算投资天数，则可建立下述方程：

$$100\times(1+i)-20\times(1+i)^{\frac{275}{365}}+30\times(1+i)^{\frac{122}{365}}=120$$

上式表明，2015年一共有365天，其中−20万元和30万元的新增投资分别有275天和122天的投资天数。解上述方程，可得收益率为 $i=10.547\%$。

从理论上讲，基于"实际/365"规则计算投资天数是最合理的，因此该投资账户精确的收益率为10.547%。

在EXCEL中，可以应用函数XIRR计算基于"实际/365"规则计算投资天数的精确收益率。譬如，对于本例的数据，在单元格A1：A4中输入投资账户的净现金流入，在单元格 B1：B4 中输入净现金流入的发生时间，在单元格 C5 中输入函数“＝XIRR（A1：A4，B1：B4）”后按回车键，即可求得收益率为 10.547％，如表 4-8 所示。注意，账户在时刻 0 的余额表示资金的流出，为负值；在到期时间的余额表示资金的流入，为正值。

表 4-8　应用 XIRR 函数求解精确的收益率

	A（万元）	B	C
1	－100	2015/1/1	
2	20	2015/4/1	
3	－30	2015/9/1	
4	120	2016/1/1	
5			10.547％

下面再讨论收益率的近似计算。期初的本金为 100 万元，在 2015 年 4 月 1 日减少了 20 万元的本金，在 2015 年 9 月 1 日又增加了 30 万元的本金，因此期末的本金余额为 100－20＋30 ＝110 万元。从期末的账户余额（120 万元）中减去期末的本金余额（110 万元），即可得到当年的利息收入为 I＝10 万元。应用式（4.6）可得收益率的近似值为

$$i \approx \frac{I}{A_0 + \sum_t C_t(1-t)} = \frac{10}{100 - 20 \times \frac{9}{12} + 30 \times \frac{4}{12}} = 10.53\%$$

可见，式（4.6）在本题中的近似结果是很好的。

如果应用式（4.3），可得

$$i \approx \frac{2I}{A_0 + A_1 - I} = \frac{2 \times 10}{100 + 120 - 10} = 9.52\%$$

式（4.3）在本题中产生了较大的误差。

【例 4—5】　某投资项目的现金流如表 4-9 所示，请在 5％的利率下计算该项目的净现值，并计算该项目的币值加权收益率。

表 4-9　投资项目的现金流

	A	B	C	D	E	F
	时间	资金流出（万元）	资金流入（万元）	资金净流入（万元）	距离项目起始日的天数	距离项目起始日的年数
1	2015/1/13	25		－25	0	0
2	2015/2/20	25		－25	38	0.104 1
3	2015/3/28		20	20	74	0.202 7
4	2015/6/3		18	18	141	0.386 3
5	2015/7/17		14	14	185	0.506 8

【解】该项目资金净流入的发生时间不规则，需要计算具体的时间长度。应用“实际/365”规则计算投资天数，有关结果如表4-9所示。距离项目起始日的天数除以365，即可得到距离项目起始日的年数。

在5%的利率下，该项目的净现值就是资金净流入按5%的利率贴现求得的现值，贴现的时间长度如表4-9的F列所示，具体计算过程如下：

$$\begin{aligned}&-25-25\times(1.05)^{-0.1041}+20\times(1.05)^{-0.2027}+18\times(1.05)^{-0.3863}\\&+14\times(1.05)^{-0.5068}\\&=1.2518(\text{万元})\end{aligned}$$

在EXCEL中，可以应用XNPV函数计算非规则现金流的净现值。譬如，对本例的净现值可以进行如下计算：在单元格D2：D6中输入资金净流入，在单元格A2：A6中输入资金净流入的发生时间（参见表4-9），在另一个空白单元格中输入“＝XNPV（5%，D2：D6，A2：A6）”后按回车键，即可得到净现值的结果为1.2518万元。

注意，在应用NPV函数时，函数中不能包含项目起始点的现金流；但在应用XNPV函数时，必须包含项目起始点的现金流。NPV适用于等周期的现金流，默认现金流的第一个值发生在第一个周期之末。XNPV适用于发生时间非规则的现金流，现金流的第一个值要用于计算现金流的投资时间长度，所以不能缺省。

币值加权收益率的精确结果是下述方程的解：

$$25+25\times(1+i)^{-0.1041}=20\times(1+i)^{-0.2027}+18\times(1+i)^{-0.3863}+14\times(1+i)^{-0.5068}$$

上式中，左边是资金流出的现值，右边是资金流入的现值。

解上述方程，可得币值加权收益率为14.21%。

计算本例的币值加权收益率还可以在EXCEL的一个空白单元格中输入“＝XIRR（D2：D6，A2：A6）”后按回车键求得。

4.3 时间加权收益率

假设有许多投资者都投资于一项基金，一年下来，某些投资者可能会赚钱，而另一些投资者会亏本。原因何在？这是因为，投资基金的收益率在一年之中是不断变化的，如果投资者在有利时机追加投资，而在不利时机减少投资，结果会赚钱。相反，如果投资者在有利时机减少投资，而在不利时机追加投资，结果会亏本。前文介绍的币值加权收益率可以准确地衡量每位投资者的盈亏程度。

在基金管理过程中，如果要衡量基金经理人的业绩，前述的币值加权收益率就无能为力了，因为它会受到本金增减变化的影响，而本金的增减变化是由投资者个人决定的，与投资经理人的决策无关。衡量基金经理人的业绩需要使用时间加权收益率（time-weighted rate of return）。时间加权收益率是扣除了资金增减变化的影响后计算的收益率，也就是在本金恒定基础上计算的收益率。

假设投资账户在期初的本金为$A(0)$，在期末的累积值为$A(1)$，投资期为1年。在此期间，共有 n 次新增投资，分别记为 $C_1,\cdots,C_n$。这 n 次新增投资将整个投资期分割为$n+1$ 个时间区间。假设在第 k 个时间区间末的累积值为 A_k，新增投资为 C_k（可正可负），则该投资账户的现金流变化过程如图 4－4 所示。注意，A_k的下标 k 表示第k 个时间区间。

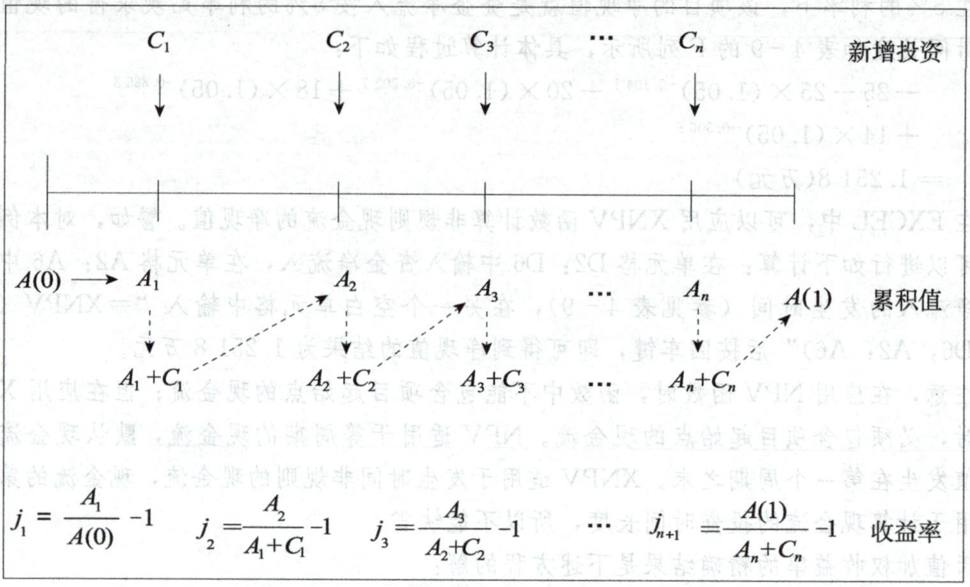

图 4－4　基金累积值的变化过程

在该图中，账户的初始值为 $A(0)$，在第 1 次新增投资发生之前，账户的累积值为 A_1，因此账户在第 1 个时间区间的收益率为

$$j_1=\frac{A_1}{A(0)}-1$$

在第 2 个时间区间，由于有新增投资 C_1，所以在该区间的初始值为 A_1+C_1，在该区间末，累积值变为 A_2，所以在第 2 个时间区间的收益率为

$$j_2=\frac{A_2}{A_1+C_1}-1$$

依此类推，在最后一个时间区间（第 $n+1$ 个时间区间）的收益率为

$$j_{n+1}=\frac{A(1)}{A_n+C_n}-1$$

注意，这些收益率都不受新增投资的影响，反映了账户本身在各个时间区间的增长特性，因此都可以看作时间加权收益率。

如果在期初投资 1 元，并在各个时间区间可以获得上述收益率，则在期末的累积值为

$$\begin{aligned}(1+j_1)(1+j_2)\cdots(1+j_{n+1})&=\frac{A_1}{A(0)}\times\frac{A_2}{A_1+C_1}\times\frac{A_3}{A_2+C_2}\\&\quad\times\cdots\times\frac{A_n}{A_{n-1}+C_{n-1}}\times\frac{A(1)}{A_n+C_n}\end{aligned}$$

假设整个投资期的时间加权收益率为 i，则上述累积值应该等于期初的 1 元按时间加

权收益率 i 计算的累积值 $1+i$，即

$$1+i=(1+j_1)(1+j_2)\cdots(1+j_{n+1}) \tag{4.7}$$

故时间加权收益率为

$$i=(1+j_1)(1+j_2)\cdots(1+j_{n+1})-1$$

其中，j_k 是第 k 个时间区间的收益率。

可以看出，在计算时间加权收益率时，新增投资不影响其大小。

【例 4—6】 一个养老金账户在2014年1月1日的余额为400亿元。在2014年，该账户的新增投资及余额的变化情况如表4-10所示，其中负值表示减少投资，正值表示增加投资。请计算该账户在2014年期间的时间加权收益率。

表4-10 账户余额的变化情况 单位：亿元

时间	新增投资发生前的账户余额	新增投资	新增投资发生后的账户余额
2014/1/1	400		
2014/5/1	410	−20	390
2014/7/1	400	−20	380
2014/9/1	380	5	385
2014/12/31	410		

【解】 应用式 (4.7)，则有：

$$1+i=\frac{410}{400}\times\frac{400}{410-20}\times\frac{380}{400-20}\times\frac{410}{380+5}=1.119\,6$$

故该账户的时间加权收益率为11.96%。

【例 4—7】 某基金在1月1日的余额为 A，在6月30日的余额为 B，在12月31日的余额为 C。

(1) 如果没有新增投资发生，请证明该基金的币值加权收益率与时间加权收益率相等，且都等于 $\frac{C-A}{A}$。

(2) 如果在6月30日计算余额之后发生新增投资 D，请计算币值加权收益率和时间加权收益率。

(3) 如果在6月30日计算余额之前发生新增投资 D，即6月30日的余额中包含新增投资 D，请计算币值加权收益率和时间加权收益率。

【解】

(1) 币值加权法：利息 $I=C-A$，故 $i=\frac{I}{A}=\frac{C-A}{A}$。

时间加权法：$1+i=\frac{B}{A}\cdot\frac{C}{B}=\frac{C}{A}$

$$\Rightarrow i=\frac{C}{A}-1=\frac{C-A}{A}。$$

(2) 币值加权法：利息 $I=C-A-D$，故 $i=\dfrac{I}{A+\frac{D}{2}}=\dfrac{C-A-D}{A+\frac{D}{2}}$。

时间加权法：$1+i=\frac{B}{A}\cdot\frac{C}{B+D}$

$$\Rightarrow i=\frac{B}{A}\cdot\frac{C}{B+D}-1。$$

(3) 币值加权法：利息 $I=C-A-D$，$i=\frac{I}{A+\frac{D}{2}}=\frac{C-A-D}{A+\frac{D}{2}}$。

时间加权法：$1+i=\frac{B-D}{A}\cdot\frac{C}{B}$

$$\Rightarrow i=\frac{B-D}{A}\cdot\frac{C}{B}-1。$$

在计算时间加权收益率时，必须已知基金在每一次新增投资发生之前的价值，这就要求频繁地对基金的价值进行评估。这也是时间加权法的不足之处。

在实际应用中，时间加权收益率和币值加权收益率哪个更好呢？这取决于研究的具体问题。

在衡量基金经理人的业绩时，通常使用时间加权收益率。这是因为投资基金的币值加权收益率受本金增减变化的影响。而本金的增减变化往往是由加入该基金的投资者个人决定的，基金经理人根本无权做出增减本金的决定。为了衡量基金经理人的业绩，就必须扣除本金增减变化对收益率的影响。而时间加权收益率就是扣除了本金增减变化的影响以后所计算的一种收益率，因此可以准确地度量基金经理人的业绩，从而准确地反映基金本身的增值特性。

在衡量一个具体投资者的收益情况时，使用币值加权收益率就比较好。币值加权收益率在部分程度上依赖于基金经理人的表现，但同时也取决于新增投资发生的时间。因此，虽然币值加权收益率用于衡量基金经理人的业绩不够恰当，但对衡量单个投资者的货币收益是有效的。

【例 4—8】 A 和 B 均为基金经理人。在 2013 年 1 月 1 日，两人的基金余额均为 1 000万元。他们的新增投资如下：

在 2013 年 12 月 31 日，A 的基金价值为 2 000 万元。2014 年 1 月 1 日，A 收到一笔 20 000万元的新增投资。到 2014 年 12 月 31 日，A 的基金余额为 22 000 万元。

在 2013 年 12 月 31 日，B 的基金价值为 1 200 万元。2014 年 1 月 1 日，一笔 1 000 万元的资金从 B 基金中撤出。到 2014 年 12 月 31 日，B 的基金余额为 180 万元。

请分别计算 A、B 两个基金经理人在这两年期间的币值加权收益率和时间加权收益率，并分别比较在 2013 年和 2014 年谁的收益率较高。

【解】 在 2013—2014 年期间，A 的基金的币值加权收益率满足：

$$1\,000\times(1+i)^2+20\,000\times(1+i)=22\,000$$

$$\Rightarrow i=0.045\,361$$

故 A 的基金的币值加权收益率为 4.5%。

A 的基金的时间加权收益率满足：

$$(1+i)^2=\frac{2\ 000}{1\ 000}\times\frac{22\ 000}{22\ 000}=2.0$$

$$\Rightarrow i=0.414\ 214$$

故A的基金的时间加权收益率为41.4%。

在2013—2014年期间，基金B的币值加权收益率满足：

$$1\ 000\times(1+i)^2-1\ 000\times(1+i)=180$$

$$\Rightarrow i=0.155\ 744$$

故B的基金的币值加权收益率为15.6%。

B的基金的时间加权收益率满足：

$$(1+i)^2=\frac{1\ 200}{1\ 000}\times\frac{180}{200}=1.08$$

$$\Rightarrow i=0.039\ 230$$

故B的基金的时间加权收益率为3.9%。

A的基金在2013年从1 000万元增长到2 000万元，故其在2013年的收益率为$\frac{2\ 000}{1\ 000}-1=100\%$。在2014年1月1日，A新增投资20 000万元，故其在2014年初的余额为22 000万元，年末仍为22 000万元，故A的基金在2014年的收益率为0%。注意，这里收益率既可以理解为时间加权收益率，也可以理解为币值加权收益率，因为它们是相等的。

B的基金在2013年从1 000万元增长到1 200万元，故其在2013年的收益率为$\frac{1\ 200}{1\ 000}-1=20\%$。在2014年1月1日，减少投资1 000万元，使得B的基金在2014年初的余额为200万元，到年末时降低为180万元，故其在2014年的收益率为$\frac{180}{200}-1=-10.0\%$。类似地，这里收益率既可以理解为时间加权收益率，也可以理解为币值加权收益率。

表4-11对两个基金的收益率进行了比较。从2013—2014年期间的时间加权收益率来看，经理人A的业绩明显好于经理人B。但是，因为A的基金在市场低迷时增加了一笔较大的投资，这使得它在2013—2014年期间的币值加权收益率大大降低。而B的基金在市场低迷时减少了投资，这使得B的基金在2013—2014年期间的币值加权收益率明显高于A的基金。

从单个年度来看，无论是2013年还是2014年，也无论是币值加权收益率还是时间加权收益率，A的基金的收益率都要高于B的基金的收益率。

表4-11　时间加权收益率与币值加权收益率的比较

	2013年的币值加权收益率与时间加权收益率	2014年的币值加权收益率与时间加权收益率	2013—2014年期间的币值加权收益率	2013—2014年期间的时间加权收益率
A的基金	100%	0%	4.5%	41.4%
B的基金	20%	−10%	15.6%	3.9%

4.4 再投资与修正收益率

前面的讨论基本上都假设每期产生的利息是按原始本金的利率自动进行再投资的。实际情况可能并非如此，即前期产生的利息在后期进行再投资时的利率不同于原始投资的利率。本节将通过几个简单的例子来说明再投资对项目收益率的影响，并介绍修正收益率的概念和计算方法。

【例 4—9】 假设债券 A 的期限是 5 年，利率为 8%；债券 B 的期限是 8 年，利率为 7%。如果假设债券 A 和债券 B 的面值和售价相等，风险相当，都是在到期时一次性支付本息，那么投资者应该选择哪个债券呢？

【解】 单纯根据利率的高低做出选择债券 A 而拒绝债券 B 的决策是欠妥当的。债券 A 的利率尽管较高，但它的期限仅有 5 年。5 年之后还存在一个再投资问题。如果在后面的 3 年，再投资的利率太低，则从总体上看，债券 A 就未必优于债券 B。现在的问题是，当后 3 年的再投资利率为多少时，债券 A 肯定会优于债券 B?

假设后 3 年的再投资利率为 i，则债券 A 在第 8 年末的累积值为 $(1+0.08)^5\times(1+i)^3$，债券 B 在第 8 年末的累积值为 $(1+0.07)^8$。如果债券 A 和债券 B 是没有区别的，则应有

$$(1+0.08)^5\times(1+i)^3=(1+0.07)^8$$

解此方程可得

$$i=0.053\ 54$$

由此可见，只有当后 3 年的再投资利率大于 5.354%时，债券 A 才优于债券 B。否则，投资者应该选择债券 B。

本例讨论了投资期限不同所导致的利息的再投资问题。下例将说明当每期产生的利息都按另一个利率投资时，如何计算投资的现值或累积值。这类问题在现实中是可能存在的。譬如债券的息票收入在进行再投资时的利率就有可能不同于债券的息票率。投资者在分析这类问题时，可按下例的基本原理进行。

【例 4—10】 期初投资 1 元，投资期限为 n 年，年实际利率为 i。如果每年产生的利息按年实际利率 j 进行再投资，试计算第 n 年末的累积值和该项投资的年平均收益率。

【解】 这项投资在每年末可以产生 i 元的利息，由于投资期限为 n，所以在这 n 年内，每年末都有 i 元的利息收入。这些利息收入形成了一个每年末支付 i 元的 n 年期等额年金，年金的实际利率为 j，因此其终值为 $i\cdot s_{\overline{n|}j}$。在第 n 年末还有 1 元本金的返还，所以上述投资在第 n 年末的累积值为 $1+i\cdot s_{\overline{n|}j}$。

如果假设该项投资的年平均收益率为 x，则有下述价值方程：

$$(1+x)^n = 1+i \cdot s_{\overline{n}|j}$$

解此方程，即可得到该项投资的年平均收益率为

$$x = (1+i \cdot s_{\overline{n}|j})^{\frac{1}{n}} - 1$$

在本例中，如果假设再投资利率等于原始投资的利率，则可以得到复利的累积值公式，即当 $j=i$ 时，上述投资在第 n 年末的累积值为 $(1+i)^n$。

【例 4—11】 一项年金在每年末支付 1 元，一共支付 n 次。假设年金的实际利率为 i，而每期产生的利息按实际利率 j 进行再投资。请计算该项年金的终值。

【解】 可以分解成两部分考虑：

一部分是年金的本金序列在第 n 年末的价值。由于每年末支付 1 元，所以第 n 年末的本金价值为 n 元。注意，其中不包括年金所产生的利息及其累积值。

另一部分是年金的利息收入及其累积值。第 1 年末支付的 1 元在第 2 年至第 n 年的每年末都可以产生 i 元的利息，第 2 年末支付的 1 元在第 3 年至第 n 年的每年末都可以产生 i 元的利息，…，第 $(n-1)$ 年末支付的 1 元在第 n 年末可以产生 i 元的利息。这就形成了一项递增年金序列，如图 4－5 中的利息序列所示。

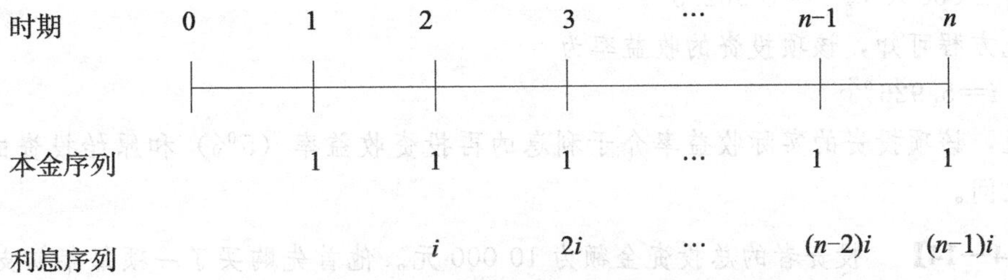

图 4－5 原始年金的利息进行再投资时所形成的利息序列

利息要按利率 j 进行再投资，所以利息序列的终值为 $i \cdot (Is)_{\overline{n-1}|j}$，再加上本金序列在第 n 年末的价值，即可得到整个年金在第 n 年末的终值为

$$n+i \cdot (Is)_{\overline{n-1}|j} = n+i \cdot \frac{\ddot{s}_{\overline{n-1}|j} - (n-1)}{j}$$

【例 4—12】 假设债券 A 的面值为 1 000 元，收益率为 6%，期限为 5 年，到期一次性还本付息。债券 B 的面值为 1 000 元，息票率为 6.1%，期限为 5 年，每年末支付一次利息，利息只能按 5% 的利率再投资。请比较债券 A 和债券 B 的收益率。

【解】 债券 A 不涉及利息的再投资问题，其收益率就是 6%。

债券 B 的利息收入只能按 5% 的利率进行再投资，它小于息票率 6.1%。因此，债券 B 的收益率应该介于 5% 和 6.1% 之间。假设债券 B 的收益率为 i，则可以建立下述价值方程：

$$1\,000 \times (1+0.061 \times s_{\overline{5}|0.05}) = 1\,000 \times (1+i)^5$$

上式左边是用 1 000 元购买债券 B 在第 5 年末的累积值，右边是把 1 000 元按收益率 i 投资 5 年获得的累积值。解上述方程，即可得到债券 B 的收益率为 $i=5.982\%$。

可见，尽管债券B的息票率较高，但由于其利息的再投资利率较低，所以总体上的收益率（5.982%）小于债券A的收益率（6%）。

【例4—13】 投资者在每年初投资1 000万元，一共投资5年。假设原始投资额的年利率为6%，每年支付一次利息，而利息的再投资利率为5%。投资者在第5年末可以获得多少累积值？这项投资的收益率是多少？

【解】 该项投资的现金流如下：

时间	0	1	2	3	4	5
本金（万元）	1 000	1 000	1 000	1 000	1 000	
利息（万元）		60	60×2	60×3	60×4	60×5

本金在第5年末的累积值为5 000万元。利息收入形成一个递增年金，在第5年末的累积值为$60\times(Is)_{\overline{5}|5\%}$，所以该投资者在第5年末可以获得的累积值为

$$5\,000+60\times(Is)_{\overline{5}|5\%}=5\,000+60\times\frac{\ddot{s}_{\overline{5}|5\%}-5}{5\%}=5\,962.3(\text{万元})$$

假设该项投资的收益率为i，则可建立下述价值方程：

$$1\,000\times\ddot{s}_{\overline{5}|i}=5\,962.3$$

解此方程可知，该项投资的收益率为

$$i=5.926\%$$

可见，该项投资的实际收益率介于利息的再投资收益率（5%）和原始投资的收益率（6%）之间。

【例4—14】 投资者的总投资金额为10 000元。他首先购买了一项每年初支付1 000元、年利率为8%的10年期年金。在每次收到年金后，以7%的年利率进行再投资。该投资者用剩余的资金购买了一张10年期的存款单，该存款单的名义利率为10%，每季度复利一次。请计算此项10年期投资的年实际收益率。

【解】 购买年金的价格为

$$1\,000\times\ddot{a}_{\overline{10}|0.08}=7\,246.89(\text{元})$$

用于购买10年期存款单的资金为

$$10\,000-7\,246.89=2\,753.11(\text{元})$$

年金在第10年末的积累值为

$$1\,000\times\ddot{s}_{\overline{10}|0.07}=14\,783.60(\text{元})$$

存款单的季度实际利率为2.5%，故10年后存款单的积累值为

$$2\,753.11\times(1+0.025)^{40}=7\,392.28(\text{元})$$

上述投资在第10年末的总累积值为22 175.88元。

假设此项10年期投资的实际收益率为i，则有：

$$10\,000\times(1+i)^{10}=22\,175.88$$

$$\Rightarrow i=8.29\%$$

即此项10年期投资的年实际收益率为8.29%。

如果一个投资项目的收入在重新投资时获得的利率与筹集资金的利率不同，则评价该项目应该使用修正收益率或修正内部报酬率（modified rate of internal rate）。在计算修正收益率时，对资金流出使用筹集资金的利率计算其现值，而对资金流入使用再投资的利率计算其累积值。

【例4—15】 投资者期初投资10 000元，在以后3年的每年末可以获得4 000元的收入。请计算此项投资的收益率。如果每年的投资收入只能按5%的利率进行再投资，请计算此项投资的修正收益率。

【解】 收益率是下述方程的解：

$$10\,000 = 4\,000 \times a_{\overline{3}|i} = 4\,000 \times \frac{1-(1+i)^{-3}}{i}$$

解此方程，即可得到该项目的收益率为9.7%。

在EXCEL中求解收益率的函数如下：

=IRR（{−10 000，4 000，4 000，4 000}）

如果每年的投资收入只能按5%的利率进行再投资，则求解修正收益率的方程如下：

$$10\,000 \times (1+i)^3 = 4\,000 \times s_{\overline{3}|5\%} = 12\,610(\text{元})$$

解此方程，即可得到该项目的修正收益率为8.04%。

在EXCEL中求解修正收益率的函数如下：

=MIRR（{−10 000，4 000，4 000，4 000}，0，5%）

其中花括号中的数值表示投资项目的资金净流入；0表示筹集资金的利率，该例的投资发生在期初，无须进行贴现，所以筹资利率设定为0；5%表示对投资收入进行再投资所使用的利率。

当一个投资项目存在多重收益率时，也可以考虑使用修正收益率对项目进行评价。

【例4—16】 投资者以8%的利率借入资金进行投资，在时刻0的投资额为10 000元，在第2年末的投资额为11 550元。在第1年末获得了21 500元的收入。投资者对收益进行再投资的利率为5%。请计算该项投资的修正收益率。

【解】 容易验证，该项目存在两个收益率，分别为5%和10%，参见例4—3。

筹集资金的利率为8%，则资金流出在时刻0的现值为

$$10\,000 + 11\,550 \times (1+8\%)^{-2} = 19\,902.26(\text{元})$$

来自投资项目的收入只能按5%的利率进行再投资，则资金流入在第2年末的累积值为

$$21\,500 \times (1+5\%) = 22\,575(\text{元})$$

上述计算结果表明，如果在时刻0投资19 902.26元，在第2年末可以累积到22 575元。令该投资项目的修正收益率为i，则有

$$19\,902.26 \times (1+i)^2 = 22\,575(\text{元})$$

由此可得修正收益率为6.5%。

假设现金流的到期时间是第n年末，则计算修正收益率i的一般公式如下：

$$(1+i)^n \times 现金流出的现值 = 现金流入的累积值$$

$$\Rightarrow i = \left(\frac{基于再投资利率计算的现金流入的累积值}{基于筹资利率计算的现金流出的现值}\right)^{\frac{1}{n}}$$

在 EXCEL 中计算修正收益率使用的函数是 MIRR。

4.5 收益分配

如果一个基金是由多个投资者共同所有，那么在每个年度末，应该如何把基金的投资收益分配给每个投资者呢？在一个基金中，某些人的投资可能较早，而另一些人的投资则相对较晚。如果基金的收益率水平一直保持恒定，那么进行收益分配是比较容易的，只需按照基金的收益率、每个投资者的投资额及其投资时间，就可以计算出应该分配给每个投资者的份额。譬如，假设基金的收益率一直保持在 6%的水平，某个投资者的投资额是 10 000 元，投资时间是 9 个月，则根据单利计算，应该分配给他的投资收益是

$$10\ 000 \times 0.06 \times \frac{9}{12} = 450(元)$$

这种分配投资收益的方法称作组合方法（portfolio method），它基于投资基金的平均收益率给每个投资者分配收益。不论投资时间早晚，他们都将获得一个相同的收益率。在投资收益比较平稳的时期，这种方法是切实可行的。但是，如果市场利率波动较大，尤其是当市场利率处于上升阶段时，用组合方法分配投资收益可能不利于吸引新的投资者。这是因为，当市场利率上升时，投资基金在早期的投资收益较低，从而会拉低其平均收益率。如果投资基金的平均收益率低于当前的市场利率，那么当投资基金按平均收益率分配投资收益时，潜在的投资者当然不会愿意加入该投资基金。在市场利率上升的时期，为了鼓励潜在的投资者加入投资基金，可以采取下述的投资年度方法（investment year method）分配投资收益。当然，在市场利率下降的时期，采用组合方法更能吸引潜在的投资者，但对于早期的投资者而言又是不公平的，因为新增投资会拉低他们的平均收益水平。

在投资年度方法中，新增投资在若干年内按投资年度利率分配收益，超过一定年数以后，再按组合利率分配收益。投资年度利率是考虑投资发生日期的利率，投资发生的日期不同，投资年度利率也可能不同。表 4－12 和表 4－13 给出了投资年度利率的一个示例。譬如，不同年度的新增投资在 2014 年分配收益时使用的投资年度利率如表 4－12 所示。

表 4－12　2014 年分配收益时使用的投资年度利率

投资年度	2010 年	2011 年	2012 年	2013 年	2014 年
投资年度利率（%）	6.72	7.09	7.06	7.22	7.50

表 4－12 中的投资年度利率是表 4－13 中黑体数字所形成的对角线上的元素。投资发生的时间不同，在 2014 年分配收益时使用的利率水平也不同。越是后期投入的资金，分配收益时所使用的利率越高，这是因为市场利率水平在 2010—2014 年之间有一个上升趋势，如表 4－13 中的投资年度利率所示。

表 4-13 投资年度方法

投资发生的日历年度	投资年度利率（%）					组合利率（%）	组合利率的日历年度
x	i_0^x	i_1^x	i_2^x	i_3^x	i_4^x	i_{x+5}	$x+5$
2010 年	6.50	6.53	6.56	6.62	**6.72**	7.45	2015 年
2011 年	7.00	7.00	7.03	**7.09**	7.24	7.47	2016 年
2012 年	7.00	7.01	**7.06**	7.18	7.12	7.47	2017 年
2013 年	7.20	**7.22**	7.30	7.26	7.22		
2014 年	**7.50**	7.53	7.50	7.46			
2015 年	8.00	7.96	7.90				
2016 年	7.50	7.49					
2017 年	7.30						

当投资发生的时间超过了一定时期以后（在表 4-13 中是 5 年），分配收益时将采用组合利率。组合利率是一个平均化的收益率，它不考虑投资发生的具体时间，对所有满足条件的投资都按同一个利率分配收益。譬如，2010 年的新增投资和 2011 年的新增投资在 2016 年分配收益时都使用 7.47%的组合利率，因为在 2016 年时它们的投资期限都超过了 5 年。

在应用投资年度方法的场合，每笔投资在最初的若干年按照投资年度利率分配收益，而在随后的年份，按照组合利率分配收益。譬如在表 4-13 中，2010 年发生的新增投资，在 2010—2014 年期间按投资年度利率分配收益，而从 2015 年开始，再按组合利率分配收益。2010—2014 年的投资年度利率分别为：6.50%、6.53%、6.56%、6.62%、6.72%，它们是表 4-13 中 2010 年所对应的利率。从 2015 年开始，再按组合利率 7.45%、7.47% 和 7.47%分配收益，它们是表 4-13 中"组合利率"一栏所列的利率。

在表 4-13 中，投资年度利率的上标表示投资发生的年度，上标与下标之和表示分配收益的年度。譬如，i_1^{2010} 表示发生在 2010 年的新增投资在 2011 年分配收益时所使用的投资年度利率，即 $i_1^{2010}=6.53\%$。在组合利率中，只有下标，没有上标，意味着分配收益时不考虑新增投资的具体时间。譬如，i_{2016} 既可以表示 2010 年发生的新增投资在 2016 年分配收益时所使用的利率，也可以表示 2011 年发生的新增投资在 2016 年分配收益时所使用的利率。换言之，只要新增投资的发生时间超过了 5 年，在 2016 年分配收益时都采用相同的利率，在该表中为 $i_{2016}=7.47\%$。

【例 4—17】 投资者在 2011 年初向一个基金投资 1 000 万元，根据表 4-13 的收益分配方案，该笔投资在 2016 年和 2017 年可以分配多少收益？

【解】 新增投资在 2015 年末的累积值为

$$1\,000\times1.070\,0\times1.070\,0\times1.070\,3\times1.070\,9\times1.072\,4=1\,407.27\text{（万元）}$$

在 2017 年末的累积值为

$$1\,407.274\,5\times1.074\,7\times1.074\,7=1\,625.37\text{（万元）}$$

所以，该笔投资在 2016 年和 2017 年可以获得的收益为

$$1\,625.374\,0-1\,407.274\,5=218.10\text{（万元）}$$

前面仅仅介绍了投资年度利率在收益分配中的应用。与此相关的另一个问题是：如何求得投资年度利率？这与基金的投资策略有关。我们在构造表 4-13 时采用了如下假设：

(1) 假设每位投资者的初始本金都投资于每年支付一次利息的 5 年期债券，所以初始本金在 5 年内都按投资年度利率计息。

(2) 债券的利息收入都重新投资于 1 年期的债券，所以利息收入按照再投资年度的利率计息。

(3) 5 年以上的投资，其累积值都按照平均利率（即组合利率）计息。

以 2012 年初发生的 1 元投资为例，本金按照 2012 年当年的利率（即 7.00%）计息，所以在 2013 年初将累积到（1＋0.07）元。这笔累积值在 2013 年末分配收益时，本金仍然按照投资发生年度的利率（即 7.00%）计息，而 0.07 元的利息收入可以重新投资，按照 2013 年的利率（即 7.20%）计息。也就是说，2012 年初的 1 元投资，在 2013 年末可以获得的利率为

$$i_1^{2012}=\frac{0.07+0.07\times0.072}{1+0.07}=7.01\%$$

这个利率也就是 2012 年初的投资在 2013 年末分配收益时所使用的利率。

其他投资年度利率也可做类似计算，如 2012 年初的投资在 2014 年末分配收益时所使用的利率为

$$i_2^{2012}=\frac{0.07+[(1+0.07)\times(1+0.0701)-1]\times0.075}{(1+0.07)\times(1+0.0701)}=7.06\%$$

在上式中，分母表示 2012 年初的 1 元投资在 2014 年初的累积值；分子表示 2012 年初的 1 元投资在 2014 年获得的总收益，其中最初的 1 元本金仍然按照投资发生年度的利率（即 7.00%）计息，而所有利息收入均按照 2014 年的再投资利率（即 7.50%）计息。

在构造表 4－13 时，假设投资年度利率是已知的，其他各列的投资年度利率可以通过上述方法递推计算。

组合利率是相应投资年度利率的平均数，如 2015 年的组合利率是 2011—2015 年的投资，在 2015 年分配收益时使用的 5 个投资年度利率的平均数，这 5 个投资年度利率分别为 7.24%、7.18%、7.30%、7.53%、8.00%，参见表 4－13 中与 2015 年对应的对角线上的元素，它们的平均利率为

$$\begin{aligned}i_{2015}&=[(1+7.24\%)\times(1+7.18\%)\times(1+7.30\%)\times(1+7.53)\\&\quad\times(1+8.00\%)]^{\frac{1}{5}}-1\\&=7.45\%\end{aligned}$$

小结

1. 收益率是使得未来资金流入的现值与资金流出的现值相等时的利率，也是使得净现值等于零时的利率。在其他条件相同的前提下，应该选择收益率高或净现值大的项目优先投资。

2. 对于投资期限不同的两个项目，在比较它们的收益率时，必须将期限较短的项目的再投资利率考虑进去。

3. 净现值的大小取决于计算净现值时所选择的利率：利率越高，净现值越小；利率越低，净现值越大。

4. 收益率在大多数情况下是唯一的。收益率唯一性的一个简单判断准则是：如果资金净流入只改变过一次符号，收益率将是唯一的。收益率唯一性的另一个判断准则是：如果按收益率计算的资金净流入的累积值始终为负，直至最后一年末才变为零，那么该收益率将是唯一的。

5. 币值加权收益率反映了平均收益率水平，可以通过当期利息收入与平均资金占用额之比计算，为

$$i \approx \frac{I}{A_0 + \sum_t C_t(1-t)}$$

6. 计算时间加权收益率的一般公式为

$$i = (1+j_1)(1+j_2)\cdots(1+j_{n+1}) - 1$$

式中，j_k 是第 k 个时间区间的收益率。

7. 如果利息收入的再投资利率较低，就会拉低整个投资的收益率。在比较不同项目的收益率时，应该特别注意再投资利率的影响，即计算修正收益率。在计算修正收益率时，对资金流出使用筹集资金的利率计算其现值，而对资金流入使用再投资的利率计算其累积值。

8. 在利率上升时期，为了吸引新的投资者加入投资基金，投资基金在收益分配时可以采用投资年度方法。反之，在利率下降时期，按组合利率方法分配收益更能吸引新的投资者。

本章知识点的思维导图如下：

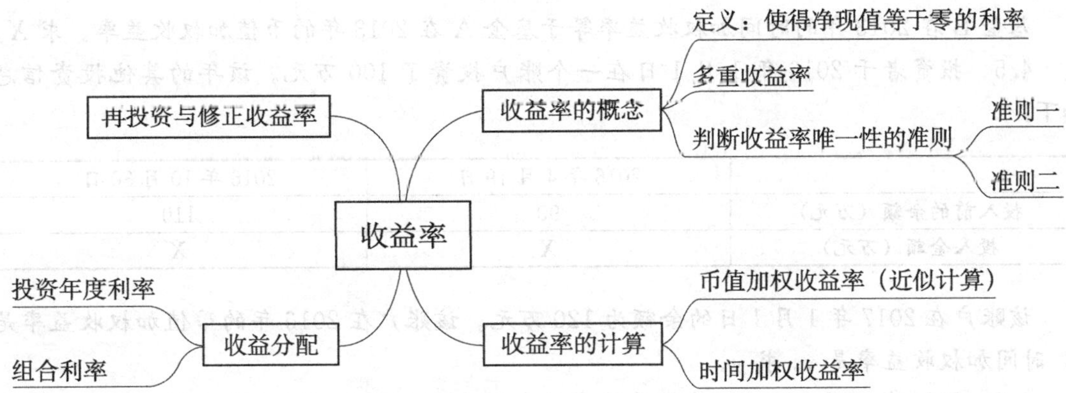

习题

4.1　某项目的初始投资为 50 000 元，并将产生如下净现金流入：第 1 年末 15 000 元，第 2 年末 40 000 元，第 3 年末 10 000 元。求该项目的收益率。

4.2　投资者将 10 000 元存入一家银行，期限为 10 年，年利率为 5%。如果在 5.5 年之内取款，银行将扣除取款额的 6%作为罚金。投资者分别在第 4、5、6、7 年末取款 k。第 10 年末，这笔存款的余额为 10 000 元。求 k。

4.3　一个投资账户的有关信息如下：

时间	2014年1月1日	2014年5月1日	2014年9月1日	2015年1月1日
投入或支取前的余额	50 000	75 000	90 000	67 000
投入		15 000		
支取			25 000	

请计算该账户的币值加权收益率和时间加权收益率之差。

4.4　两个基金A和B的有关信息如下：

基金A

日期	投入	支取	投入或支取前的余额
2013年1月1日			50 000
2013年3月1日			55 000
2013年5月1日	24 000		50 000
2013年11月1日		36 000	77 310
2014年1月1日			43 100

基金B

日期	投入	支取	投入或支取前的余额
2013年1月1日			100 000
2013年7月1日		15 000	105 000
2014年1月1日			X

基金B在2013年的时间加权收益率等于基金A在2013年的币值加权收益率。求X。

4.5　投资者于2016年1月1日在一个账户投资了100万元。该年的其他投资信息如下：

	2016年4月19日	2016年10月30日
投入前的余额（万元）	90	110
投入金额（万元）	X	X

该账户在2017年1月1日的余额为120万元。该账户在2016年的币值加权收益率是0，时间加权收益率是y。求y。

4.6　2014年1月1日，一个投资账户的余额为100万元。2014年4月1日，余额上升为120万元，投资者在当日又存入D万元。2014年10月1日，账户余额为100万元，投资者在当日取出50万元。2015年1月1日，账户余额为65万元。假设该账户的时间加权收益率为0，请计算其币值加权收益率。

4.7　2014年1月1日，某投资者向基金投入1 000万元，第二笔投资发生在2014年7月1日，直至2015年1月1日，基金的账面余额为2 000万元。已知该基金在过去一年的时间加权收益率为10%，币值加权收益率为9%，求投资者在2014年前6个月获得的年实际收益率。

4.8　某账户在1月1日的账面余额为75万元，12月31日的账面余额为130万元。每月末存入该账户的资金为10万元，并分别在2月28日、6月30日、10月15日和10月

31 日从账户中取走了 5 万元、25 万元、8 万元和 35 万元。求该账户在这一年中的币值加权收益率。

4.9 某投资者于 1 月 1 日在一个账户中投资 50 万元，下表为该投资账户一年中的余额变化情况：

日期	投资前的余额（万元）	新增投资额（万元）
3 月 15 日	40	20
6 月 1 日	80	80
10 月 1 日	175	75

6 月 30 日，账面余额为 157.50 万元，12 月 31 日，账面余额为 X。如果把前 6 个月的时间加权收益率用年实际收益率表示，则其等于全年的时间加权收益率。求 X。

4.10 某投资基金在年初的余额为 20 000 万元。在每季度末有新增投资 1 000 万元。新增投资发生后的基金余额分别为 23 000 万元、24 800 万元、25 000 万元及 25 100 万元。请计算该基金的时间加权收益率。

4.11 一个投资者购买了一项 5 年期的金融产品，该产品满足下述条件：

(1) 该投资者在 5 年内的每年初可以获得 10 000 元；

(2) 这些款项将按年利率 4%计息，在每年末所获利息又以 3%的年利率进行再投资。

如果该投资者需要获得 4%的年收益率，请计算该投资者应该支付的购买价格。

4.12 某投资者在 20 年内每年初向银行存入 5 000 元，银行以 i 的年利率在每年末支付利息。这些利息以 $\left(\frac{i}{2}\right)$ 的年利率进行再投资。整个投资在 20 年内的年实际收益率为 8%。请计算 i。

4.13 投资者 A 以年利率 10%投资 1 000 万元，期限为 10 年。每年末支付利息，利息以年利率 i 进行再投资。第 10 年末，利息的积累值为 1 500 万元。投资者 B 在 20 年的每年末投资 150 万元，年利率为 12%。每年末支付利息，利息以年利率 i 进行再投资。求 20 年后 B 的利息积累值。

4.14 某投资者的初始投资为 12 万元，第 10 年末又投资 12 万元，这些投资以年实际利率 i 计息。利息按年度支付，并以 $0.75i$ 的年实际利率进行再投资。在第 20 年末，再投资利息的累积值为 64 万元，求 i。

4.15 投资者分别在 2013 年、2014 年和 2015 年的年初投资了 100 万元。根据下表的数据，该投资者在 2015 年可以分配到多少投资收益？

原始投资的日历年度 x	投资年度利率（%）		组合利率 i_{x+2}（%）	组合利率的日历年度 $x+2$
	i_0^x	i_1^x		
2013	6.50	6.53	7.53	2015
2014	7.00	7.07		
2015	8.00			

第5章 债务偿还方法

现实经济生活离不开资金融通，而资金融通必然涉及资金借贷和贷款偿还。贷款偿还有两种基本方法：分期偿还法（amortization method）和偿债基金法（sinking fund method）。

在分期偿还法中，借款人分期清偿贷款，在每次偿还的金额中，既包括当期应该支付的利息，也包括一部分本金的返还。分期偿还法包括等额分期偿还和变额分期偿还。在等额分期偿还中，借款人每次偿还相等的金额；而在变额分期偿还中，借款人每次偿还的金额是变化的。

在偿债基金法中，借款人一方面要在贷款期间定期支付贷款的利息，另一方面要积累一笔偿债基金，用于贷款到期时一次性清偿本金。偿债基金可以分为等额偿债基金和变额偿债基金。等额偿债基金是指借款人每次向偿债基金储蓄的金额相等；而在变额偿债基金中，借款人每次向偿债基金储蓄的金额是变化的。

下面首先讨论等额分期偿还和等额偿债基金，然后讨论变额分期偿还和变额偿债基金，最后简要介绍抵押物价值与未偿还本金余额的关系。

5.1 等额分期偿还

等额分期偿还是指借款人在偿还贷款时，每次偿还相等的金额。这是最基本，也是应用最为广泛的一种贷款偿还方法。

在等额分期偿还法中，需要解决的问题包括：

（1）借款人每次应该偿还的总金额是多少？

(2) 在特定时点上，借款人未偿还的本金余额是多少？

(3) 在每次偿还的总金额中，支付的利息和偿还的本金分别是多少？

下面分别讨论这些问题的解决方法。

5.1.1 借款人每次应该偿还的总金额

假设贷款的本金为 L_0，期限为 n 年，年实际利率为 i，借款人每年末等额分期偿还，则应有下述价值方程：

$$L_0 = Ra_{\overline{n}|}$$

即贷款本金应该等于借款人未来偿还金额的现值之和。

由此可得，借款人每次偿还的金额为

$$R = \frac{L_0}{a_{\overline{n}|}} \tag{5.1}$$

在 EXCEL 中，可以使用 PMT 函数计算每次偿还的金额。

5.1.2 未偿还的本金余额

未偿还的本金余额（outstanding balance）是指截止到计算日，借款人尚未偿还的贷款本金。在贷款日，未偿还的本金余额就是贷款本金 L_0。下面用 L_1 表示第 1 期末未偿还的本金余额，L_2 表示第 2 期末未偿还的本金余额，…，L_n 表示第 n 期末未偿还的本金余额。注意，第 k 期末未偿还的本金余额是在第 k 次偿还后计算的，它等于第 $k+1$ 期初未偿还的本金余额。如果贷款期限为 n，则第 n 期末未偿还的本金余额应该为零，即 $L_n = 0$。

计算未偿还的本金余额有两种不同的方法，即过去法和将来法。过去法是基于过去已经偿还的本金计算未偿还的本金余额，而将来法是基于将来需要偿还的金额计算未偿还的本金余额。可以证明，这两种方法是等价的。

(1) 过去法。

过去法（retrospective method）是指从原始贷款本金中减去过去已经偿还的本金，即可得到未偿还的本金余额。在等额分期偿还法中，借款人每次偿还的总金额为 R，从此金额中减去当期的利息即可得到当期偿还的本金。譬如，从贷款本金 L_0 中减去第 1 期偿还的本金 $R-iL_0$，即可得到第 1 期末的未偿还的本金余额：

$$\begin{aligned} L_1 &= L_0 - (R - iL_0) \\ &= L_0(1+i) - R \end{aligned}$$

从第 1 期末（也就是第 2 期初）的未偿还的本金余额 L_1 中减去第 2 期偿还的本金 $R-iL_1$，即可得到第 2 期末的未偿还的本金余额：

$$\begin{aligned} L_2 &= L_1 - (R - iL_1) \\ &= L_1(1+i) - R \\ &= L_0(1+i)^2 - R[(1+i)+1] \\ &= L_0(1+i)^2 - Rs_{\overline{2}|} \end{aligned}$$

从第 2 期末（也就是第 3 期初）的未偿还的本金余额 L_2 中减去第 3 期偿还的本金 $R-iL_2$，即可得到第 3 期末的未偿还的本金余额：

$$\begin{aligned} L_3 &= L_2 - (R - iL_2) \\ &= L_2(1+i) - R \\ &= L_0(1+i)^3 - R[(1+i)^2 + (1+i) + 1] \\ &= L_0(1+i)^3 - Rs_{\overline{3}|} \end{aligned}$$

依此类推，第 k 期末的未偿还的本金余额为

$$L_k = L_0(1+i)^k - Rs_{\overline{k}|},\ k = 1,2,3,\cdots,n \tag{5.2}$$

由此可见，第 k 期末的未偿还的本金余额是下述两项之差：

1）原始本金在第 k 期末的累积值 $L_0(1+i)^k$。

2）已经偿还的金额 R 在第 k 期末的累积值 $Rs_{\overline{k}|}$。

【例 5—1】 一笔 100 000 元的死亡保险金，受益人选择每月末领取，年实际利率为 8%，25 年领完。在受益人领取 10 年后，实际利率提高到 10%，在后 15 年，受益人每月可以增加多少保险金？

【解】 在前 10 年，月实际利率为

$$i = (1+0.08)^{\frac{1}{12}} - 1 = 0.006\,434$$

在后 15 年，月实际利率为

$$j = (1+0.1)^{\frac{1}{12}} - 1 = 0.007\,974$$

按月实际利率 i 计算，25 年（即 300 个月）可以领完保险金，故每月领取的保险金为

$$R_1 = \frac{100\,000}{a_{\overline{300}|i}} = 100\,000 \times \frac{i}{1-(1+i)^{-300}} = 753.42(\text{元})$$

用过去法计算第 10 年末的保险金余额为

$$\begin{aligned} L_{10} &= L_0(1+i)^{120} - R_1 s_{\overline{120}|i} \\ &= 100\,000 \times (1+i)^{120} - 753.42 \times \frac{(1+i)^{120}-1}{i} \\ &= 80\,183.27(\text{元}) \end{aligned}$$

因此，在后 15 年每月可以领取的保险金为

$$R_2 = \frac{L_{10}}{a_{\overline{180}|j}} = \frac{80\,183.27}{95.384\,3} = 840.63(\text{元})$$

每月增加的保险金为

$$R_2 - R_1 = 840.63 - 753.42 = 87.21(\text{元})$$

（2）将来法。

在每个时期末，未偿还的本金余额应该等于将来需要偿还的总金额在此时点的现值。因此，所谓将来法（prospective method），就是把将来需要偿还的总金额折算成计算日的现值，即可得到未偿还的本金余额。譬如在第 k 期末，将来还需偿还（$n-k$）次，所以用将来法计算的未偿还的本金余额为

$$L_k = Ra_{\overline{n-k}|},\ k = 1,2,3,\cdots,n \tag{5.3}$$

可以证明，用过去法和将来法计算的未偿还的本金余额是相等的。事实上，将式（5.2）变形即可得到式（5.3）。证明过程如下：

由式（5.1）可知，贷款本金为 $L_0 = Ra_{\overline{n}|}$，将其代入式（5.2）可得

$$\begin{aligned} L_k &= L_0(1+i)^k - Rs_{\overline{k}|} \\ &= Ra_{\overline{n}|}(1+i)^k - Rs_{\overline{k}|} \\ &= R\left[\frac{1-v^n}{i}(1+i)^k - \frac{(1+i)^k-1}{i}\right] \\ &= R\frac{1-v^{n-k}}{i} \\ &= Ra_{\overline{n-k}|} \end{aligned}$$

虽然过去法和将来法是等价的，但在实际应用中，还应根据实际情况，选择合适的计算方法。如果将来的付款金额和付款次数都是已知的，应用将来法就比较简便；否则，就需要应用过去法。

【例 5—2】 应用将来法重新计算例 5—1 中第 10 年末的保险金余额。

【解】 将来还需领取 15 年，即 180 个月，每月末领取 $R_2 = 840.68$ 元，所以用将来法计算第 10 年末的保险金余额为

$$L_{10} = R_2 a_{\overline{180}|j} = 840.63 \times \frac{1-(1+j)^{-180}}{j} = 80\ 182.92(\text{元})$$

这个结果应该与例 5—1 相同，误差是由四舍五入造成的。

5.1.3 本金和利息的分解

在等额分期偿还法中，每次偿还的金额是 R，其中包括偿还的本金（principal）和支付的利息（interest）两部分。下面将要讨论，在每次的偿还金额 R 中，有多少是对本金的偿还，有多少是支付当期的利息。假设第 k 期初未偿还的本金余额为 L_{k-1}（它就是第 $k-1$期末未偿还的本金余额），在第 k 期末应该支付的利息 I_k 为

$$I_k = iL_{k-1}$$

把将来法的式（5.3）代入上式，可得第 k 期末应该支付的利息为

$$I_k = iRa_{\overline{n-k+1}|i} = R(1-v^{n-k+1}) \tag{5.4}$$

因此，在第 k 期偿还的本金 P_k 为

$$P_k = R - I_k = R \cdot v^{n-k+1} \tag{5.5}$$

式（5.5）表明，借款人每次偿还的本金金额形成一个等比数列，如第 1 期末偿还的本金为 Rv^n，第 2 期末偿还的本金为 Rv^{n-1}，…，第 n 期末偿还的本金为 Rv。这是一个递增数列，即借款人在初期偿还的本金较少，而在后期偿还的本金较多。由于每期偿还的总金额 R 是固定的，所以借款人支付的利息金额是逐期递减的。这一结论也可以从表 5－1 和图 5－1 中看出。

【例 5—3】 请证明，借款人每期偿还的本金金额之和等于原始贷款本金，即 $\sum_{k=1}^{n} P_k = L_0$。

【解】 借款人每期偿还的本金金额之和为

$$\sum_{k=1}^{n} P_k = \sum_{k=1}^{n} Rv^{n-k+1} = \frac{L_0}{a_{\overline{n}|}} \sum_{k=1}^{n} v^{n-k+1} = L_0$$

假设借款人每年末还款的总金额为 1 单位，还款期限为 n 年，年实际利率为 i，则每年末偿还的利息和本金，以及每年末的未偿还的本金余额如表 5-1 所示，这类表格称作分期偿还表。

在表 5-1 中，如果令 $n=20$，$i=10\%$，则借款人每年末偿还的利息和本金的变化过程如图 5-1 所示，未偿还的本金余额的变化过程如图 5-2 所示。

表 5-1　等额分期偿还表

时间 t	还款额	利息 I_t	本金 P_t	未偿还的本金余额
0				$a_{\overline{n}\vert i}$
1	1	$ia_{\overline{n}\vert i}=1-v^n$	v^n	$a_{\overline{n-1}\vert i}$
2	1	$ia_{\overline{n-1}\vert i}=1-v^{n-1}$	v^{n-1}	$a_{\overline{n-2}\vert i}$
…	…	…	…	…
t	1	$ia_{\overline{n-t+1}\vert i}=v^{n-t+1}$	v^{n-t+1}	$a_{\overline{n-t}\vert i}$
…	…	…	…	…
$n-1$	1	$ia_{\overline{2}\vert i}=1-v^2$	v^2	$a_{\overline{1}\vert i}$
n	1	$ia_{\overline{1}\vert i}=1-v$	v	0
总和	n	$n-a_{\overline{n}\vert i}$	$a_{\overline{n}\vert i}$	

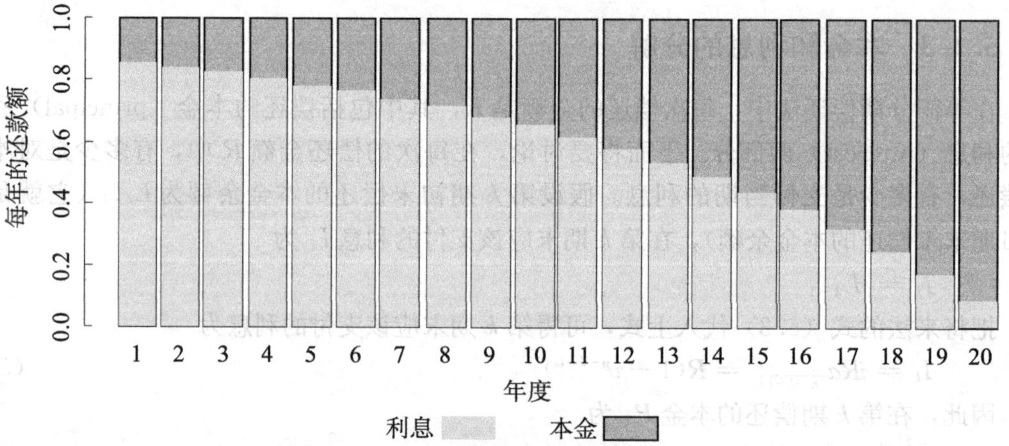

图 5-1　每年末偿还的利息和本金

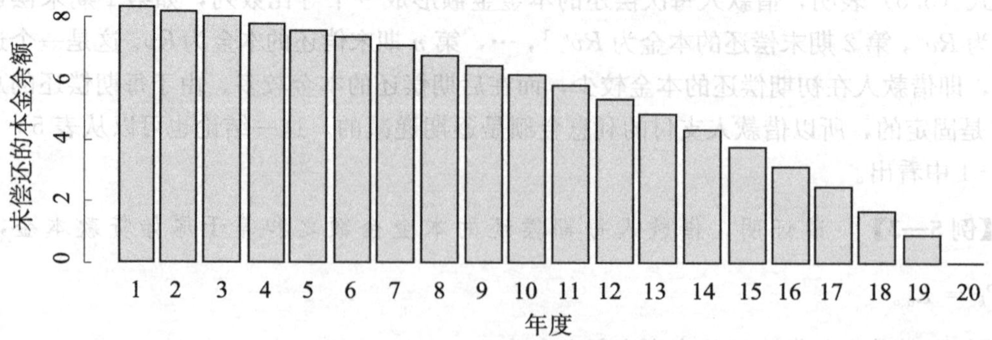

图 5-2　每年末未偿还的本金余额

从表 5-1 可以看出，当贷款本金为 $a_{\overline{n|}}$ 时，借款人支付的利息总额为 $n-a_{\overline{n|}}$，利息总额与贷款本金之比为可以表示为贷款期限 n 的函数：

$$f(n)=\frac{n-a_{\overline{n|}}}{a_{\overline{n|}}}=\frac{ni}{1-v^n}-1 \tag{5.6}$$

可以证明，当 $i>1$ 时，式（5.6）关于 n 的一阶导数大于零，即

$$f'(n)=\frac{i(1-v^n)+niv^n\ln v}{(1-v^n)^2}>0 \tag{5.7}$$

证明：式（5.7）的分母大于零。分子上提出 i 后，剩余项为 $1-v^n+nv^n\ln(v)$。令 $x=v^n$，显然有 $0<x<1$。容易证明 $g(x)=1-x+x\ln(x)$ 在（0，1）区间上是减函数，且 $g(1)=0$，所以在（0，1）区间上 $g(x)>0$。这就意味着式（5.7）的分子也大于零。

由此可见，利息总额与贷款本金之比是贷款期限的增函数。在贷款利率给定的条件下，贷款期限越长，借款人支付的利息总额相对于贷款本金越多。

假设借款人每年末偿还的总金额为 1 单位，贷款年利率为 10%，表 5-2 给出了随着贷款期限的延长，借款人偿还的利息总额与贷款本金之比的增长过程。贷款期限越长，借款人支付的利息总额与贷款本金之比越高，而且该比率呈现出加速增长的态势，即贷款期限越长，利息总额与贷款本金之比的增长速度越快，如图 5-3 所示。在图 5-3 中，实线表示利息总额与贷款本金之比，虚线是基于该比率与贷款期限求得的回归直线。

表 5-2　借款人偿还的利息总额与贷款本金之比随贷款期限的延长而增长的过程

贷款期限	贷款本金	利息总额	利息总额与贷款本金之比
1	0.91	0.09	0.10
5	3.79	1.21	0.32
10	6.14	3.86	0.63
15	7.61	7.39	0.97
20	8.51	11.49	1.35
25	9.08	15.92	1.75
30	9.43	20.57	2.18

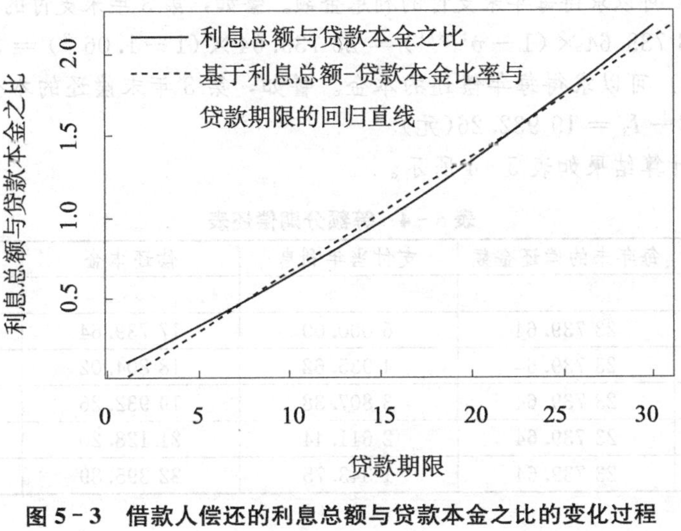

图 5-3　借款人偿还的利息总额与贷款本金之比的变化过程

【例 5—4】 在等额分期偿还法中，贷款的年利率为 10%，请问当贷款期限为多少年时，借款人在贷款期间支付的利息总额正好等于贷款本金？

【解】 假设贷款期限为 n 年，借款人每年偿还的总金额为 1 单位，则贷款本金为 $a_{\overline{n}|}$，借款人在贷款期限内支付的利息总额为 $n-a_{\overline{n}|}$，令

$$n-a_{\overline{n}|}=a_{\overline{n}|}$$

则当 $i=10\%$ 时，有

$$1-1.1^{-n}-0.05n=0$$

解上述方程可得

$$n=15.38$$

在其他贷款利率水平下，对应的贷款期限如表 5-3 所示。

表 5-3　借款人偿还的利息总额等于贷款本金时对应的贷款年数

年利率	5%	6%	7%	8%	9%	10%
贷款年数	31.32	26.01	22.22	19.37	17.16	15.38

【例 5—5】 一笔 100 000 元的贷款，期限为 5 年，年实际利率为 6%，每年末等额分期偿还。计算下列各项并构造分期偿还表：

(1) 每年末应该偿还的金额；

(2) 每年末未偿还的本金余额；

(3) 在每年偿还的金额中，利息和本金各为多少。

【解】 由式 (5.1) 可知，每年末应该偿还的金额为

$$R=\frac{100\ 000}{a_{\overline{5}|}}=100\ 000\times\frac{0.06}{1-1.06^{-5}}=23\ 739.64(\text{元})$$

应用式 (5.2) 可以求得各年末的未偿还的本金余额。譬如，第 3 年末未偿还的本金余额为

$$L_3=23\ 739.64a_{\overline{5-3}|}=23\ 739.64\times\frac{1-1.06^{-2}}{0.06}=43\ 524.08(\text{元})$$

应用式 (5.4) 可以求得每年末支付的利息金额。譬如，第 3 年末支付的利息金额为

$$I_3=23\ 739.64\times(1-v^{5-3+1})=23\ 739.64\times(1-1.06^{-3})=3\ 807.38(\text{元})$$

应用式 (5.5) 可以求得每年偿还的本金。譬如，第 3 年末偿还的本金为

$$P_3=R-I_3=19\ 932.26(\text{元})$$

其他各年的计算结果如表 5-4 所示。

表 5-4　等额分期偿还表　　单位：元

年份	每年末的偿还金额	支付当年利息	偿还本金	未偿还本金余额
0				100 000.00
1	23 739.64	6 000.00	17 739.64	82 260.36
2	23 739.64	4 935.62	18 804.02	63 456.34
3	23 739.64	3 807.38	19 932.26	43 524.08
4	23 739.64	2 611.44	21 128.20	22 395.89
5	23 739.64	1 343.75	22 395.89	0.00

表5-4所示的等额分期偿还表，可以在EXCEL中按下述方法递推计算求得：

第1年的利息为：100 000×6% =6 000（元）

第1年偿还的本金为：23 739.64−6 000 =17 739.64（元）

第1年末未偿还的本金余额为：100 000−17 739.64 =82 260.36（元）

第2年的利息为：82 260.36×6% =4 935.62（元）

第2年偿还的本金为：23 739.64−4 935.62 =18 804.02（元）

第2年末未偿还的本金余额为：82 260.36−18 804.02 =63 456.34（元）

依此类推，可以得到表5-4的所有结果。在EXCEL中，只需计算出第1年的结果，然后选中第1年的数值，用鼠标下拉右下角的黑色十字即可自动完成以后各年的计算。

【例5—6】 投资者向一个基金投资20 000元，希望在今后的5年内每年末领取5 000元的收入。基金的年实际利率应该是多少？如果从第3年初开始，基金的年实际利率上升了100个基点，投资者在今后的3年中，每年末可以领取多少收入？

【解】 假设基金的年实际利率为i，则根据题意可以建立如下价值方程：

$$20\,000 = 5\,000 \times a_{\overline{5|}}$$

上式经变形得：

$$\frac{1-(1+i)^{-5}}{i} = 4$$

应用EXCEL中的单变量求解，可以求得年实际利率为

$$i=7.93\%$$

投资者在第2年末的投资余额（也就是第3年初的投资余额）是

$$L_2 = 5\,000a_{\overline{3|}} = 5\,000 \times \frac{1-(1+0.079\,3)^{-3}}{0.079\,3} = 12\,901.78(\text{元})$$

如果将利率提高100个基点，即上升到8.93%，则在今后3年，投资者每年末可以领取的收入为

$$R = \frac{12\,901.78}{a_{\overline{3|}}} = 12\,901.78 \times \frac{0.089\,3}{1-(1+0.089\,3)^{-3}} = 5\,090.55(\text{元})$$

【例5—7】 一笔10 000元的贷款，为期10年。如果年实际利率为6%，比较下述三种还款方式，哪种支付的利息总额最多？

(1) 在第10年末一次性偿还所有本息。

(2) 每年末支付当年的利息，在第10年末再偿付本金。

(3) 10年内每年末偿付相等的金额，在第10年末刚好还清。

【解】 (1) 这笔贷款在第10年末的累积值为

$$10\,000 \times (1+0.06)^{10} = 17\,908.48(\text{元})$$

因此，支付的利息总额为

$$17\,908.48-10\,000 = 7\,908.48(\text{元})$$

(2) 借款人每年末需要支付的利息为

$$10\,000 \times 0.06 = 600(\text{元})$$

10年期间支付的利息总额为6 000元。

(3) 如果10年内等额偿还，则借款人每年末需要偿还的金额为

$$R=\frac{10\ 000}{a_{\overline{10}|}}=10\ 000\times\frac{0.06}{1-1.06^{-10}}=1\ 358.68(\text{元})$$

借款人10年期间偿还的总金额为13 590元，利息总额为3 590元。

可见，第一种方法在第10年末一次性偿还本息，所以支付的利息最多，而第三种方法在第1年就有部分本金的偿还，所以支付的利息最少。

【例5—8】 某人从商业银行获得100万元的住房抵押贷款，期限为20年，年实际利率为8%，每月末等额分期偿还。借款人按原计划偿还了150次贷款，然后申请10天以后一次性还清剩余贷款，借款人应该一次性偿还多少？

【解】 根据年实际利率可以求得月实际利率为

$$i=(1+0.08)^{\frac{1}{12}}-1=0.006\ 434$$

借款人每月末应该偿还的金额为

$$R=\frac{1\ 000\ 000}{a_{\overline{240}|i}}=1\ 000\ 000\times\frac{0.006\ 434}{1-1.006\ 434^{-240}}=8\ 191.48(\text{元})$$

借款人偿还了150次以后，还剩余90次尚未偿还，所以在第150个还款日，借款人未偿还的本金余额为

$$L_{150}=8\ 191.48\times a_{\overline{90}|}=8\ 191.48\times\frac{0.006\ 434}{1-1.006\ 434^{-90}}=558\ 322.60(\text{元})$$

借款人如果申请在第150个还款日后立即还清所有未偿还的本金余额，则需要一次性偿还558 322.60元。

在本例中，借款人申请在第150个还款日后的第10天一次性还清所有贷款余额，所以偿还的总金额还应该包括这10天$\left(\text{即}\frac{1}{3}\text{个月}\right)$所产生的利息在内，即借款人需要一次性偿还的总金额为

$$L=L_{150}\times(1+i)^{\frac{1}{3}}=558\ 322.60\times1.006\ 434^{\frac{1}{3}}=559\ 517.45(\text{元})$$

5.2 等额偿债基金

在偿债基金法中，贷款人要求借款人在贷款期间定期支付贷款利息，并同时向偿债基金进行储蓄，在贷款到期时，偿债基金的累积值应该足以清偿贷款本金。

本节所谓的等额偿债基金是指借款人每期向偿债基金储蓄相等的金额。不妨看一简例。假设借款人从银行获得10 000元的贷款，期限为5年，年利率为6%。双方达成协议，借款人按下述方法偿还贷款：

(1) 借款人每年末向银行支付600元利息（即10 000元的6%）。

(2) 借款人在银行开设一个存款账户，每年末向该账户存入1 791.76元，该账户按5.5%的利率计息。到第5年末，该账户的累积值正好是10 000元，用于偿还贷款本金。

在这个简单的例子中，借款人在银行开设的存款账户就是偿债基金。因为借款人每年

末向偿债基金储蓄相等的金额，所以称作等额偿债基金。

偿债基金名义上归借款人所有，供借款人在贷款到期时一次性清偿贷款本金，因此偿债基金产生的利息收入也用于偿还本金。但实际上，借款人不能动用这笔资金，所以，从本质上讲，偿债基金的积累过程也就是原始本金的偿还过程。换言之，借款人在偿债基金的储蓄额及其产生的利息收入可以看作对贷款本金的偿还。从原始贷款本金中减去偿债基金的累积值，就是借款人尚未偿还的本金余额，可以称作“贷款净额”。

在本节，我们仍然沿用上一节的符号，用 L_0 表示初始贷款本金，用 i 表示贷款利率，用 n 表示贷款期限。在偿债基金法中，原始本金在贷款到期时用借款人积累的偿债基金一次性偿还，所以，本金在贷款期间保持不变，相应地，借款人每期支付的利息金额应为常数（用 I 表示），即

$$I = iL_0$$

在分期偿还法中，每期都有一部分本金的偿还，所以未偿还的本金余额逐期递减，相应地，借款人每期支付的利息也是逐期递减的。而在偿债基金法中，借款人每期支付的利息金额是一个常数。在这一点上，分期偿还法与偿债基金法似乎不同，但事实上它们并没有本质性差异。在偿债基金法中，偿债基金每期都要产生利息，而且利息是逐期递增的，这部分利息供借款人到期时偿还贷款本金。所以，借款人虽然在每期支付的利息是一个常数，但扣除偿债基金产生的逐期递增的利息后，借款人实际支付的利息也是逐期递减的。

在偿债基金法中，借款人需要在每期末支付当期的利息，同时还需要积累一笔偿债基金。这笔基金在贷款到期时应该正好等于贷款的原始本金 L_0。偿债基金的利率与贷款利率既可能相等，也可能不等。在这两种不同的情况下，借款人每期向偿债基金储蓄的金额是不同的。下面分别进行讨论。

5.2.1 偿债基金的利率不等于贷款利率的情形

在偿债基金法中，通常的情况是偿债基金的利率小于贷款利率。不过本小节的结论同样适用于偿债基金的利率大于贷款利率的情形。

假设贷款期限为 n，偿债基金的利率为 j，为了使得偿债基金的累积值在贷款到期时等于原始本金 L_0，借款人在每期末向偿债基金储蓄的金额（用 D 表示）应为

$$D = \frac{L_0}{s_{\overline{n}|j}} \tag{5.8}$$

借款人在每期末的付款总额为

$$R = I + D \tag{5.9}$$

因为是等额偿债基金，所以借款人每期的付款总额也是常数。

借款人每期末向偿债基金储蓄 D 元，所以偿债基金在第 k 期末的累积值为 $Ds_{\overline{k}|j}$，从原始贷款本金 L_0 中减去偿债基金的累积值，即可得到借款人在第 k 期末的未偿还的本金余额（即贷款净额）为

$$L_k = L_0 - Ds_{\overline{k}|j} \tag{5.10}$$

【例 5—9】 借款人需要在未来五年还清 100 000 元的贷款，贷款的年实际利率为 10%。假设借款人用等额偿债基金法来偿还贷款，偿债基金的年实际利率为 8%。

(1) 借款人每年末向偿债基金储蓄的金额为多少？

(2) 在等额偿债基金法中借款人每年末支付的总金额为多少？如果借款人用等额分期偿还法偿还贷款，借款人每年末支付的总金额为多少？

(3) 借款人在第 2 年末未偿还的本金余额是多少？

【解】 (1) 应用式 (5.8)，借款人每年末向偿债基金储蓄的金额为

$$D=\frac{100\ 000}{s_{\overline{5}|0.08}}=100\ 000\times\frac{0.08}{1.08^5-1}=17\ 045.65(\text{元})$$

(2) 在等额偿债基金法中，应用式 (5.9)，可以求得借款人每年末支付的总金额为

$$R=I+D=100\ 000\times 0.1+17\ 045.65=27\ 045.65(\text{元})$$

如果用等额分期偿还法偿还贷款，则借款人每年末支付的总金额为

$$R=\frac{100\ 000}{a_{\overline{5}|0.1}}=100\ 000\times\frac{0.1}{1-1.1^{-5}}=26\ 379.75(\text{元})$$

可见，如果偿债基金的利率小于贷款利率，则借款人每年支付的总金额要大于等额分期偿还法中支付的总金额。换言之，在等额偿债基金法中，借款人的实际借款利率要高于等额分期偿还法中的贷款利率。

(3) 应用式 (5.10)，可以求得借款人在第 2 年末未偿还的本金余额为

$$\begin{aligned}L_2&=100\ 000-17\ 045.65\times s_{\overline{2}|0.08}\\&=100\ 000-17\ 045.65\times\frac{1.08^2-1}{0.08}\\&=64\ 545.06(\text{元})\end{aligned}$$

5.2.2 偿债基金的利率等于贷款利率的情形

如果偿债基金的利率 j 与贷款利率 i 相等，则等额偿债基金法等价于等额分期偿还法，即借款人每年末支付的总金额在两种方法中相等。

在等额偿债基金法中，当 $j=i$ 时，由式 (5.9) 可知，借款人每期末支付的总金额为

$$R=I+D=iL_0+\frac{L_0}{s_{\overline{n}|i}}=L_0\left(i+\frac{1}{s_{\overline{n}|i}}\right)=\frac{L_0}{a_{\overline{n}|i}}\tag{5.11}$$

式中，

$$i+\frac{1}{s_{\overline{n}|i}}=\frac{1}{a_{\overline{n}|i}}$$

可参见式 (2.14)。

式 (5.11) 就是在等额分期偿还法中，借款人每期末支付的总金额。由此可见，当偿债基金的利率与贷款利率相等时，等额分期偿还法与等额偿债基金法是等价的。也就是说，无论使用等额分期偿还法，还是使用等额偿债基金法，借款人在每期末支付的总金额是相等的。

当偿债基金的利率 j 与贷款利率 i 相等时，借款人在每期末向偿债基金储蓄的金额为

$$D=\frac{L_0}{s_{\overline{n}|i}}=L_0\left(\frac{1}{a_{\overline{n}|i}}-i\right)=R-iL_0\tag{5.12}$$

式中，

$$\frac{1}{s_{\overline{n}|i}}=\frac{1}{a_{\overline{n}|i}}-i$$

可参见式（2.14）。

当偿债基金的利率 j 与贷款利率 i 相等时，偿债基金法等价于分期偿还法，所以在第 k 期末，偿债基金法的未偿还的本金余额 $L_0-Ds_{\overline{k}|i}$ 应该等于分期偿还法中的未偿还的本金余额 $Ra_{\overline{n-k}|}$。

证明：在偿债基金法中，如果 $j=i$，则偿债基金在第 k 期末的累积值为 $Ds_{\overline{k}|i}$，未偿还的本金余额为

$$\begin{aligned}L_k&=L_0-Ds_{\overline{k}|}\\&=L_0\left(1-\frac{s_{\overline{k}|}}{s_{\overline{n}|}}\right)\\&=L_0\left[1-\frac{(1+i)^k-1}{(1+i)^n-1}\right]\\&=L_0\frac{(1+i)^n-(1+i)^k}{(1+i)^n-1}\\&=L_0\frac{1-v^{n-k}}{1-v^n}\\&=Ra_{\overline{n}|}\frac{a_{\overline{n-k}|}}{a_{\overline{n}|}}\\&=Ra_{\overline{n-k}|}\end{aligned}$$

上式正好是在等额分期偿还法中，借款人在第 k 期末未偿还的本金余额。

由此可见，当贷款利率 i 等于偿债基金的利率 j 时，分期偿还法与偿债基金法存在下述等价关系（等式左边表示偿债基金法，右边表示分期偿还法）：

(1) $I+D=R$

(2) $D=R-iL_0$

(3) $L_0-Ds_{\overline{k}|i}=Ra_{\overline{n-k}|i}$

【例5—10】 一笔100 000元的贷款，期限为5年，年实际利率为6%。借款人采用偿债基金法偿还，每年末偿还6 000元的利息，同时建立一笔偿债基金用于清偿贷款本金，偿债基金的利率与贷款利率相同。计算下列各项的值：

(1) 借款人每年末向偿债基金储蓄的金额。

(2) 偿债基金每年所产生的利息。

(3) 偿债基金在每年末的累积值。

(4) 每年末未偿还的本金余额。

【解】当偿债基金的利率与贷款利率相等时，分期偿还法与偿债基金法等价。本例即可验证这一结论。

(1) 借款人每年末向偿债基金储蓄的金额应为

$$D=\frac{100\,000}{s_{\overline{5}|0.06}}=100\,000\times\frac{0.06}{1.06^5-1}=17\,739.64(\text{元})$$

(2) 偿债基金在第 k 年所产生的利息为 $jDs_{\overline{k-1}|j}$，譬如在第3年的利息为

$$I_3 = 0.06 \times 17\ 739.64 \times s_{\overline{3-1}|0.06}$$
$$= 0.06 \times 17\ 739.64 \times \frac{1.06^2 - 1}{0.06} = 2\ 192.62(\text{元})$$

(3) 偿债基金在第 k 年末的累积值为 $Ds_{\overline{k}|j}$。譬如，在第 3 年末的累积值为

$$A_3 = 17\ 739.64 \times s_{\overline{3}|0.06}$$
$$= 17\ 739.64 \times \frac{1.06^3 - 1}{0.06} = 56\ 475.92(\text{元})$$

(4) 每年末未偿还的本金余额可以应用式（5.10）求得。譬如，第 3 年末未偿还的本金余额为

$$L_3 = 100\ 000 - 17\ 739.64 \times s_{\overline{3}|0.06}$$
$$= 100\ 000 - 17\ 739.64 \times \frac{1.06^3 - 1}{0.06} = 43\ 524.08(\text{元})$$

其他计算结果如表 5-5 所示。

表 5-5　偿债基金表（偿债基金的利率与贷款利率相等）　　单位：元

年份	每年末支付的总金额	支付当年利息	向偿债基金的储蓄额	偿债基金的累积值	偿债基金产生的利息	未偿还的本金余额
0						100 000.00
1	23 739.64	6 000	17 739.64	17 739.64	0.00	82 260.36
2	23 739.64	6 000	17 739.64	36 543.66	1 064.38	63 456.34
3	23 739.64	6 000	17 739.64	56 475.92	2 192.62	43 524.08
4	23 739.64	6 000	17 739.64	77 604.11	3 388.56	22 395.89
5	23 739.64	6 000	17 739.64	100 000.00	4 656.25	0.00

在 EXCEL 中计算表 5-5 时，只需应用有关公式求出第一年的数值，后面各年的数值可以选中第一年的数值后，下拉右下角的黑色十字求得。

比较表 5-4 和表 5-5 可知，借款人在两种方法下每年的付款总额相等，均为 23 739.64 元，验证了当偿债基金的利率与贷款利率相等时，偿债基金法等价于分期偿还法。

【例 5—11】　有两笔贷款的本金均为 10 000 元，期限均为 5 年，但偿还方式不同。第一笔贷款采用偿债基金法偿还，贷款利率为 6%，偿债基金利率为 5%。第二笔贷款采用等额分期法偿还。当第二笔贷款的利率为多少时，两笔贷款对借款人而言是等价的？

【解】无论选择哪一笔贷款，如果借款人在每年末都要支付相等的金额，就可以认为两笔贷款对借款人而言是等价的。

对于第一笔贷款，借款人在每年末需要支付的总金额为

$$R_1 = I + D = iL_0 + \frac{L_0}{s_{\overline{n}|j}} = 10\ 000 \times 0.06 + 10\ 000 \times \frac{1.05^5 - 1}{0.05} = 2\ 409.75(\text{元})$$

对于第二笔贷款，假设其利率为 r，则借款人在每年末需要支付的总金额为

$$R_2 = \frac{10\ 000}{a_{\overline{5}|r}} = 10\ 000 \times \frac{r}{1-(1+r)^{-5}}$$

令 $R_1 = R_2$，则有

$$2\,409.75 = 10\,000 \times \frac{r}{1-(1+r)^{-5}}$$

解上述方程，即可求得使上述两笔贷款等价的分期偿还利率为

$$r = 6.552\%$$

可见，等额分期偿还利率高于偿债基金法中的贷款利率。

例 5—11 的问题还可以应用下述的近似公式求解。假设贷款利率为 i，偿债基金的利率为 j，则与偿债基金法等价的分期偿还利率 r 可近似表示为

$$r = i + 0.5 \times (i - j) \tag{5.13}$$

上式表明，分期偿还法中的等价利率大于偿债基金法中的贷款利率，这是因为，在偿债基金法中，偿债基金的利率低于贷款利率，这使得偿债基金中的每 1 元钱要损失 $(i-j)$ 元的利息。如果贷款本金为 1 元，那么偿债基金的平均余额近似为 0.5 元，因此在本金为 1 元的贷款中，偿债基金所产生的利息损失近似为 $0.5\times(i-j)$，将其与贷款本身所产生的利息 i 相加，即可得到分期偿还法中 1 元贷款所产生的利息为 $i+0.5\times(i-j)$。

譬如在例 5—11 中，近似的等价利率为

$$r=0.06+0.5\times(0.06-0.05)=6.5\%$$

从前面的讨论中可以看出，分期偿还法和偿债基金法的主要区别是：它们对已经偿还的本金采用不同的计息方式。在分期偿还法中，已经偿还的本金是按贷款利率计息的；而在偿债基金法中，已经偿还的本金（即偿债基金的累积值）是按偿债基金的利率计息的。当偿债基金的利率与贷款利率相同时，偿债基金法就等价于分期偿还法。

5.3 变额分期偿还

变额分期偿还是指借款人每次偿还的金额不等。假设贷款本金为 L_0，每期末偿还的金额为 R_t $(t=1, 2, \cdots, n)$，则有

$$L_0 = \sum_{t=1}^{n} v^t R_t \tag{5.14}$$

在等额分期偿还法中，借款人每期偿还的本金逐期递增，支付的利息逐期递减，一增一减，使得借款人每期偿还的总金额（即本金和利息之和）是一个常数。变额分期偿还方法可以多种多样，其中最为常见的一种是所谓的等额本金偿还法，即借款人每期偿还相等的本金。在等额本金偿还法中，借款人每期偿还的本金虽然相等，但未偿还的本金余额和支付的利息金额都是逐期递减的，这使得借款人每期偿还的总金额也是逐期递减的。

在变额分期偿还法中，有可能出现的一种异常情况是，借款人当期偿还的总金额还不足以支付当期的应付利息。譬如，按照期初的未偿还的本金余额和贷款利率计算，借款人当期应该支付的利息是 1 000 元，但当期实际偿还的总金额只有 900 元。在这种情况下，相当于借款人又增加了 100 元的贷款本金。对此类问题的正确处理方法可参见本节后面的例题。

【例 5—12】 借款人从银行获得一笔贷款，期限为 5 年，年实际利率为 6%。根据还款计划，借款人在每年末的偿还金额依次为 20 000 元、18 000 元、16 000 元、14 000 元、12 000 元。(1) 贷款本金为多少？(2) 在第 3 年末偿还的总金额中，偿还的本金和支付的利息分别为多少？

【解】 每年末的偿还金额形成一个变额年金序列，它可以分解为 10 000 元项等额年金(每年末支付 1 元) 和 2 000 元项递减年金的和，如表 5－6 所示。

表 5－6 年金的分解 单位：元

时期	0	1	2	3	4	5
偿还金额		20 000	18 000	16 000	14 000	12 000
10 000 元项等额年金		1	1	1	1	1
2 000 元项递减年金		5	4	3	2	1

贷款本金等于上述年金的现值之和，即

$$L_0 = 10\,000 \times a_{\overline{5|}} + 2\,000 \times (Da)_{\overline{5|}}$$

$$= 10\,000 \times a_{\overline{5|}} + 2\,000 \times \frac{5 - a_{\overline{5|}}}{0.06} = 68\,377.33(\text{元})$$

其中，

$$a_{\overline{5|}} = \frac{1 - 1.06^{-5}}{0.06} = 4.212\,4$$

第 2 年末（即第 3 年初）未偿还的本金余额为（用将来法计算）

$$L_2 = 10\,000 \times a_{\overline{3|}} + 2\,000 \times (Da)_{\overline{3|}}$$

$$= 10\,000 \times a_{\overline{3|}} + 2\,000 \times \frac{3 - a_{\overline{3|}}}{0.06} = 37\,630(\text{元})$$

其中，

$$a_{\overline{3|}} = \frac{1 - 1.06^{-3}}{0.06} = 2.673\,0$$

因此，第 3 年末应该支付的利息为

$$I_3 = iL_2 = 0.06 \times 37\,630 = 2\,257.80(\text{元})$$

第 3 年末偿还的本金为

$$P_3 = R_3 - I_3 = 16\,000 - 2\,257.8 = 13\,742.20(\text{元})$$

【例 5—13】 一笔 100 000 元的贷款，期限为 5 年，年实际利率为 5%，每年末偿还 20 000 元本金。请构造分期偿还表。

【解】 第 1 年应该支付的利息为：100 000×0.05 =5 000（元）

第 1 年偿还的总金额为：20 000+5 000 =25 000（元）

第 1 年末（即第 2 年初）的本金余额为：100 000－20 000 =80 000（元）

第 2 年支付的利息为：80 000×0.05 =4 000（元）

第 2 年偿还的总金额为：20 000+4 000 =24 000（元）

依此类推，其他各年的计算结果如表 5－7 所示。

表 5-7 等额本金分期偿还表

单位：元

年份	每年末的偿还金额	支付当年利息	偿还本金	未偿还的本金余额
0				100 000
1	25 000	5 000	20 000	80 000
2	24 000	4 000	20 000	60 000
3	23 000	3 000	20 000	40 000
4	22 000	2 000	20 000	20 000
5	21 000	1 000	20 000	0

【例 5—14】 一笔 100 000 元的贷款，贷款的年实际利率为 10%，期限为 6 年，每年末偿还一次，每次的偿还金额以 50%的增长率递增。请构造分期偿还表。

【解】本例的偿还金额构成了一个复递增年金，年金的增长率为 $r=50\%$。假设第 1 年末的偿还金额为 R_1，则应用第 3 章的复递增年金公式（3.15），有

$$R_1\times\frac{a_{\overline{n}|j}}{1+r}=100\ 000$$

式中，

$$j=\frac{i-r}{1+r}=\frac{0.1-0.5}{1+0.5}=-0.266\ 7$$

$$a_{\overline{6}|j}=\frac{1-(1+j)^{-6}}{j}=20.361\ 4$$

由此可得

$$R_1=7\ 366.87(\text{元})$$

第 1 年末应该支付的利息为

$$I_1=100\ 000\times0.1=10\ 000\ (\text{元})$$

显然，第 1 年末偿还的总金额 7 366.87 元还不足以支付当年的应付利息 10 000 元，亦即出现了负偿还，这样就增加了未偿还的本金余额。第 1 年末偿还的本金（即负偿还金额）为

$$P_1=R_1-I_1=7\ 366.87-10\ 000=-2\ 633.13\ (\text{元})$$

第 1 年末偿还的本金为负值，这就意味着增加了本金，所以第 1 年末未偿还的本金余额将会增加，即为

$$L_1=L_0-P_1=10\ 000+2\ 633.13=102\ 633.13\ (\text{元})$$

第 2 年末应该支付的利息为

$$I_2=iL_1=0.1\times102\ 633.13=10\ 263.31\ (\text{元})$$

借款人在第 2 年末偿还的总金额为

$$R_2=1.5R_1=1.5\times7\ 366.87=11\ 050.31\ (\text{元})$$

所以，第 2 年偿还的本金为

$$P_2=R_2-I_2=11\ 050.31-10\ 263.31=787.00\ (\text{元})$$

第 2 年末未偿还的本金余额为

$$L_2=L_1-P_2=102\ 633.13-787.00=101\ 846.13\ (\text{元})$$

依此类推，其他各年的计算结果如表 5-8 所示。

表 5-8 变额分期偿还表

单位：元

年份	每年末的偿还金额	支付当年利息	偿还本金	未偿还本金余额
0				100 000.00
1	7 366.87	10 000.00	−2 633.13	102 633.13
2	11 050.31	10 263.31	787.00	101 846.13
3	16 575.46	10 184.61	6 390.85	95 455.28
4	24 863.20	9 545.53	15 317.67	80 137.61
5	37 294.80	8 013.76	29 281.03	50 856.57
6	55 942.19	5 085.66	50 856.54	0.04

注：最后结果有 0.04 元的舍入误差。

5.4 变额偿债基金

在等额偿债基金法中，借款人每期末向偿债基金储蓄的金额相等。所谓的变额偿债基金，是指借款人每期末向偿债基金储蓄的金额是变化的。

假设贷款本金为 L_0，贷款利率为 i，则借款人在每期末支付的利息是常数，为 iL_0。由于借款人每期末支付的总金额由两部分构成：一部分是当期的利息，另一部分是向偿债基金储蓄的金额，因此，当每期支付的利息为常数时，唯一可变的量就是向偿债基金储蓄的金额。假设借款人在第 t 期末支付的总金额为 $R_t\ (t=1,2,\cdots,n)$，则在第 t 期末向偿债基金储蓄的金额为 R_t-iL_0。偿债基金在第 n 期末的累积值应该等于贷款本金 L_0，用 j 表示偿债基金的利率，则有

$$L_0=\sum_{t=1}^{n}(R_t-iL_0)(1+j)^{n-t}$$
$$=\sum_{t=1}^{n}R_t(1+j)^{n-t}-iL_0s_{\overline{n}|j}$$

从上式即可求得贷款本金 L_0 的表达式为

$$L_0=\frac{\sum_{t=1}^{n}R_t(1+j)^{n-t}}{1+is_{\overline{n}|j}} \tag{5.15}$$

式（5.15）经变形，即可得到贷款本金 L_0 的另一种表达形式：

$$L_0=\frac{\sum_{t=1}^{n}R_t(1+j)^{-t}}{1+(i-j)a_{\overline{n}|j}} \tag{5.16}$$

证明：将式（5.15）的分子和分母分别乘以 $(1+j)^{-n}$，可得

$$L_0=\frac{\sum_{t=1}^{n}R_t(1+j)^{n-t}}{1+is_{\overline{n}|j}}$$
$$=\frac{\sum_{t=1}^{n}R_t(1+j)^{n-t}(1+j)^{-n}}{(1+j)^{-n}+is_{\overline{n}|j}(1+j)^{-n}}$$

$$= \frac{\sum_{t=1}^{n} R_t (1+j)^{-t}}{(1-ja_{\overline{n}|j}) + ia_{\overline{n}|j}}$$

$$= \frac{\sum_{t=1}^{n} R_t (1+j)^{-t}}{1+(i-j)a_{\overline{n}|j}}$$

在式（5.16）中，分子表示借款人所有的偿还额按偿债基金利率计算的现值。如果偿债基金的利率与贷款利率相等，即 $j=i$，则有

$$L_0 = \sum_{t=1}^{n} v^t R_t$$

这就是式（5.14）所示的结果。

与分期偿还法一样，如果借款人当期支付的总金额小于当期的应付利息，则他向偿债基金储蓄的金额就变为负值。此时，未偿还的本金余额就会增加，而不是减少。

【例5—15】 假设借款人从银行获得一笔贷款，期限为5年，年实际利率为8%。借款人用偿债基金法偿还，每年末支付的总金额（包括当期的利息和向偿债基金储蓄的金额两部分）依次为20 000元、18 000元、16 000元、14 000元、12 000元，偿债基金的年实际利率为7%。贷款本金为多少？

【解】 借款人在每年末的偿还金额构成了一个变额年金序列，它可以分解为10 000元项等额年金（每年末支付1元）和2 000元项递减年金（每年末的付款金额依次为5元、4元、3元、2元、1元）。应用式（5.16）可知，贷款本金为

$$L_0 = \frac{\sum_{t=1}^{n} R_t (1+j)^{-t}}{1+(i-j)a_{\overline{n}|j}}$$

$$= \frac{10\ 000 \times a_{\overline{5}|0.07} + 2\ 000 \times (Da)_{\overline{5}|0.07}}{1+(0.08-0.07) \times a_{\overline{5}|0.07}}$$

$$= \frac{10\ 000 \times a_{\overline{5}|0.07} + \dfrac{2\ 000 \times (5-a_{\overline{5}|0.07})}{0.07}}{1+(0.08-0.07) \times a_{\overline{5}|0.07}}$$

$$= 64\ 083.04(\text{元})$$

式中，

$$a_{\overline{5}|0.07} = \frac{1-(1+0.07)^{-5}}{0.07} = 4.100\ 2$$

本例的偿债基金表如表5-9所示。

表5-9 变额偿债基金表 单位：元

年份	每年末支付的总金额	支付当年利息	向偿债基金储蓄的金额	偿债基金的累积值	未偿还的本金余额
0					64 083.04
1	20 000	5 126.64	14 873.36	14 873.36	49 209.68
2	18 000	5 126.64	12 873.36	28 787.85	35 295.19

续表

年份	每年末支付的总金额	支付当年利息	向偿债基金储蓄的金额	偿债基金的累积值	未偿还的本金余额
3	16 000	5 126.64	10 873.36	41 676.35	22 406.69
4	14 000	5 126.64	8 873.36	53 467.06	10 615.98
5	12 000	5 126.64	6 873.36	64 083.11	−0.07

注：最后结果有−0.07 元的舍入误差。

【例 5—16】 假设一笔贷款的期限为 5 年，用偿债基金法偿还，贷款利率为 10%，偿债基金利率为 8%。如果借款人每年末偿还的总金额（包括支付当期利息和向偿债基金储蓄的金额）分别为 100 万元、200 万元、300 万元、400 万元、500 万元，贷款本金应为多少？

【解】 假设贷款本金为 L_0，则借款人每年末支付的利息为 $0.1L_0$，每年末向偿债基金储蓄的金额分别为 $100-0.1L_0$、$200-0.1L_0$、$300-0.1L_0$、$400-0.1L_0$、$500-0.1L_0$。在贷款到期时，偿债基金的累积值应该等于贷款本金。借款人向偿债基金储蓄的金额形成了一个变额年金序列，可以分解成 100 万元项递增年金和 $0.1L_0$ 万元项等额年金之差，故有

$$100\times(Is)_{\overline{5}|0.08}-0.1\times L_0\times s_{\overline{5}|0.08}=L_0 \tag{5.17}$$

从上式可以求得贷款本金为

$$L_0=\frac{100\times(Is)_{\overline{5}|0.08}}{1+0.1\times s_{\overline{5}|0.08}}=1\ 052.45(\text{万元})$$

式中，

$$s_{\overline{5}|0.08}=\frac{1.08^5-1}{0.08}=5.866\ 6$$

$$\ddot{s}_{\overline{5}|0.08}=\frac{1.08^5-1}{\dfrac{0.08}{1.08}}=6.335\ 9$$

$$(Is)_{\overline{5}|0.08}=\frac{\ddot{s}_{\overline{5}|0.08}-5}{0.08}=16.698\ 8$$

若按此本金计算，借款人第 1 年末的应付利息为 105.25 万元，而他偿还的总金额仅为 100 万元，这就意味着借款人在第 1 年末向偿债基金储蓄的金额为 0，并从偿债基金中取出了 5.25 万元，相当于借款人以 8%的利率获得了 5.25 万元的贷款，低于原贷款计划中 10%的贷款利率。

借款人从偿债基金中取出资金相当于增加了贷款本金，理应按照 10%的贷款利率计息，即将其本金化。但在式（5.17）中，第 1 年末向偿债基金的负储蓄（即 $100-0.1L_0=-5.25$ 万元），其是按照 8%的偿债基金利率计息的，并没有按照 10%的贷款利率计息，所以由此式求得的贷款本金不够准确。

假设准确的贷款本金为 L'_0，则第 1 年末未偿还的本金余额为

$$L_1=1.1L'_0-100 \tag{5.18}$$

上式右边的第一项是贷款本金的累积值，从中减去借款人偿还的 100 万元，即可得到第 1 年末未偿还的本金余额。

基于式（5.17）求得的贷款本金会导致借款人在第1年末向偿债基金储蓄的金额为0，所以偿债基金只能从第2年末开始积累，也就是说，第1年末未偿还的本金余额应该在今后的4年由偿债基金积累。在今后4年（即第2～5年），借款人每年末向偿债基金储蓄的金额分别为：$200-0.1L_1$、$300-0.1L_1$、$400-0.1L_1$、$500-0.1L_1$。

这些储蓄额在第5年末的累积值应该等于L_1，即有

$$100\times(Is)_{\overline{4}|0.08}+(100-0.1L_1)\times s_{\overline{4}|0.08}=L_1 \tag{5.19}$$

上式左边是偿债基金的累积值，第一项表示100万元项递增年金的累积值，第二项表示（$100-0.1L_1$）万元项等额年金的累积值，这两项年金之和就是借款人在第2年末至第5年末向偿债基金储蓄的金额。

由式（5.19）可以求得第1年末未偿还的本金余额为

$$L_1=\frac{100\times(Is)_{\overline{4}|0.08}+100\times s_{\overline{4}|0.08}}{1+0.1\times s_{\overline{4}|0.08}}=1\ 057.39(\text{万元})$$

式中，

$$s_{\overline{4}|0.08}=\frac{1.08^4-1}{0.08}=4.506\ 1$$

$$\ddot{s}_{\overline{4}|0.08}=\frac{1.08^4-1}{\frac{0.08}{1.08}}=4.866\ 6$$

$$(Is)_{\overline{4}|0.08}=\frac{\ddot{s}_{\overline{4}|0.08}-4}{0.08}=10.832\ 5$$

把$L_1=1\ 057.39$代入式（5.18），可以反推出准确的贷款本金为

$$L_0'=\frac{L_1+100}{1.1}=1\ 052.17(\text{万元})$$

本例的偿债基金表如表5-10所示。在应用EXCEL计算时，首先需要求得第2年的值，然后才能通过下拉单元格得到其他各年的有关结果。借款人在第1年末偿还的总金额为100万元，全部用于支付当年利息，所以向偿债基金储蓄的金额为0，偿债基金的累积值也为0。第1年末未偿还的本金余额由式（5.19）求得，为1 057.39万元。从第2年开始，用第1年末未偿还的本金余额乘以贷款利率，可以求得各年的利息金额为105.74万元，从每年偿还的总金额中减去当年的利息，即可得到向偿债基金储蓄的金额。偿债基金的储蓄额按照8%的偿债基金利率累积，贷款到期时正好等于第1年末未偿还的本金余额。

表5-10 算术级数增长的变额偿债基金表 单位：万元

年份	每年末偿还的总金额	支付当年利息	向偿债基金储蓄的金额	偿债基金的累积值	未偿还的本金余额
0					1 052.17
1	100.00	100.00	0	0	1 057.39
2	200.00	105.74	94.26	94.26	964.43
3	300.00	105.74	194.26	296.06	762.23
4	400.00	105.74	294.26	614.01	443.85
5	500.00	105.74	394.26	1 057.39	0

本例的结果表明，在变额偿债基金中，当第1年出现负储蓄时，应该将负储蓄本金化。这种情况最有可能出现在偿还金额递增的变额偿债基金中。需要特别注意的是，在这种情况下建立价值方程，要确保借款人向偿债基金的负储蓄按照贷款利率计息，而不是按照偿债基金的利率计息。回顾例5—16可知，在变额分期偿还法中也有可能出现负偿还的情况，但在建立价值方程时，负偿还可以等同于正偿还处理。

【例5—17】 一笔贷款的年实际利率为10%，期限为6年。借款人用偿债基金法偿还，偿债基金的年利率为8%。借款人第1年末偿还的总金额（包括支付当期利息和向偿债基金储蓄的金额）为1万元，以后各年以50%的增长率递增。贷款本金是多少？

【解】 假设贷款本金为 L_0，借款人每年末向偿债基金储蓄的金额分别为：$1-0.1L_0$、$1.5-0.1L_0$、$1.5^2-0.1L_0$、$1.5^3-0.1L_0$、$1.5^4-0.1L_0$、$1.5^5-0.1L_0$。

上述储蓄额形成的现金流可以分解为1万元项期末付复递增年金和 $0.1L_0$ 万元项等额年金，它们的累积值应该等于贷款本金，即有

$$F_1-0.1L_0\times s_{\overline{6}|0.08}=L_0 \tag{5.20}$$

式中，F_1 表示复递增年金的累积值，$0.1L_0\times s_{\overline{6}|0.08}$ 表示等额年金的累积值。

应用式（3.15），期末付复递增年金的累积值为

$$F_1=\frac{a_{\overline{6}|j}}{1+0.5}\times(1+0.08)^6=23.342\ 3(\text{万元})$$

式中，

$$j=\frac{0.08-0.5}{1+0.5}=-0.28$$

$$a_{\overline{6}|j}=\frac{1-(1+j)^{-6}}{j}=22.064\ 4$$

因此，由式（5.20）可以求得贷款本金为

$$L_0=\frac{F_1}{1+0.1s_{\overline{6}|0.08}}=13.464\ 7(\text{万元})$$

式中，

$$s_{\overline{6}|0.08}=\frac{1.08^6-1}{0.08}=7.335\ 9$$

上述贷款本金若按10%的贷款利率计算，借款人第1年末的应付利息为1.346 5万元，大于借款人第1年末偿还的总金额1万元，这就意味着借款人从偿债基金中取出了0.346 5万元，即增加了0.346 5万元的贷款本金，这部分本金理应按贷款利率计息，但在式（5.20）中，仍然按照偿债基金的利率计息，所以基于式（5.20）求得的贷款本金是不准确的。换言之，在本例中，偿债基金法不能直接应用于初始的贷款本金，因为借款人在第1年末向偿债基金储蓄的金额为0。下面考虑从第2年开始建立偿债基金，即借款人从第2年末开始向偿债基金储蓄，并要求偿债基金在贷款到期时的累积值等于第1年末未偿还的本金余额。

假设准确的贷款本金为 L'_0，则第1年末未偿还的本金余额为

$$L_1=1.1L'_0-1 \tag{5.21}$$

借款人从第2年末到第6年末向偿债基金储蓄的金额分别为 $1.5-0.1L_1$、$1.5^2-0.1L_1$、$1.5^3-0.1L_1$、$1.5^4-0.1L_1$、$1.5^5-0.1L_1$。

这些储蓄额形成的现金流可以分解为1.5万元项递增年金和$0.1L_1$万元项等额年金，它们在第6年末的累积值应该等于第1年末未偿还的本金余额，即有

$$1.5\times F_2-0.1L_1\times s_{\overline{5}|0.08}=L_1 \tag{5.22}$$

式中，F_2表示复递增年金的累积值，$0.1L_1\times s_{\overline{5}|0.08}$表示等额年金的累积值。

应用式（3.15），复递增年金的累积值为

$$F_2=\frac{a_{\overline{5}|j}}{1+0.5}(1+0.08)^5=14.5820(\text{万元})$$

式中，

$$j=\frac{0.08-0.5}{1+0.5}=-0.28$$

$$a_{\overline{5}|j}=\frac{1-(1+j)^{-5}}{j}=14.8864$$

把F_2代入式（5.22），可以求得第1年末未偿还的本金余额为

$$L_1=\frac{1.5\times F_2}{1+0.1\times s_{\overline{5}|0.08}}=13.7856(\text{万元})$$

式中，

$$s_{\overline{5}|0.08}=\frac{1.08^5-1}{0.08}=5.8666$$

再由式（5.21）可以反推出准确的贷款本金为

$$L_0'=\frac{L_1+1}{1.1}=13.4415(\text{万元})$$

本例的变额偿债基金表如表5-11所示。在应用EXCEL求解时，首先需要求得第2年的数值，然后才能通过下拉单元格求得其他各年的结果。在第1年末，借款人偿还的总金额为1万元，全部用于支付当年的利息，所以向偿债基金储蓄的金额为0，偿债基金的累积值也为0，未偿还的本金余额为13.7856万元。从第2年开始，每年末偿还的总金额按50%的增长率增长，结果如表5-11的第二列所示，每年末支付的利息金额等于第1年末未偿还的本金余额与贷款利率的乘积，为1.3786万元。从借款人每年偿还的总金额中减去当年的利息，即可得到向偿债基金储蓄的金额。偿债基金的储蓄额按照8%的偿债基金利率累积，在贷款到期时正好等于第1年末未偿还的本金余额。

表5-11 几何级数增长的变额偿债基金表 单位：万元

年份	每年末偿还的总金额	支付当年利息	向偿债基金储蓄的金额	偿债基金的累积值	未偿还的本金余额
0					13.4415
1	1	1	0	0	13.7856
2	1.5000	1.3786	0.1214	0.1214	13.6642
3	2.2500	1.3786	0.8714	1.0026	12.7831
4	3.3750	1.3786	1.9964	3.0792	10.7064
5	5.0625	1.3786	3.6839	7.0095	6.7762
6	7.5938	1.3786	6.2152	13.7855	0.0002

注：最终结果有0.0002万元的舍入误差。

小结

贷款偿还的两种基本方法是分期偿还法和偿债基金法，又分别包括变额和等额两种具体方法。

1. 在等额分期偿还法中：

借款人每次偿还的总金额为

$$R=\frac{L_0}{a_{\overline{n|}}}$$

支付的利息为

$$I_k=iRa_{\overline{n-k+1|}}=R(1-v^{n-k+1})$$

偿还的本金为

$$P_k=Rv^{n-k+1}$$

未偿还的本金余额为

$$L_k=L_0(1+i)^k-Rs_{\overline{k|}}\quad（过去法）$$

$$L_k=Ra_{\overline{n-k|}}\quad（将来法）$$

在等额分期偿还法中，贷款期限越长，借款人支付的利息总额与贷款本金之比越大，而且该比率随着贷款期限的延长呈现出加速增长的态势。

2. 在等额偿债基金法中：

借款人每期支付的利息金额为

$$I=iL_0$$

向偿债基金储蓄的金额为

$$D=\frac{L_0}{s_{\overline{n|}j}}$$

未偿还的本金余额为

$$L_k=L_0-Ds_{\overline{k|}j}$$

3. 当偿债基金的利率与贷款利率相等时，等额偿债基金法与等额分期偿还法等价，即有下述关系式：

(1) $I+D=R$

(2) $D=R-iL_0$

(3) $L_0-Ds_{\overline{k|}i}=Ra_{\overline{n-k|}i}$

4. 在变额分期偿还法中，如果借款人的偿还金额是逐期递增的，就有可能出现负偿还的情况，即借款人偿还的总金额还不足以支付当期的利息。负偿还应该增加借款人未偿还的本金余额。

5. 在变额偿债基金法中，如果借款人的偿还金额是逐期递增的，亦即借款人向偿债基金储蓄的金额是逐期递增的，就有可能出现借款人向偿债基金储蓄的金额小于当期应付利息的情况。此时，借款人向偿债基金储蓄的金额为零，同时应该增加借款人未偿还的本金余额。

本章知识点的思维导图如下：

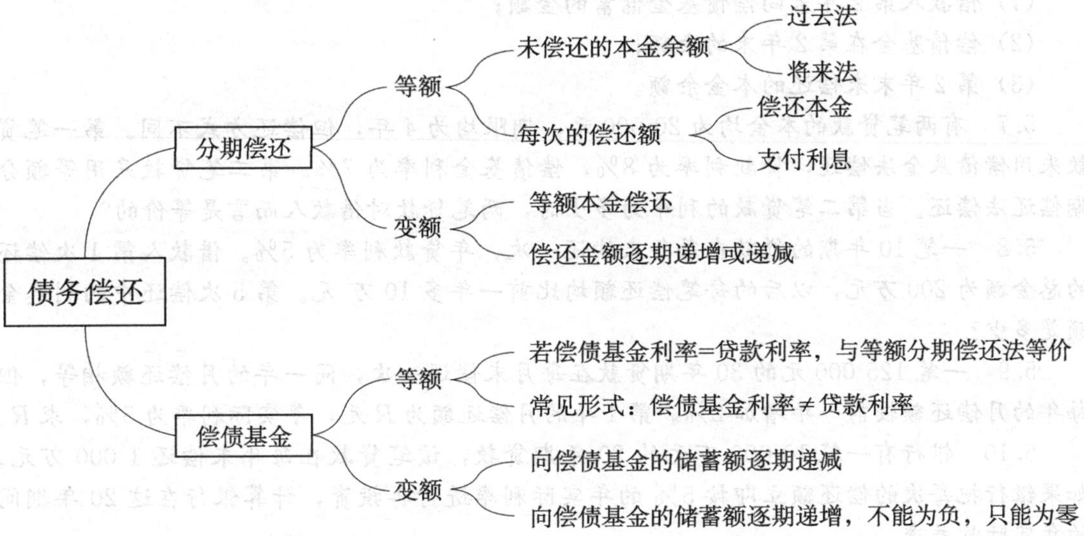

习题

5.1　一笔贷款在 n 年内等额分期偿还，每年末偿还一次，偿还金额为 X 元，$n>5$，且已知：

(1) 第1次还款额中的利息金额为604.00元。

(2) 第3次还款额中的利息金额为593.75元。

(3) 第5次还款额中的利息金额为582.45元。

计算 X。

5.2　一笔35年期的贷款用等额分期方偿还，每年末偿还一次。第8次还款额中的利息金额为135元。第22次还款额中的利息金额为108元。计算第29次还款额中的利息金额。

5.3　一笔100万元的30年期贷款，年实际利率为5%，以等额分期法偿还，每年末偿还一次。计算当年支付的利息金额最接近于偿还总金额 $\frac{1}{3}$ 的年份。

5.4　一笔10年期的贷款，在每年末偿还 R 元。已知：

(1) 在最初3年，偿还的本金金额总和为290.35元。

(2) 在最后3年，偿还的本金金额总和为408.55元。

在整个偿还期内，支付的利息金额为多少？

5.5　借款人需要偿还一笔1 000万元的贷款。借款人在第6年末开始第一次偿还，以后每年末等额偿还一次，在第15年末可以偿清这笔贷款（即一共偿还10次）。已知在第10年末的偿还结束后，未偿还的本金余额为908.91万元。计算借款人在第5年末未偿还的本金余额。

5.6　一笔20 000元的贷款，期限为4年，年实际利率为8%。借款人必须在每年末偿还1 600元的利息，并建立一笔偿债基金用于清偿贷款本金，偿债基金的利率与贷款利率相同。计算下列各项：

（1）借款人第 2 年末向偿债基金储蓄的金额；

（2）偿债基金在第 2 年末的余额；

（3）第 2 年末未偿还的本金余额。

5.7 有两笔贷款的本金均为 20 000 元，期限均为 4 年，但偿还方式不同。第一笔贷款采用偿债基金法偿还，贷款利率为 8%，偿债基金利率为 7%。第二笔贷款采用等额分期偿还法偿还。当第二笔贷款的利率为多少时，两笔贷款对借款人而言是等价的？

5.8 一笔 10 年期的贷款在每年末偿还一次，年贷款利率为 5%。借款人第 1 次偿还的总金额为 200 万元，以后的每笔偿还额均比前一年多 10 万元。第 5 次偿还中的利息金额是多少？

5.9 一笔 125 000 元的 30 年期贷款在每月末偿还一次，同一年的月偿还额相等，但每年的月偿还额较前一年增加 2%。第 1 年的月偿还额为 R 元，年实际利率为 5%，求 R。

5.10 银行有一笔 10 000 万元的 20 年期贷款，该笔贷款在每年末偿还 1 000 万元。如果银行把每次的偿还额立即按 5% 的年实际利率进行再投资，计算银行在这 20 年期间的年实际收益率。

5.11 借款人有一笔 55 000 元的抵押贷款，每月末偿还 500.38 元，共需偿还 n 年。每月复利一次的年名义利率为 i。借款人因故没有偿还第 1 次付款，但其余各次均按时偿还了。由于没有偿还第 1 次付款，故在第 n 年末还欠 3 077.94 元。计算利率 i。

5.12 借款人自 2000 年 1 月 1 日起，以年实际利率 5%偿还一笔 20 000 元的 30 年期贷款，每年末偿还一次。该借款人自 2010 年 1 月 1 日起又以年实际利率 7%偿还另一笔 10 000元的 20 年期贷款，也在每年末偿还一次。借款人在 2010 年末偿还的总金额中，偿还的本金是多少？

5.13 一笔 50 000 元的贷款分 10 次按年偿还。第一笔还款额 X 在贷款后的 6 个月末支付，以后每隔一年偿还一次，每次的还款额均为 $2X$。假设前 4.5 年的年实际利率是 5%，以后变为 3%。计算 X。

5.14 一笔 1 000 万元的贷款将以每月复利一次的年名义利率 12%计息，在 6 个月内的每月末分期偿还。前 3 次每次偿还 X，后 3 次每次偿还 $3X$。计算第 3 次偿还的本金金额与第 5 次支付的利息金额。

5.15 一笔 100 万元的 30 年期贷款将按月等额偿还，每月末偿还一次，每月复利一次的年名义利率为 X。在第 69 次的还款额中，利息金额占 94.473%。求 X。

5.16 一笔 1 000 万元的 30 年期贷款按年分期偿还，每年末偿还一次，年实际利率为 8%。前 10 次的偿还金额均等于应付利息，第 11～20 次的偿还金额等于应付利息的两倍，后 10 次的偿还金额等于 X。求 X 的值。

5.17 一笔 15 年期的贷款，年还款额为 1 000 元，年实际利率为 5%。在第 5 次还款之后调整了偿还方式。调整后，第 6 次的还款额为 800 元，第 7 次的还款额为 $(800+K)$ 元，以后每次的还款额均比前一次增加 K 元，偿还期限不变。求调整后的最后一次还款额。

5.18 两笔本金相等的 30 年期贷款，均以 8% 的利率按年分期偿还，每年末偿还一次。贷款 A 采用等额分期偿还。贷款 B 每期偿还的本金金额相等，同时根据未偿还的本金余额支付相应的利息。在第 t 年末，贷款 A 的偿还额首次超过贷款 B，求 t。

5.19 一笔8 000万元的10年期贷款按年分期偿还，每年末偿还一次，年利率为7%。偿还4次以后，借款人要求分4次偿还剩余的款项。新的偿还方式使贷款人在整个8年期获得了8%的年收益率。调整偿还方式以后，借款人每年的还款额增加了多少？

5.20 一笔100 000元的30年期贷款按下述方式偿还：

(1) 第1年末偿还X元。

(2) 后来的19年，每年末的偿还金额均比上一年增加100元。

(3) 在最后10年，每年的偿还额保持在前一年的水平不变。

假设年实际利率为5%，求X。

5.21 借款人从银行获得一笔贷款，期限为4年，年实际利率为8%。借款人用偿债基金法偿还，每年末支付的总金额（包括当期的利息和向偿债基金的储蓄两部分）依次为2 000元、3 000元、4 000元、5 000元，偿债基金的年实际利率为7%。贷款本金为多少？

第 6 章

债券价值分析

6.1 概　述

资产可以分为实际资产和金融资产。实际资产是指有形的实物资产，诸如土地、工厂和机器设备等生产性资产；金融资产是无形的虚拟资产，与实际资产所产生的收益相关，如货币、债券和股票等。一个机构的金融资产就是与它进行交易的另一个机构的金融负债。金融资产和金融负债通常称为金融工具。

在现实生活中，个人或企业都有可能出现资金盈余，也有可能出现资金短缺。资金短缺的一方需要通过出售债权或所有权进行融资，而资金盈余的一方则可以通过金融工具进行投资，为资金短缺的一方提供资金。金融市场（financial market）就是实现资金从盈余者向短缺者流动的市场。在金融市场上，通过金融工具，资金得以融通，金融交易得以进行。

金融市场可以从不同角度进行分类，这些分类概括了金融市场的基本结构和主要功能。譬如，金融市场可以分为债务市场和股权市场，它们分别代表了企业或个人可以从金融市场获得资金的两种方式。在债务市场上，借款人通过发行债券获得资金，而在股权市场上，企业通过发行股票获得资金。与债券持有人相比，股票持有人是对公司剩余权益的要求者，也就是说，公司必须首先偿还债券持有人，然后才对股票持有人进行支付。

金融市场也可以分为货币市场（money market）和资本市场（capital market），分别交易两种不同期限的金融工具。货币市场是交易短期债务工具（到期期限通常在 1 年以内）的金融市场。货币市场并不对货币进行交易，但在货币市场上交易的证券期限短、流动性高，与货币非常接近。资本市场是交易长期债务工具（到期期限通常在1年以上）或股权工具的金融市场。这两种市场适用于不同的投资者，譬如，企业和银行通常将临时性的盈余资金投资于货币市场以赚取利息收入，而养老金公司由于未来给付的现金流比较确定，会更多地参与长期债券市场的交易。

金融市场还可以分为一级市场（primary market）和二级市场（secondary market）。一级市场是发行新证券并将其出售给初始购买者的金融市场，通常在内部进行，公众并不熟知。在一级市场上，协助证券初始销售的金融机构是投资银行（investment bank）。二级市场是出售已发行证券的金融市场，如证券交易所。二级市场的主要功能是提供流动性和发现证券价格。没有流动性或流动性不足的证券很难吸引投资者。投资者在二级市场上的证券交易价格可以为一级市场上的证券定价提供参考依据。

随着金融市场的不断完善，出现了种类繁多的金融工具，如债券、股票和各种金融衍生工具等。本章主要介绍债券的定价原理。

债券（bond）是投资者向政府、公司或金融机构提供资金的债权债务合同，该合同载明了债券发行人在指定日期向债券持有人支付利息并在到期日偿还本金的承诺。债券的利率水平由债券市场来决定，是债券发行人支付的融资成本，即债券发行人为借入资金而支付的价格。

按照利息的支付方式不同，债券可以分为零息债券（zero-coupon bond）和附息债券（bond with coupons）两类。零息债券，又称贴现债券（discount bond），是一种以低于面值的贴现方式发行，到期时按面值偿还的债券。发行价格与面值的差额就是投资者获得的利息收入。附息债券是指事先确定息票率（coupon rate），每半年或1年按面值和息票率计算并支付一次利息的债券。附息债券的持有人不仅可以在债券到期时收回本金（面值），还可以定期获得固定的息票收入。息票收入是债券面值与息票率的乘积。

按债券到期时间的长短，债券可以分为短期债券、中期债券和长期债券。到期期限在1年以内的债券为短期债券；到期期限在10年以上的债券为长期债券；到期期限在1年以上10年以下的债券为中期债券。

按照债券发行主体不同，可以把债券分为国债、地方政府债券和公司债券。国债是由中央政府发行的债券，没有违约风险，利率相对较低。地方政府债券是由地方政府发行的债券，存在一定的违约风险。公司债券是由信誉度较高的大公司发行的债券，根据其违约风险可以分为担保债券、信用债券和垃圾债券。担保债券附有抵押品，违约风险较低；信用债券是仅以发行人的资信为基础发行的债券，存在一定的违约风险；垃圾债券（junk bond）是评级低于BBB等级的债券，被视为投机性债券，违约风险较高，通常有较高的预期收益率。

6.2　债券的定价原理

影响债券价格的因素很多，如市场利率、发行人的信誉、债券的特定条款和税收待遇等。本节将忽略其他影响因素，仅分析债券的理论价格与市场利率的关系。因此，债券的理论价格也就是债券未来息票收入的现值与到期偿还值的现值之和。

为方便起见，表 6-1 给出了本章使用的符号及其含义。

表 6-1　债券定价公式中的符号及其含义

P	债券的价格
i	债券的到期收益率（yield to maturity），即投资者购买债券并持有至债券到期日可以获得的收益率。也可以理解为市场利率或投资者购买债券所要求的收益率
F	债券的面值（face amount），即债券到期时支付给债券持有人的金额，也称为票面价值或到期值
C	债券到期时的偿还值（redemption value），通常等于债券的面值，即 $C=F$。但也有例外，譬如当债券提前赎回时，偿还值可能不等于债券的面值
r	债券的息票率（coupon rate），用于计算债券每次支付的息票收入
rF	债券每次支付的息票收入（coupon），等于息票率 r 与债券面值 F 的乘积
g	债券的修正息票率，它是债券的息票收入 rF 与到期偿还值 C 的比率，即 $g=\frac{rF}{C}$。债券的息票收入也可以表示为 gC，即 $gC=rF$
n	在债券的有效期内，息票的支付次数
i_c	债券的当期收益率（current yield），是息票收入与债券价格之比，即 $i_c=\frac{rF}{P}$，可以看作债券到期收益率 i 的近似结果。由于当期收益率易于计算，在财经媒体上使用较多。对于到期期限无穷大的债券（即永续债券），当期收益率等于到期收益率。对于到期期限较短（如 5 年以内）的债券，当期收益率与到期收益率的差距较大

债券的价格有不同的计算方法，最常见的是基本公式法，即债券价格等于未来息票收入的现值与到期偿还值的现值之和，其他计算方法是基本公式法的变形。

6.2.1　基本公式

从理论上讲，债券的价格应该等于债券未来现金流入的现值。债券的未来收益包括两部分，即周期性支付的息票收入和到期的偿还值，因此，债券的价格应该等于未来息票收入的现值与偿还值的现值之和，即债券定价的基本公式可以表示为

$$\begin{aligned} P &= \sum_{t=1}^{n} rF\cdot v^t + C\cdot v^n \\ &= rFa_{\overline{n}|} + Cv^n \end{aligned} \tag{6.1}$$

从式（6.1）可以看出，债券的价格与到期收益率成反比关系，也就是说，对于给定的债券，到期收益率越高，债券的价格越低。

对式（6.1）求关于 i 的一阶导数和二阶导数，可得

$$\frac{\mathrm{d}P}{\mathrm{d}i} = -\left(\sum_{t=1}^{n} rF\,t\,v^{t+1} + Cnv^{n+1}\right) < 0$$

$$\frac{\mathrm{d}^2P}{\mathrm{d}i^2} = \sum_{t=1}^{n} rF\,t(t+1)\,v^{t+2} + Cn(n+1)v^{n+2} > 0$$

一阶导数小于零，说明债券价格 P 是到期收益率 i 的减函数，到期收益率越高，债券的价格越低。

二阶导数又大于零，说明债券价格 P 是到期收益率 i 的凸函数（下凸），如图 6-1 所示。当到期收益率下降时，债券价格将以加速度上升；而当到期收益率上升时，债券价格将以减速度下降。债券的这种特性有利于投资者防范利率风险。

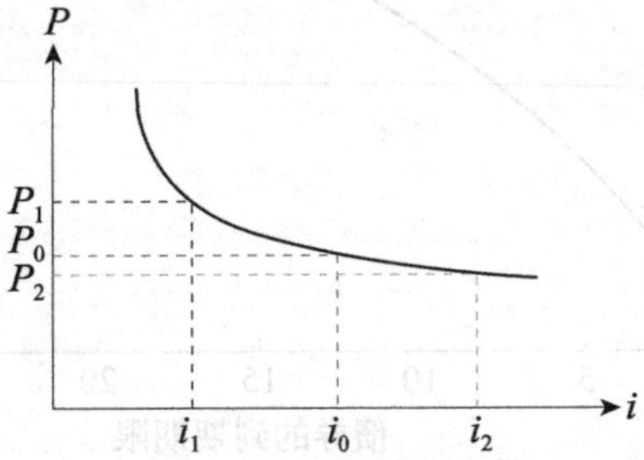

图 6-1　债券价格与到期收益率的关系

注意，对于可赎回债券，当到期收益率比较低时，债券价格对到期收益率的二阶导数将小于零，即债券价格是到期收益率的上凸函数。当到期收益率下降时，债券价格将以减速度上升；而当到期收益率上升时，债券价格将以加速度下降。这种债券对投资者是不利的。

从图 6-1 可以看出，当到期收益率从 i_0 上升到 i_2 时，债券价格的下降幅度为 P_0-P_2；当到期收益率从 i_0 下降到 i_1 时，债券价格的上升幅度为 P_1-P_0。显然，虽然到期收益率发生了同样幅度的变化，但它所导致的价格上升幅度大于价格下降幅度。

【例 6—1】　请证明：当债券的面值等于偿还值，且按面值发售时，债券的到期收益率等于息票率，即 $i=r$。

【解】 如果 $P=C=F$，则由债券定价的基本公式（6.1）可知

$$F=rFa_{\overline{n|}}+Fv^n$$

上式变形即可得到

$$r=\frac{1-v^n}{a_{\overline{n|}}}=i$$

【例 6—2】　假设债券的面值为 1 000 元，到期按面值偿还，年息票率为 9%，到期收益率为 10%。当债券的到期期限分别为 1 年、5 年、10 年、20 年和 30 年时，债券的当期收益率分别为多少？

【解】 债券每年末的息票收入为 90 元，应用债券定价的基本公式（6.1），当债券的到期期限为 1 年时，债券的价格为

$$P=90a_{\overline{1|}}+1\,000v=990.91(\text{元})$$

类似可以求得，在其他几种情况下，债券的价格分别为 962.09 元、938.55 元、914.86 元和 905.73 元。

用债券的息票收入 90 元除以上述债券价格，即得债券的当期收益率分别为 9.08%、9.35%、9.59%、9.84%和 9.94%。

可见，随着债券到期期限的延长，债券的当期收益率趋近于到期收益率 10%。图 6-2 给出了本例中债券的当期收益率随着债券到期期限的延长趋近于到期收益率的过程。

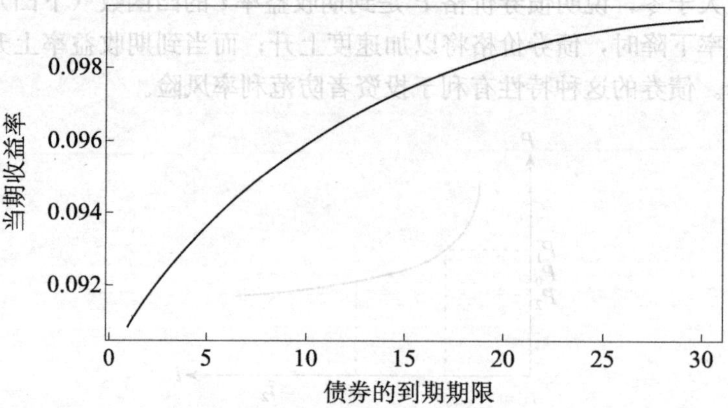

图 6-2　当期收益率的变化过程

【例 6—3】 请证明：当债券期限无穷大时，即当 $n\to\infty$ 时，当期收益率等于到期收益率，即 $i_c=i$。

【解】 在债券定价的基本公式（6.1）中，

当 $n\to\infty$ 时，有 $Cv^n\to 0$，$a_{\overline{n}|}\to\dfrac{1}{i}$，所以

$$P=\frac{rF}{i}$$

$$\Rightarrow i=\frac{rF}{P}=i_c$$

【例 6—4】 假设债券的偿还值等于面值，即 $C=F$。请证明当债券的价格等于其面值时，即当 $P=F$ 时，债券的当期收益率等于到期收益率，即 $i_c=i$。

【解】 由 $i_c=\dfrac{rF}{P}$ 和 $P=F$ 可得

$$i_c=r$$

在债券定价的基本公式（6.1）中，

令 $P=F$，$C=F$ 可得

$$1=ra_{\overline{n}|}+v^n$$

经变形有

$$i=r$$

当期收益率和到期收益率都等于息票率，故有

$$i_c=i$$

本例的结果表明，如果债券的偿还值等于面值，则当债券的价格等于其面值时，当期收益率和到期收益率都等于债券的息票率。由此可以归纳出当期收益率的一般特征：债券的价格越接近面值，且期限越长，当期收益率越接近到期收益率。

由债券定价的基本公式（6.1）可知，债券的到期收益率越高，债券的价格越低。而由当期收益率的定义可知，债券的价格越低，当期收益率越高。所以，当期收益率与到期收益率总是同向变化的。

应用 EXCEL 计算附息债券的价格时，可以使用 PRICE 函数。

给出债券的到期收益率，就可以应用债券定价的基本公式计算出债券的价格。反之，如果已知债券的价格，就可以通过下述方程求得债券的到期收益率：

$$P = rFa_{\overline{n|}} + Cv^n$$

在实际应用中，可以用 EXCEL 中的 YIELD 函数求解债券的到期收益率。

6.2.2 溢价公式

债券定价的基本公式经过适当变形，可以得到债券定价的溢价公式为：

$$P = C[1+(g-i)a_{\overline{n|}}] \tag{6.2}$$

证明： 将式（6.1）变形，有

$$\begin{aligned} P &= rFa_{\overline{n|}} + Cv^n \\ &= rFa_{\overline{n|}} + C(1-i\,a_{\overline{n|}}) \\ &= C+(rF-i\,C)a_{\overline{n|}} \\ &= C+(gC-i\,C)a_{\overline{n|}} \\ &= C[1+(g-i)a_{\overline{n|}}] \end{aligned}$$

在式（6.2）中，当债券的价格 P 超过其偿还值 C 时，就称债券按溢价出售，溢价为

$$\text{溢价} = C(g-i)a_{\overline{n|}} \tag{6.3}$$

从上式可以看出，当溢价为零时，修正息票率 g 将等于到期收益率 i。

当债券的价格 P 小于其偿还值 C 时，债券就按折价出售。折价事实上就是负的溢价。

债券的价格 P 可以看作投资者在购买债券时的投资余额。账面值（book value）是基于购买债券时的收益率计算的债券持有人在该债券上的投资余额，因此债券在购买日的账面值就是债券的价格，即债券在购买日的账面值为

$$V_0 = C[1+(g-i)a_{\overline{n|}}]$$

更一般地，债券在第 t 年末的账面值（投资余额）可以表示为

$$V_t = C[1+(g-i)a_{\overline{n-t|}}] \tag{6.4}$$

证明： 应用将来法，债券在第 t 年末的账面值就是其未来息票收入和偿还值在第 t 年末的现值，可以表示为

$$V_t = rFa_{\overline{n-t|}} + Cv^{n-t}$$

经过变形，上式可以用溢价公式表示为

$$\begin{aligned} V_t &= rFa_{\overline{n-t|}} + Cv^{n-t} \\ &= gCa_{\overline{n-t|}} + Cv^{n-t} \\ &= C[ga_{\overline{n-t|}} + 1 - i\,a_{\overline{n-t|}}] \\ &= C[1+(g-i)a_{\overline{n-t|}}] \end{aligned}$$

应用过去法，债券在第 t 年末的账面值就是债券的购买价格在第 t 年末的累积值减去已付息票收入在第 t 年末的累积值，即

$$V_t = P(1+i)^t - rFs_{\overline{t|}}$$

容易证明，应用过去法计算的账面值经过变形，等价于应用将来法计算的账面值：

$$V_t = P(1+i)^t - rFs_{\overline{t}|}$$
$$=(rFa_{\overline{n}|}+Cv^n)(1+i)^t - rFs_{\overline{t}|}$$
$$= rFa_{\overline{n-t}|}+Cv^{n-t}$$

账面值不同于债券的市场价值，它是基于固定的到期收益率计算的，不随市场利率的变化而变化。当债券按溢价发行时，投资者的账面值（实际投资余额）是逐期调整的，从期初的购买价 P，一直调整到偿还值 C。显然，当债券的溢价为零时，账面值将恒等于偿还值，即 $P=C$，此时没有必要逐期调整账面值。

债券在各期末的账面值存在递推关系，即上一期的账面值按照到期收益率 i 累积一个时期，再减去当期的息票收入，即可得到下一期的账面值：

$$V_t = V_{t-1}(1+i) - rF \tag{6.5}$$

账面值是债券持有人的实际投资余额，因此债券持有人应得的利息收入等于账面值与到期收益率的乘积。当债券的溢价为零时（即 $P=C$），修正息票率 g 等于到期收益率 i，债券的账面值恒等于 C，所以债券持有人每期应得的利息收入 iC 就等于息票收入 gC，即 $iC=gC$。

当债券的溢价不为零时，投资者在每期应得的利息收入不等于息票收入。此时，投资者在每期获得的息票收入可以分解为两部分：一部分是应得利息收入，一部分是对其溢价购买债券的分摊金额，即溢价分摊（amortization of premium）。换言之，溢价分摊等于息票收入减去投资者应得利息收入，而投资者应得利息收入等于上期末（即本期初）的账面值与到期收益率的乘积。譬如，投资者在第 t 期末可以获得的息票收入为 rF，而应得利息收入是期初账面值与到期收益率的乘积，故第 t 期的溢价分摊为 $rF - iV_{t-1}$。从式（6.5）可以看出，这个值正好等于上期末的账面值与本期末的账面值之差，即 $V_{t-1} - V_t$。如果用前述的溢价公式表示账面值，应用式（6.4），则溢价分摊也可以表示为

$$V_{t-1} - V_t = C(g-i)v^{n-t+1}$$

溢价分摊过程表示投资者在购买债券时支付的溢价金额将逐期分摊到息票收入中，从而使得投资者每期获得的息票收入超过其应得利息收入。在债券到期时，溢价金额将全部分摊完毕，债券的账面值将等于其偿还值。

对于折价出售的债券，上述结论仍然成立，因为折价可以被看作负的溢价，相应地，溢价分摊就变成了折价累积（accumulation of discount）。也就是说，投资者在购买债券时获得的折价金额将逐期从息票收入中得到累积，即投资者每期获得的息票收入将小于其应得利息收入。在债券到期时，折价金额累积完毕，债券的账面值将等于其偿还值。

【例 6—5】 债券的面值为 1 000 元，年息票率为 6%，期限为 3 年，到期按面值偿还。债券的到期收益率为 5%，计算债券的价格以及投资者在各年末的账面值。

【解】 债券的面值 F 等于偿还值 C，故修正息票率 g 等于息票率 r，均为 6%。应用溢价公式（6.2），容易求得债券的价格为

$$P = C[1+(g-i)a_{\overline{n}|}]$$
$$=1\,000\times\left[1+(0.06-0.05)\times\frac{1-1.05^{-3}}{0.05}\right]$$
$$=1\,027.23(\text{元})$$

债券的价格超过了到期偿还值，故该债券是按溢价发行的，溢价金额为 27.23 元。

投资者在购买债券时的账面值为 1 027.23 元，到期时的账面值为 1 000 元，账面值减少的金额就是债券的溢价。账面值是逐期减少的，每期减少的账面值称作溢价分摊。以第 1 年为例，溢价分摊的计算过程如下：

按照到期收益率 5%计算，投资者在第 1 年应该得到的利息收入为

1 027.23×0.05 =51.36 (元)

投资者在第 1 年实际获得的息票收入为

1 000×0.06 =60 (元)

投资者实际获得的息票收入超过应得利息收入的差额就是溢价分摊，用于减少投资余额（即账面值）。溢价分摊也可以看作对投资者支付溢价的利息补偿。

第 1 年的溢价分摊为

60−51.36 =8.64 (元)

从第 1 年初的账面值中减去第 1 年的溢价分摊金额，即可得到第 2 年初的账面值为

1 027.23−8.64 =1 018.59 (元)

依此类推，以后各年的溢价分摊和账面值如表 6 - 2 所示。在该表中，每年的账面值等于上一年的账面值减去当年的溢价分摊。

表 6 - 2　债券的溢价分摊和账面值　　单位：元

年份 (1)	实得息票收入 (2)	应得利息收入 (3)	溢价分摊 (4)=(2)−(3)	账面值 (5)
0				1 027.23
1	60.00	51.36	8.64	1 018.59
2	60.00	50.93	9.07	1 009.52
3	60.00	50.48	9.52	1 000.00
合计	180.00	152.77	27.23	

表 6 - 2 表明，溢价分摊之和正好等于债券的溢价。债券的溢价可以看作投资者在购买债券时多支付的一部分资金，也就是额外的投资额，这部分额外的投资额将逐期转化为对投资者的额外利息补偿，即实际息票收入超过应得利息收入的差额。换言之，溢价金额将逐期分摊到息票收入中，使得各期的息票收入大于应得利息收入。溢价金额转化为息票收入以后，额外的投资额将减少，因此投资者的账面值（即投资余额）也将相应减少。在债券到期时，债券的账面值将正好等于其偿还值。

【例 6—6】 债券的面值为 1 000 元，息票率为 6%，期限为 3 年，到期按面值偿还。债券的到期收益率为 8%，计算债券的价格以及投资者在各年末的账面值。

【解】 债券的面值等于偿还值，所以修正息票率等于息票率。应用溢价公式 (6.2)，容易求得债券的价格为

$$\begin{aligned} P &= C[1+(g-i)a_{\overline{n}|}] \\ &= 1\,000\times\left[1+(0.06-0.08)\times\frac{1-1.08^{-3}}{0.08}\right] \\ &= 948.46(\text{元}) \end{aligned}$$

债券的价格低于偿还值，表明该债券是按折价发行的，折价金额为 1 000−948.46 =

51.54元。按折价发行的债券，投资者在购买债券时的价格小于债券的到期偿还值，但在债券到期时，投资者仍然可以获得偿还值。

投资者初始的账面值是948.46元，债券到期时的账面值是1 000元，两者的差额就是债券的折价。账面值是逐期增加的，每期增加的账面值称作折价累积。以第1年为例，折价累积的计算过程如下：

投资者在第1年应该得到的利息收入是初始账面值与到期收益率的乘积，即

948.46×0.08 =75.88（元）

投资者在第1年实际获得的息票收入为

1 000×0.06 =60（元）

从应得利息收入中减去实际息票收入，即可得到第1年的折价累积为

75.88－60=15.88（元）

折价累积将增加投资者的账面值（即投资余额），所以第1年末（也就是第2年初）的账面值为

948.46+ 15.88 =964.34（元）

依此类推，以后各年的折价累积和账面值如表6-3所示。在该表中，每年的账面值等于上一年的账面值加上当年的折价累积。

表6-3　债券的折价累积和账面值　　单位：元

年份 (1)	实得息票收入 (2)	应得利息收入 (3)	折价累积 (4)=(3)－(2)	账面值 (5)
0				948.46
1	60.00	75.88	15.88	964.34
2	60.00	77.15	17.15	981.49
3	60.00	78.52	18.52	1 000.00
合计	180.00	231.55	51.55	

表6-3表明，每年的折价累积之和正好等于债券的折价。折价可以看作投资者在购买债券时节省的投资额。节省的投资额将通过每期的利息收入进行填补，也就是说，投资者每期应得的利息收入将分解为两部分，一部分通过息票收入直接支付给投资者，另一部分用于填补折价（即增加账面值），在债券到期时再通过偿还值支付给投资者。应得利息收入超过实际息票收入的部分用于填补节省的投资额（即折价），最终可以把初始的账面值增加到偿还值，所以称作折价累积。

折价等于负的溢价，所以折价累积也可以解释为负的溢价分摊。

6.2.3　基价公式

债券的基价是投资者为了获得与息票收入 rF 相等的周期性收益所必需的投资额。换言之，债券的基价 G 如果按收益率 i 投资，每期产生的利息收入将等于债券的息票收入，即 $iG=rF$。债券定价的基价公式可以表示为

$$P = G + (C - G)v^n \tag{6.6}$$

证明：由 $iG=rF$，债券定价的基本公式（6.1）可以变形为

$$
\begin{aligned}
P &= rFa_{\overline{n}|} + Cv^n \\
&= iGa_{\overline{n}|} + Cv^n \\
&= G(1-v^n) + Cv^n \\
&= G + (C-G)v^n
\end{aligned}
$$

对式（6.6）可以进行如下解释：投资者若将基价 G 按收益率 i 投资 n 年，每年末可以获得与息票收入 rF 相等的周期性收益（即 $iG=rF$），到期时还可以获得 G 元的偿还值（本金）。投资者若将 P 元用于购买 n 年期债券，每年末可以获得周期性息票收入 rF，到期时还可以获得 C 元的偿还值。由此可见，投资者购买债券可以在到期时多获得 $(C-G)$ 元的偿还值。这个偿还值的现值为 $(C-G)v^n$ 元，所以，投资者购买债券的价格 P 应该比基价 G 多支付 $(C-G)v^n$ 元。

应用债券的基价可以容易求得债券的到期收益率为

$$
\text{到期收益率}(i) = \frac{\text{息票收入}(rF)}{\text{债券的基价}(G)} \tag{6.7}
$$

【例 6—7】 假设债券的面值为 1 000 元，期限为 5 年，年息票率为 8%，每年末支付一次利息，到期时按面值偿还。如果债券的到期收益率为 9%，请应用基价公式计算债券的价格。

【解】 债券的基价 G 是为了获得与息票收入相等的收益而必需的投资额，即有

$$iG=rF$$

本例的基价为

$$G = \frac{80}{0.09} = 888.89(\text{元})$$

故有

$$
\begin{aligned}
P &= G + (C-G)v^n \\
&= 888.89 + (1\,000 - 888.89) \times 1.09^{-5} \\
&= 961.10(\text{元})
\end{aligned}
$$

6.2.4 Makeham 公式

Makeham 公式主要用于分期偿还债券的定价。令偿还值的现值为 $K = Cv^n$，则 Makeham 公式可以表示为

$$
P = \frac{g}{i}(C-K) + K \tag{6.8}
$$

证明： 由于息票收入 $rF=gC$，将其代入式（6.1）即可得到

$$
\begin{aligned}
P &= rFa_{\overline{n}|} + Cv^n \\
&= gC\frac{1-v^n}{i} + Cv^n \\
&= \frac{g}{i}(C - Cv^n) + Cv^n \\
&= \frac{g}{i}(C-K) + K
\end{aligned}
$$

在式（6.8）中，K 是债券偿还值 C 的现值，而债券的价格是偿还值的现值与息票收入的现值之和，所以 $\frac{g}{i}(C-K)$ 就是未来息票收入的现值。如果债券的修正息票率 g 与债券的到期收益率 i 相等，则息票收入的现值就成为 $(C-K)$，从而债券的价格 P 就等于债券的偿还值 C。

【例 6—8】 某债券的面值为 1 000 元，年息票率为 5%，从第 6 年末开始，发行人每年末偿还 205 元，直至第 10 年末还清。假设债券的到期收益率为 6%，计算该债券的价格。

【解】 这是一种分期偿还债券，该债券的现金流如表 6－4 所示。由于从第 6 年末开始，债券被分解成 5 次等额偿还，每次偿还 $\frac{1}{5}$，所以在计算下一期的息票收入时应该扣除已经偿还的面值。譬如在第 6 年末，面值被偿还 $\frac{1}{5}$ 以后，还剩余 800 元，所以第 7 年末的息票收入为 800×5% ＝40 元。以后各年依此类推。

表 6－4　分期偿还债券的息票收入和偿还值　　单位：元

年度	0	1	2	3	4	5	6	7	8	9	10
息票收入		50	50	50	50	50	50	40	30	20	10
偿还值							205	205	205	205	205

对于分期偿还债券，其价格的计算完全可以应用前面介绍的基本原理进行，对于本例的债券，如果到期收益率为 6%，则偿还值的现值为

$$205v^5 a_{\overline{5}|} = 205\times 1.06^{-5}\times\frac{1-1.06^{-5}}{0.06} = 645.28(\text{元})$$

未来息票收入的现值为

$$\begin{aligned}&50\times a_{\overline{5}|} + 10\times v^5\times (Da)_{\overline{5}|}\\ &= 50\times a_{\overline{5}|} + 10\times 1.06^{-5}\times\frac{5-a_{\overline{5}|}}{0.06}\\ &= 308.71(\text{元})\end{aligned}$$

式中，

$$a_{\overline{5}|} = \frac{1-1.06^{-5}}{0.06} = 4.212\,4$$

因此，上述债券的价格为

$$645.28+308.71=953.99\ (\text{元})$$

对于分期偿还债券，可以采用更加简便的方法计算其价格。譬如，首先可以将该债券分解为 5 种债券，其面值均为 200 元，偿还值均为 205 元，期限分别为 6 年、7 年、8 年、9 年和 10 年；然后计算每一种债券的价格后相加，即可得到原债券的价格。在计算每一种债券的价格时，应用式（6.8），即 Makeham 公式可以简化计算过程。

如果分解后的每种债券具有相同的修正息票率 g，则由 Makeham 公式（6.8）可知，第 $s(s=1，2，3，4，5)$ 种债券的价格可表示为

$$P_s = \frac{g}{i}(C_s - K_s) + K_s \tag{6.9}$$

式中，C_s 是第 s 种债券的偿还值，K_s 是第 s 种债券的偿还值的现值。

原债券的价格可表示为

$$P = \frac{g}{i}\left(\sum_{s=1}^{5} C_s - \sum_{s=1}^{5} K_s\right) + \sum_{s=1}^{5} K_s \tag{6.10}$$

应用式（6.10）的前提条件是：分解后的每种债券具有相同的修正息票率 g。这个条件通常能够得到满足，因为修正息票率是息票收入与偿还值的比率，而分期偿还债券一般采取等额分期偿还的方式，因此分解后的每种债券具有相同的面值和相同的偿还值。当原债券的息票率给定以后，分解后每种债券的修正息票率自然也就相等。

在例 6—8 中，由于每一种债券的面值均为 200 元，偿还值均为 205 元，原债券的息票率为 $r=5\%$，所以分解后每种债券的修正息票率均为

$$g = 200 \times 5\% \div 205 = 0.048\ 78$$

下面应用式（6.10）计算上述分期偿还债券的价格。分解后 5 种债券的偿还值之和为

$$\sum_{s=1}^{5} C_s = 205 \times 5 = 1\ 025(\text{元})$$

5 种债券的偿还值的现值之和为

$$\sum_{s=1}^{5} K_s = 205 v^5 a_{\overline{5}|} = 205 \times (1+0.06)^{-5} \times \frac{1-1.06^{-5}}{0.06} = 645.28(\text{元})$$

所以，原债券的价格为

$$\begin{aligned} P &= \frac{g}{i}\left(\sum_{s=1}^{5} C_s - \sum_{s=1}^{5} K_s\right) + \sum_{s=1}^{5} K_s \\ &= \frac{0.048\ 78}{0.06} \times (1\ 025 - 645.28) + 645.28 \\ &= 953.99(\text{元}) \end{aligned}$$

显然，应用式（6.10）计算分期偿还债券的价格要比应用基本公式简便得多。

更一般地，如果原债券可以分解为 n 个偿还值，分别为 C_s（$s=1, 2, \cdots, n$），偿还值的现值分别为 K_s（$s=1, 2, \cdots, n$）的债券之和，修正息票率为 g，那么原债券的价格可按下述公式计算：

$$P = \frac{g}{i}\left(\sum_{s=1}^{n} C_s - \sum_{s=1}^{n} K_s\right) + \sum_{s=1}^{n} K_s \tag{6.11}$$

式中，$\sum_{s=1}^{n} C_s$ 是上述 n 种债券的偿还值之和，$\sum_{s=1}^{n} K_s$ 是 n 种债券的偿还值的现值之和。

6.3 债券在任意时点上的价格和账面值

前一节讨论了债券在息票支付日期的价格和账面值，本节将讨论债券在相邻两个息票支付日期之间的价格和账面值。

6.3.1　债券的价格

为了便于说明，假设债券在上一个息票支付日期的价格为 P_0，在下一个息票支付日期的价格为 P_1，用 P_t 表示债券在这两个息票支付日期之间的价格（$0<t<1$），则它们之间的关系如图 6-3 所示。

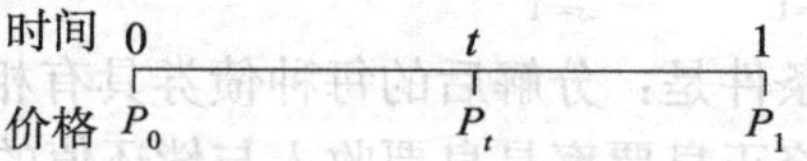

图 6-3　债券在两个息票支付日期之间的价格

【例 6—9】　请证明相邻两个息票支付日期的价格 P_0 和 P_1 存在下述关系：

$$P_1=(1+i)\times P_0-rF \tag{6.12}$$

【解】 式（6.12）的右边可以变形为

$$\begin{aligned}P_0(1+i)-rF&=(1+i)(rFa_{\overline{n}|}+Cv^n)-rF\\&=rF\ddot{a}_{\overline{n}|}+Cv^{n-1}-rF\\&=rF(1+a_{\overline{n-1}|})+Cv^{n-1}-rF\\&=rFa_{\overline{n-1}|}+Cv^{n-1}\\&=P_1\end{aligned}$$

式（6.12）表明，下一个息票支付日期的价格等于上一个息票支付日期的价格的累积值减去当期的息票收入。

应用债券定价的基本原理，P_t 应该等于未来息票收入在时间 t 的现值与到期偿还值在时间 t 的现值之和。未来息票收入与到期偿还值在时间 0 的现值为 P_0，所以在时间 t 的价值（即债券在时间 t 的价格）为

$$P_t=(1+i)^t\times P_0,\ 0<t<1 \tag{6.13}$$

注意，P_t 中包含在时间 1 到期的部分息票收入，而 P_1 不包含在时间 1 到期的息票收入，所以，当 $t=1$ 时，式（6.13）不成立。当 $t=1$ 时，P_0 和 P_1 之间的关系如式（6.12）所示。

债券在时间 t 的价格 P_t 也可以由 P_1 求得。P_1 中不包含在时间 1 到期的息票收入 rF，所以，未来息票收入与到期偿还值在时间 1 的价值为 $rF+P_1$，将其贴现 $1-t$ 年，即可得到债券在时间 t 的价格为

$$P_t=(1+i)^{t-1}\times(rF+P_1) \tag{6.14}$$

【例 6—10】　请证明，式（6.13）和式（6.14）是等价的。

【解】 将式（6.12）代入式（6.14），即可得到

$$\begin{aligned}P_t&=(1+i)^{t-1}\times(rF+P_1)\\&=(1+i)^{t-1}\times P_0\times(1+i)\\&=(1+i)^t\times P_0\end{aligned}$$

6.3.2　债券的账面值

债券的账面值是债券持有人的实际投资余额，等于债券的价格扣除应计息票收入。在

息票支付日，应计息票收入为零，所以账面值等于债券价格；在其他时点上，账面值等于债券价格减去应计息票收入。

假设债券的到期收益率为 i，债券在时间 0 的价格（等于账面值）为 P_0，则在时间 t $(0 < t < 1)$ 的价格为

$$P_t = (1+i)^t \times P_0$$

从此价格中扣除应计息票收入，即可得到在时间 t 的账面值 V_t 为

$$V_t = P_t - (rF)_t$$
$$= (1+i)^t P_0 - (rF)_t \tag{6.15}$$

式中，$(rF)_t$ 表示从时间 0 到时间 t 的应计息票收入，实际的息票收入只能在时间 1 领取。

从时间 0 到时间 1 的息票收入为 rF，如果按到期收益率 i 计算，则从时间 0 到时间 t 的应计息票收入可以分别按复利和单利两种方法计算：

若按复利计算，如果从时间 0 到时间 1 可以产生 rF 的息票收入，那么在时间 0 的本金应为 $\frac{rF}{i}$。这个本金到时间 t 的累积值为 $\frac{rF}{i}(1+i)^t$，从中扣除时间 0 的本金 $\frac{rF}{i}$，即可得到应计息票收入为

$$(rF)_t = \frac{rF}{i}[(1+i)^t - 1] \tag{6.16}$$

若按单利计算，如果从时间 0 到时间 1 可以产生 rF 的息票收入，则从时间 0 到时间 t 应计息票收入为

$$(rF)_t = trF \tag{6.17}$$

与应计息票收入的计算方法相对应，债券的账面值有下述三种计算方法：

（1）理论方法。

$$V_t = (1+i)^t \times P_0 - \frac{rF}{i}[(1+i)^t - 1] \tag{6.18}$$

在该方法中，账面值在时间 t $(0<t<1)$ 的累积值和应计息票收入均按复利计算，从而可以产生精确的账面值，所以称为理论方法。

（2）半理论方法。

$$V_t = (1+i)^t \times P_0 - trF \tag{6.19}$$

该方法将应计息票收入按单利近似计算，而账面值 P_0 在时间 t $(0 < t < 1)$ 的累积值仍然按复利计算，所以称作半理论方法。

（3）实践方法。

在式（6.19）中，如果将账面值 P_0 在时间 t 的累积值也按单利近似计算，即将 $(1+i)^t \times P_0$ 用单利公式 $(1+ti) \times P_0$ 近似代替，则有下述实践方法：

$$V_t = (1+ti)P_0 - trF \tag{6.20}$$

上述方法计算简单，应用广泛，所以称作实践方法。

【例 6—11】 债券的面值为 1 000 元，年息票率为 6%，期限为 3 年，到期按面值偿还。债券的到期收益率为 8%，计算债券在购买 6 个月后的价格和账面值。

【解】 本例中给出的已知量有：$C=F=1\ 000$，$r=g=6\%$，$n=3$，$i=8\%$，所以，应

用溢价公式（6.2），可得到债券在购买日的价格为

$$P_0 = C\times[1+(g-i)\times a_{\overline{n}|}]$$
$$= 1\,000\times[1+(0.06-0.08)\times a_{\overline{3}|}]$$
$$= 948.46(元)$$

应用式（6.13），容易求得债券在购买6个月后的价格为

$$P_t = (1+i)^t\times P_0$$
$$= 948.46\times(1+0.08)^{0.5}$$
$$= 985.67(元)$$

债券在购买6个月后的账面值可以有三种不同的计算方法，现分别说明如下。

按理论方法计算，由式（6.18）可知，债券在6个月后的账面值为

$$V_t = (1+i)^t\times P_0 - \frac{rF}{i}\times[(1+i)^t-1]$$
$$= 985.67 - \frac{0.06\times 1\,000}{0.08}\times[(1+0.08)^{0.5}-1]$$
$$= 956.25(元)$$

按半理论方法计算，由式（6.19）可知，债券在6个月后的账面值为

$$V_t = (1+i)^t\times P_0 - trF$$
$$= 985.67 - 0.5\times 0.06\times 1\,000$$
$$= 955.67(元)$$

按实践方法计算，由式（6.20）可知，债券在6个月后的账面值为

$$V_t = (1+ti)\times P_0 - trF$$
$$= (1+0.5\times 0.08)\times 948.46 - 0.5\times 0.06\times 1\,000$$
$$= 956.40(元)$$

如果将本例的债券在每个季度末计算一次价格和账面值，则结果如表6－5所示。

表6－5　债券在每个季度末的价格和账面值　　单位：元

季度	价格	账面值		
		理论方法	半理论方法	实践方法
0	948.46	948.46	948.46	948.46
1	966.89	952.32	951.89	952.43
2	985.67	956.25	955.67	956.40
3	1 005.00	960.25	959.82	960.37
4	964.34	964.34	964.34	964.34
5	983.07	968.50	968.07	968.63
6	1 002.17	972.75	972.17	972.91
7	1 021.64	977.07	976.64	977.20
8	981.48	981.48	981.48	981.48
9	1 000.55	985.98	985.55	986.11
10	1 019.98	990.56	989.98	990.74
11	1 039.80	995.24	994.80	995.37
12	1 000.00	1 000.00	1 000.00	1 000.00

从表6-5可以看出，账面值的增加过程是平滑的，且根据三种不同方法计算的账面值十分接近，在每年末完全相等。债券的价格呈阶梯递增的形式，但在每年末，债券的价格等于债券的账面值。债券的价格之所以呈现这种增长形式，是因为息票收入只在每年末进行支付。在每个年度内，债券价格的增长过程是平滑的。在每个年度末，息票收入被支付以后，债券价格将发生一次跌落，从而使得债券价格在整个增长过程中呈现出阶梯递增的形式。图6-4描述了债券价格和账面值的变化过程。该图的横轴表示时间（以年为单位），纵轴表示债券的价格和账面值，其中虚线表示债券价格的变化过程，实线表示债券账面值的变化过程。

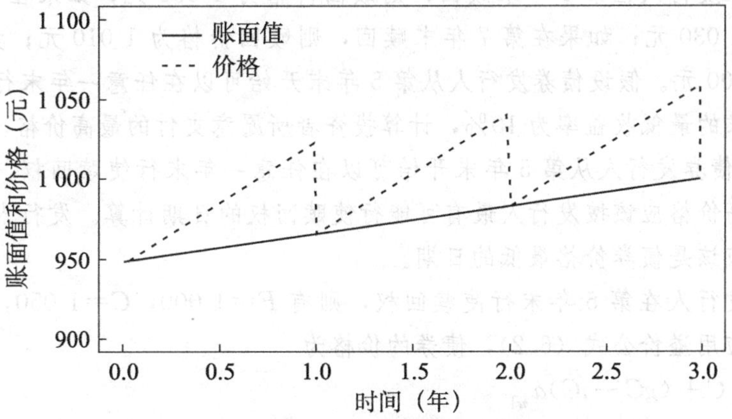

图6-4 债券价格和账面值的变化过程

6.4 可赎回债券的价格

有些公司在发行债券时会选择使用赎回条款（call provision），该条款规定，在特定条件下，债券发行人有权要求债券持有人将已经发行的债券回售给自己。含有赎回条款的债券称为可赎回债券（callable bond）。

赎回条款是有利于债券发行人的条款，为了保护债券持有人的利益，赎回条款中通常会规定一个赎回保护期（如5～10年），即债券发行一定时期以后，债券发行人才能行使赎回权。债券发行人在赎回债券时支付给债券持有人的金额通常等于或略高于债券的面值，高于面值的部分通常为1年期的利息成本。譬如，面值为1 000元、息票率为10%的债券，其赎回价格可能为1 100元。

公司发行可赎回债券的原因之一是为了控制融资成本。当市场利率下降时，债券的价格会上升。当市场利率足够低时，债券的市场价格将高于债券的赎回价格。此时，债券发行人如果赎回原来发行的债券，并发行较低利率的新债券，就可以降低融资成本。赎回条款限制了债券持有人从债券价格上升中所能获得的收益，因此与其他债券相比，可赎回债券具有相对较高的预期收益率。

公司债券往往会对发行公司的管理规定若干限制性条款，如对公司支付红利的数额或发行新债的规模进行限制，或对公司的财务政策（如公司合并等）进行限制。公司债券中使用赎回条款的一个重要原因就是为了方便解除对债券发行人的各种限制。

对于债券的发行公司而言，可赎回债券也有利于调整公司的资产结构。譬如，对于一家拥有过多现金流的公司，如果没有合适的投资机会，就可以考虑可赎回债券，以减轻公司的债务负担。

【例 6—12】 可赎回债券的面值为 1 000 元，息票率为 12%，期限为 8 年，赎回保护期为 5 年。如果发行人在第 5 年末赎回，则赎回价格为 1 050 元；如果在第 6 年末赎回，则赎回价格为 1 030 元；如果在第 7 年末赎回，则赎回价格为 1 010 元；如果到期偿还，则偿还值为 1 000 元。假设债券发行人从第 5 年末开始可以在任意一年末行使赎回权，如果投资者所要求的最低收益率为 10%，计算投资者所愿意支付的最高价格。

【解】 由于债券发行人从第 5 年末开始可以在任意一年末行使赎回权，所以，投资者愿意支付的最高价格应该按发行人最有可能行使赎回权的日期计算。发行人最有可能行使赎回权的日期应该是债券价格最低的日期。

如果债券发行人在第 5 年末行使赎回权，则有 $F=1\,000$，$C=1\,050$，$r=12\%$，$i=10\%$，$n=5$，应用溢价公式（6.2），债券的价格为

$$\begin{aligned}P_5 &= C+(gC-iC)a_{\overline{n}|}\\&= C+(rF-iC)a_{\overline{n}|}\\&= 1\,050+(1\,000\times 12\%-1\,050\times 10\%)a_{\overline{5}|0.10}\\&= 1\,106.86\ (\text{元})\end{aligned}$$

如果债券发行人在第 6 年末行使赎回权，则 $C=1\,030$，债券的价格为

$$\begin{aligned}P_6 &= 1\,030+(1\,000\times 12\%-1\,030\times 10\%)a_{\overline{6}|0.10}\\&= 1\,104.04\ (\text{元})\end{aligned}$$

如果债券发行人在第 7 年末行使赎回权，则 $C=1\,010$，债券的价格为

$$\begin{aligned}P_7 &= 1\,010+(1\,000\times 12\%-1\,010\times 10\%)a_{\overline{7}|0.10}\\&= 1\,102.50\ (\text{元})\end{aligned}$$

如果债券在到期时偿还，则 $C=1\,000$，债券的价格为

$$\begin{aligned}P_8 &= 1\,000+(1\,000\times 12\%-1\,000\times 10\%)a_{\overline{8}|0.10}\\&= 1\,106.70\ (\text{元})\end{aligned}$$

由此可见，债券的价格在第 7 年末最低，所以投资者愿意支付的最高价格应该是 1 102.50元。如果投资者的出价高于 1 102.50 元，则当发行人在第 7 年末行使赎回权时，投资者的收益率将达不到他所要求的 10%。譬如，如果投资者按 1 106.70 元的价格购买债券（即假设发行人不行使赎回权），则当发行人实际在第 7 年末行使赎回权时，投资者的实际收益率将为 9.92%。它是下述方程的解：

$$1\,106.70=1\,010+(1\,000\times 12\%-1\,010i)a_{\overline{7}|i}$$

式中，左边是投资者实际支付的债券价格，右边是应用溢价公式计算的债券价格。

本例表明，当债券包含赎回条款时，债券的价格将低于不包含赎回条款的同类债券。譬如在本例中，如果债券不包含赎回条款，则债券的价格应该是 1 106.70 元。

【例 6—13】 可赎回债券的面值为 1 000 元，年息票率为 8%，每季度末支付一次利息，期限为 10 年，到期时按面值偿还。债券发行人在第 5 年末可以行使赎回权。如果债券不被提前赎回，则投资者可以获得每季度复利一次的年名义收益率 6%。假设投资者购买此债券需要确保每季度复利一次的年收益率为 6%。计算该债券在第 5 年末的赎回价格（即偿还值）。

【解】 债券在每个季度末的息票收入为 20 元。债券的到期收益率为 6%（每季度复利一次），相当于每个季度的实际收益率为 0.015。应用债券定价的基本公式可得债券的价格为

$$
\begin{aligned}
P &= 20 \times a_{\overline{40}|0.015} + 1\,000 \times v^{40} \\
&= 20 \times \frac{1-1.015^{-40}}{0.015} + 1\,000 \times 1.015^{-40} \\
&= 1\,149.58(\text{元})
\end{aligned}
$$

如果该债券在第 5 年末（即第 20 个季度末）赎回，假设赎回价格为 C，则由债券定价的基本公式可得

$$1\,149.58 = 20a_{\overline{20}|} + C \cdot v^{20}$$

投资者要求确保每季度复利一次的年收益率为 6%，这相当于 0.015 的季度实际收益率，所以在上式中令 $i=0.015$，即可求得债券在第 5 年末的赎回价格为

$$
\begin{aligned}
C &= \frac{1\,149.58 - 20 \times \dfrac{1-1.015^{-20}}{0.015}}{1.015^{-20}} \\
&= 1\,085.84(\text{元})
\end{aligned}
$$

如前所述，对于可赎回债券，其价格等于在各种可能赎回时点上的最低价格。如果债券可以在赎回保护期以后的任意时间点上行使赎回权，就需要在每个可能的赎回时点上分别计算一个债券价格，但这种时间点显然有无穷多个。在这种情况下，可以通过债券的溢价公式寻找最低价格对应的时间点。引用式（6.2），债券的溢价公式如下：

$$P = C[1+(g-i)a_{\overline{n}|}] \tag{6.21}$$

从上式可以看出，如果债券的偿还值 C 在各种可能的赎回时点上保持不变，则当债券的修正息票率 g 大于债券的到期收益率 i 时，债券的期限 n 越短，债券的价格越低；反之，当债券的修正息票率 g 小于债券的到期收益率 i 时，债券的期限 n 越长，债券的价格越低。

基于债券价格的上述特点，就很容易找到可赎回债券的最低价格。

【例 6—14】 10 年期可赎回债券的年息票率为 6%，每半年支付一次利息。债券的面值为 1 000 元，赎回保护期为 5 年。从第 5 年末开始，债券发行人有权随时赎回债券，赎回价格为 1 020 元。如果投资者要求每半年复利一次的年收益率为 5%，计算该赎回债券的发行价格。

【解】债券每半年的息票收入为30元，每半年的修正息票率为

$$g=\frac{30}{1\ 020}=2.941\ 2\%$$

投资者所要求的每半年的到期收益率为 $i=2.5\%$。

修正息票率大于到期收益率，即 $g>i$，所以债券的期限越短，即 n 越小，债券的价格越低。由于债券的赎回保护期为5年，所以最小的 $n=10$。

应用溢价公式 (6.21)，可得该债券的发行价格为

$$\begin{aligned}P&=1\ 020+1\ 020\times(2.941\ 2\%-2.5\%)\times a_{\overline{10}|}\\&=1\ 020+1\ 020\times(2.941\ 2\%-2.5\%)\times\frac{1-1.025^{-10}}{0.025}\\&=1\ 059.39(\text{元})\end{aligned}$$

小结

1. 债券在息票支付日期的价格和账面值相等，可以用下述四种方法求得：

(1) 基本公式：$P=rFa_{\overline{n}|}+Cv^n$

(2) 溢价公式：$P=C[1+(g-i)a_{\overline{n}|}]$

(3) 基价公式：$P=G+(C-G)v^n$

(4) Makeham 公式：$P=\dfrac{g}{i}(C-K)+K$

对于不可赎回的附息债券，债券价格是到期收益率的减函数，到期收益率越高，债券的价格越低。债券价格还是到期收益率的凸函数。也就是说，到期收益率上升时，债券价格的下降速度是递减的；而当到期收益率下降时，债券价格的上升速度是递增的。

当债券的溢价为零时，债券的账面值恒等于偿还值，每期的利息收入就等于息票收入。

当债券的溢价不为零时，投资者在每期的利息收入不等于息票收入。息票收入被分解为两部分：一部分是应得利息收入，另一部分是对溢价购买债券的补偿。折价可以看作负的溢价。

基价是投资者为了获得与息票收入 rF 相等的周期性收益所需要的投资额。债券的基价 G 如果按收益率 i 投资，每期产生的利息收入将等于债券的息票收入，即 $iG=rF=gC$。

2. 债券在相邻两个息票支付日期之间的价格可按下述公式计算：

$$P_t=(1+i)^tP_0$$

式中，P_0 是债券在上一个息票支付日期的价格，t 是距离上一个息票支付日期的时间。

3. 账面值是债券持有人的实际投资余额。债券在相邻两个息票支付日期之间的账面值可按下述三种方法计算：

(1) 理论方法：$V_t=(1+i)^t\times P_0-\dfrac{rF}{i}[(1+i)^t-1]$

(2) 半理论方法：$V_t=(1+i)^t\times P_0-trF$

(3) 实践方法：$V_t=(1+ti)P_0-trF$

4. 可赎回债券的价格等于在各种可能赎回时点上的最低价格。如果债券的偿还值 C 在各种可能的赎回时点上保持不变，则当债券的修正息票率大于债券的到期收益率时，债券的期限越短，债券的价格越低；反之，当债券的修正息票率小于债券的到期收益率时，债券的期限越长，债券的价格越低。

本章知识点的思维导图如下：

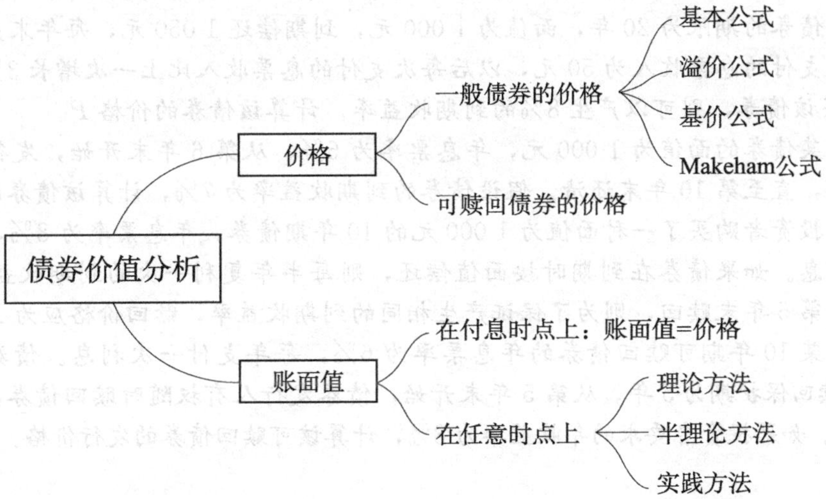

习题

6.1 债券的面值为 1 000 元，年息票率为 5%，期限为 5 年，到期按面值偿还，到期收益率为 6%。计算债券的价格和第 2 年末的账面值。

6.2 债券的面值为 1 000 元，年息票率为 6%，期限为 5 年，到期按面值偿还，到期收益率为 8%。计算该债券在购买 9 个月后的价格和账面值。

6.3 债券的面值为 1 000 元，期限为 5 年，到期按面值偿还，年息票率为 6%。该债券的发行价格为 950 元，计算投资者购买该债券的到期收益率。

6.4 假设习题 6.3 中的息票收入只能按 5%的利率进行投资，请重新计算投资该债券的收益率。

6.5 一种 n 年期债券的面值为 1 000 元，年息票率为 8%。该债券在第 3 年末的账面值为 1 099.84 元，在第 5 年末的账面值为 1 082.27 元。计算该债券的价格。

6.6 已知下述三种 10 年期债券的面值均为 1 000 元，且具有相同的到期收益率：

(1) 债券 A 的年息票率为 8%，每半年支付一次利息，折价发行，折价为 X。

(2) 债券 B 的年息票率为 9%，每半年支付一次利息，溢价发行，溢价为 Y。

(3) 债券 C 的年息票率为 10%，每半年支付一次利息，溢价发行，溢价为 $2X$。

如果 $X=10$ 元，计算 Y 的值。

6.7 面值为 1 000 元的债券，年息票率为 8%，每半年支付一次利息，到期偿还 1 100元。如果投资者以价格 P 购买此债券，则每半年复利一次的到期收益率为 6%。假设偿还值的现值为 190 元，求该债券的价格 P。

6.8　三种债券的到期偿还值、到期时间和到期收益率完全相同，且每年支付一次利息。债券 A 的年息票收入为 40 元，以价格 P 出售；债券 B 的年息票收入为 30 元，以价格 Q 出售；债券 C 的年息票收入为 80 元。计算债券 C 的价格。

6.9　某 10 年期债券的面值为 1 000 元，年息票率为 r，每年末支付一次利息，到期偿还值为 1 100 元。如果以价格 P 出售，将产生 4%的到期收益率；如果以价格 $(P-81.94)$ 出售，将产生 5% 的到期收益率；如果以价格 X 出售，将产生 r 的到期收益率。计算 X。

6.10　债券的期限为 20 年，面值为 1 000 元，到期偿还 1 050 元，每年末支付一次利息。第 1 次支付的息票收入为 50 元，以后每次支付的息票收入比上一次增长 3%。如果以价格 P 购买该债券，则可以产生 8%的到期收益率。计算该债券的价格 P。

6.11　某债券的面值为 1 000 元，年息票率为 6%，从第 6 年末开始，发行人每年末偿还 200 元，直至第 10 年末还清。假设债券的到期收益率为 7%，计算该债券的价格。

6.12　投资者购买了一种面值为 1 000 元的 10 年期债券，年息票率为 8%，每半年末支付一次利息。如果债券在到期时按面值偿还，则每半年复利一次的到期收益率为 7%。如果债券在第 5 年末赎回，则为了保证产生相同的到期收益率，赎回价格应为 X。求 X。

6.13　某 10 年期可赎回债券的年息票率为 6%，每年支付一次利息。债券的面值为 1 000元，赎回保护期为 5 年。从第 5 年末开始，债券发行人有权随时赎回债券，赎回价格为 1 050 元。如果投资者要求的年收益率为 8%，计算该可赎回债券的发行价格。

第7章 利率风险管理

债券的价格是到期收益率的减函数，到期收益率越高，债券的价格越低。债券的到期收益率也可以解释为利率，所以债券的利率风险就是指债券的价格因为利率（即到期收益率）的波动而产生的不确定性。本章主要讨论当利率（即到期收益率）变化时，债券的价格是如何变化的，包括债券价格变化的方向和幅度。

衡量债券价格对利率敏感程度的两个主要指标是久期和凸度，它们也是公司进行利率风险管理的常用工具。

本章关于利率风险的讨论主要以债券为例，但基本原理具有一般性，即同样适用于其他已知现金流的资产的利率风险管理或一个公司的利率风险管理。

一个公司的盈余等于其资产的现值与负债的现值之差。利率的波动会导致资产的现值和负债的现值同时发生变化，相应地，公司的盈余也会随之波动。本章将应用久期和凸度的概念介绍一种称为免疫的策略，通过调整资产和负债的现金流，防范利率风险，即确保公司的盈余不会因为利率的波动而减少。

为了方便起见，表7-1给出了本章使用的符号及其说明。关于它们的详细解释，请参阅本章后面各节的内容。

表7-1 符号及其说明

$D_{\text{麦}}$	麦考利久期，是现金流到期时间的加权平均数，也可以定义为债券价格关于利息力的一阶导数与债券价格之比
$C_{\text{麦}}$	麦考利凸度，定义为债券价格关于利息力的二阶导数与债券价格之比
D	修正久期，定义为债券价格关于名义收益率的一阶导数与债券价格之比
C	凸度，定义为债券价格关于名义收益率的二阶导数与债券价格之比
$D_{\text{效}}$	有效久期，用于近似计算修正久期或麦考利久期
$C_{\text{效}}$	有效凸度，用于近似计算凸度或麦考利凸度

7.1 麦考利久期

到期时间越长的债券，其价格受利率波动的影响越大。衡量债券利率风险最传统的方法是债券的到期时间。债券的到期时间越长，其利率风险就越大。不过这是一个比较粗糙的方法。譬如，对于两种到期时间完全相同的债券，一种是零息债券，到期时一次性偿付本息；另一种是附息债券，每年末都要支付当期的利息。这两种债券的利率风险显然是不同的，零息债券的所有本息到期时一次性偿付，所以受利率波动的影响要大于附息债券，即零息债券的利率风险更大。

为了更加准确地衡量债券的利率风险，一种改进的方法是计算债券现金流的平均到期时间，即以债券未来的现金流作为权数计算债券的加权平均到期时间。譬如，附息债券在未来 3 年的每年末支付 100 元利息，并在第 3 年末偿还面值 1 000 元，那么该债券的加权平均到期时间为

$$(100\times1+100\times2+1\ 100\times3)\div1\ 300=2.77\ (\text{年})$$

上述方法虽然是一种改进，但仍然存在缺陷，因为它没有考虑发生在不同时间的现金流具有不同的价值。为此，F. R. 麦考利（F. R. Macaulay）在考虑货币时间价值的基础上，提出了下述的久期（duration）的概念。

假设债券（或其他资产）未来的一系列现金流为 R_t，则债券的价格就是其未来现金流的现值，可以表示为到期收益率 i 的函数：

$$P=\sum_{t>0}R_t\ (1+i)^{-t}=\sum_{t>0}R_t v^t \tag{7.1}$$

式中，$v=(1+i)^{-1}$，i 表示年实际收益率。

由于实际收益率 i 也可以用名义收益率 $i^{(m)}$ 和利息力 δ 表示，即它们之间存在下述关系：

$$(1+i)^t=\left[1+\frac{i^{(m)}}{m}\right]^{mt}=e^{\delta t} \tag{7.2}$$

所以，债券的价格还可以表示为

$$\begin{aligned}P&=\sum_{t>0}R_t\left[1+\frac{i^{(m)}}{m}\right]^{-mt}\\&=\sum_{t>0}R_t e^{-\delta t}\end{aligned} \tag{7.3}$$

式中，$i^{(m)}$ 表示每年复利 m 次的年名义收益率。

为了简化表述，本章用 y 表示收益率，它既可以表示名义收益率 $i^{(m)}$，也可以表示实际收益率 i。当 $m=1$ 时，名义收益率就是实际收益率。此时，债券的价格可以用名义收益率表示为

$$P(y)=\sum_{t>0}R_t\left(1+\frac{y}{m}\right)^{-mt} \tag{7.4}$$

式中，y 表示每年复利 m 次的年名义收益率。

债券的价格也可以用利息力表示为

$$P(\delta)=\sum_{t>0}R_t e^{-\delta t} \tag{7.5}$$

所谓麦考利久期（Macaulay duration），就是指未来现金流到期时间的加权平均值，权数为每项现金流的现值在总现值中所占的比重。

假设债券在未来时刻 t 的现金流为 R_t，则债券的麦考利久期（用 $D_{麦}$ 表示）定义为

$$D_{麦}=\frac{\sum_{t>0}tR_t\left(1+\frac{y}{m}\right)^{-mt}}{P(y)} \tag{7.6}$$

或

$$D_{麦}=\frac{\sum_{t>0}tR_t e^{-\delta t}}{P(\delta)} \tag{7.7}$$

其中，式（7.6）是基于名义收益率定义的麦考利久期，式（7.7）是基于利息力定义的麦考利久期，$P(y)=P(\delta)$ 是债券的价格。

式（7.6）和式（7.7）表明，麦考利久期是现金流到期时间 t 的加权平均数，两式中的权数分别为 $\frac{R_t\left(1+\frac{y}{m}\right)^{-mt}}{P(y)}$ 和 $\frac{R_t e^{-\delta t}}{P(\delta)}$，它们是等价的。所以麦考利久期是一个时间概念，可以用时间单位计量。

麦考利久期越大，说明未来现金流的加权到期时间越长，从而债券价格对利率的敏感性越高，利率风险越高。

在麦考利久期的定义公式（7.7）中，分子上取负值以后就是债券价格关于利息力的一阶导数，所以债券的麦考利久期也可以表示为

$$D_{麦}=-\frac{P'(\delta)}{P(\delta)} \tag{7.8}$$

可见，麦考利久期也是当利息力变化时债券价格的单位变化速率。麦考利久期越大，表明债券价格受利息力波动的影响越大，因而其利率风险越高。

【例7—1】 面值为1 000元的3年期债券的息票率为10%，每年末支付一次利息，到期偿还值为1 000元。假设年收益率为10%，则其麦考利久期为多少？

【解】 债券的麦考利久期为（有关计算过程参见表7-2）

$$D_{麦}=\frac{1\times 90.91+2\times 82.64+3\times 826.45}{90.91+82.64+826.45}=2.74(年)$$

表7-2 债券的现金流及其现值

时间 t（年）	1	2	3
现金流 R_t（元）	100	100	1 100
现值（元）	$\frac{100}{1.1}=90.91$	$\frac{100}{1.1^2}=82.64$	$\frac{1\,100}{1.1^3}=826.45$

在EXCEL中，可以应用DURATION函数计算债券的麦考利久期。

对于例7—1中的3年期债券，可以假设债券的结算日是2015年1月1日，到期日是2018年1月1日。在一个空白单元格中输入“＝DURATION（DATE（2015，1，1），

DATE（2018，1，1），10%，10%，1，1）”后按回车键，即可求得该债券的麦考利久期为 2.74 年。

【例 7—2】 一笔贷款的期限为 n，年实际利率为 i，按年等额分期偿还。求该笔贷款的麦考利久期。

【解】本例给出的是年实际利率，即 $m=1$。假设每年末的等额分期偿还金额为 R，则应用式（7.4）和式（7.6）可知，贷款的麦考利久期为

$$D_{麦}=\frac{\sum_{t=1}^{n} tR\ (1+i)^{-t}}{\sum_{t=1}^{n} R\ (1+i)^{-t}}$$

$$=\frac{(Ia)_{\overline{n|}}}{a_{\overline{n|}}}$$

$$=\frac{\ddot{a}_{\overline{n|}}-nv^{n}}{ia_{\overline{n|}}}$$

$$=\frac{1+i}{i}-\frac{n}{(1+i)^{n}-1} \tag{7.9}$$

可见，分期偿还贷款的麦考利久期与贷款本金和分期偿还金额都无关，只受贷款期限和贷款利率的影响。

显然，式（7.9）也是 n 年期期末付等额年金的麦考利久期。当 $n\to\infty$ 时，由式（7.9）可以求得期末付永续年金的麦考利久期为

$$D_{麦}=\frac{1+i}{i}=\frac{1}{d} \tag{7.10}$$

对于 n 年期期初付等额年金而言，第 1 次付款的时间为 0，所以其麦考利久期等于 $n-1$ 年期期末付等额年金的麦考利久期。对于永续年金而言，无论期初付还是期末付，它的麦考利久期都如式（7.10）所示，为 $\frac{1}{d}$。

图 7－1 应用式（7.9）给出了等额分期偿还贷款的麦考利久期。可见，在固定利率的条件下，麦考利久期是贷款期限的增函数，且递增速度越来越慢。在固定贷款期限的条件下，麦考利久期是年实际利率的减函数，且递减速度越来越慢。

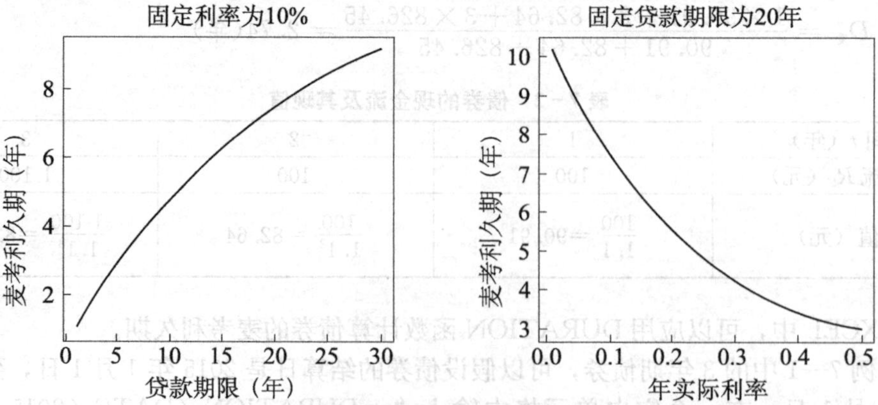

图 7－1 等额分期偿还贷款的麦考利久期

【例7—3】 一笔15年期按月等额偿还的贷款，每月复利一次的年名义利率为12%，请计算该笔贷款的麦考利久期。

【解】 月实际利率为1%，偿还月数为15×12＝180月。应用式(7.9)，该项贷款的麦考利久期为

$$\begin{aligned} D_{麦} &= \frac{1+i}{i} - \frac{n}{(1+i)^n - 1} \\ &= \frac{1+0.01}{0.01} - \frac{180}{1.01^{180}-1} \\ &= 64.9698(月) \end{aligned}$$

转换为年，相应的麦考利久期为$\frac{64.9698}{12}=5.41$年。

图7-1表明，麦考利久期是利率的减函数。因为利率和利息力总是同增减，所以麦考利久期也是利息力的减函数。这个结论用数学语言可以表述为：麦考利久期对利息力δ的一阶导数小于零。

证明： 用利息力表示麦考利久期，并求其关于利息力的一阶导数，有

$$\begin{aligned} \frac{\mathrm{d}(D_{麦})}{\mathrm{d}\delta} &= \frac{\mathrm{d}}{\mathrm{d}\delta}\frac{\sum\limits_{t>0} tR_t \mathrm{e}^{-\delta t}}{\sum\limits_{t>0} R_t \mathrm{e}^{-\delta t}} \\ &= -\frac{\left[\sum\limits_{t>0} R_t \mathrm{e}^{-\delta t}\right]\left[\sum\limits_{t>0} t^2 R_t \mathrm{e}^{-\delta t}\right] - \left[\sum\limits_{t>0} tR_t \mathrm{e}^{-\delta t}\right]^2}{\left[\sum\limits_{t>0} R_t \mathrm{e}^{-\delta t}\right]^2} \\ &= -\left[\frac{\sum\limits_{t>0} t^2 R_t \mathrm{e}^{-\delta t}}{\sum\limits_{t>0} R_t \mathrm{e}^{-\delta t}} - \left(\frac{\sum\limits_{t>0} tR_t \mathrm{e}^{-\delta t}}{\sum\limits_{t>0} R_t \mathrm{e}^{-\delta t}}\right)^2\right] \end{aligned}$$

式中，第一项是现金流到期时间t的平方的平均数，第二项是现金流到期时间t的平均数的平方，两项相减正好就是现金流到期时间t的方差，记为σ^2。只要现金流的到期时间点不止一个，则其方差总是大于零，所以有

$$\frac{\mathrm{d}(D_{麦})}{\mathrm{d}\delta} = -\sigma^2 < 0 \tag{7.11}$$

上式表明，麦考利久期是利息力的减函数，当然也就是利率的减函数。换言之，债券的麦考利久期是到期收益率的减函数，到期收益率越高，债券的麦考利久期越小，从而债券价格对到期收益率变动的敏感性越小，债券的利率风险越小。

直观地看，债券的麦考利久期应该随着债券到期时间的延长而增大，但事实上并非总是如此。图7-2揭示了债券的麦考利久期与债券到期时间的一种反常关系。在图7-2中，债券的息票率为5%，收益率为15%，横轴表示债券的到期时间，纵轴表示债券的麦考利久期。从该图可以看出，随着债券到期时间的延长，债券的麦考利久期先是快速增大，然后又开始缓慢减小。这就意味着，当此类债券（息票率为5%）的到期时间超过20年时，到期时间越长，债券的利率风险反而越小。这说明用债券的到期时间衡量债券的利率风险可能是不准确的。

图7-3揭示了债券的麦考利久期与息票率之间的一种变化关系。在图7-3中，债券的

到期时间为 20 年，到期收益率为 10%，横轴表示债券的息票率，纵轴表示债券的麦考利久期。从该图可以看出，随着债券息票率的上升，麦考利久期减小的速度越来越慢。这就表明，虽然债券的利率风险随着债券息票率的上升而不断减小，但减小的幅度越来越小。

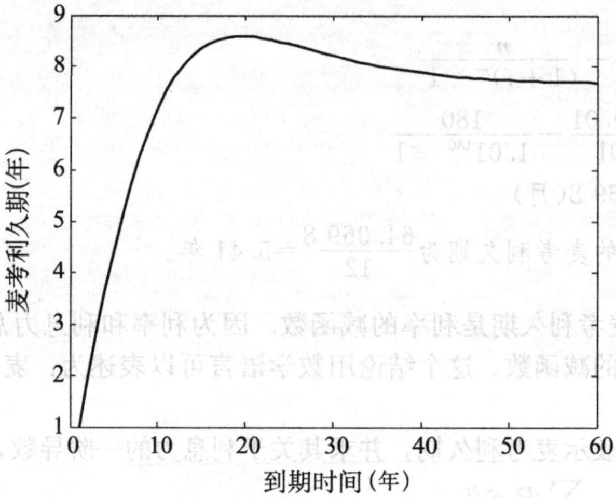

图 7-2　债券到期时间与麦考利久期的关系（反例）

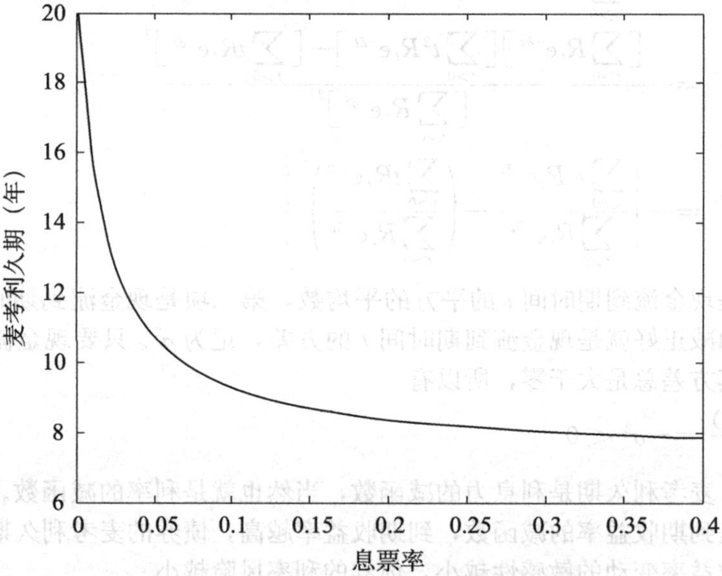

图 7-3　债券的息票率对麦考利久期的影响

【例 7—4】　假设债券的面值为 F，期限为 n，到期时按面值偿还，年息票率为 r，债券的到期收益率为 i，求该债券的麦考利久期。

【解】　令 $v=(1+i)^{-1}$，则该债券的麦考利久期为

$$D_{麦}=\frac{\sum_{t=1}^{n}tv^{t}rF+nv^{n}F}{\sum_{t=1}^{n}v^{t}rF+v^{n}F}$$

$$= \frac{r\sum_{t=1}^{n} tv^t + nv^n}{r\sum_{t=1}^{n} v^t + v^n}$$

$$= \frac{r\,(Ia)_{\overline{n}|} + nv^n}{ra_{\overline{n}|} + v^n}$$

上式表明，当债券的面值等于偿还值时，债券的麦考利久期与其面值无关。

如果上述债券的息票率 r 等于到期收益率 i，即 $r = i$，则该债券的麦考利久期可以进一步简化为 $\ddot{a}_{\overline{n}|}$，即

$$D_{麦} = \frac{r\,(Ia)_{\overline{n}|} + nv^n}{ra_{\overline{n}|} + v^n}$$

$$= \frac{\frac{r(\ddot{a}_{\overline{n}|} - nv^n)}{i} + nv^n}{\frac{r(1-v^n)}{i} + v^n}$$

$$= \ddot{a}_{\overline{n}|} \tag{7.12}$$

【例 7—5】 面值为 1 000 元的 10 年期债券，到期按面值偿还，年息票率为 6%。该债券的发行价格为 1 000 元，请计算该债券的麦考利久期。

【解】 当偿还值等于面值时，按面值出售的债券，到期收益率等于息票率，所以应用式（7.12）可得该债券的麦考利久期为

$$D_{麦} = \ddot{a}_{\overline{10}|} = \frac{1 - 1.06^{-10}}{\frac{0.06}{1.06}} = 7.80(年)$$

7.2 修正久期

债券的价格是到期收益率的减函数。当到期收益率 y 变化时，债券价格 $P(y)$ 的瞬时变化速率是多少呢?

债券价格关于到期收益率的一阶导数 $P'(y)$ 可以反映到期收益率变化时债券价格的瞬时变化速率，但它是一个绝对量，受债券价格自身大小的影响，不同价格的债券之间不具有可比性。为此，可以计算债券价格的单位变化速率，即将上述导数除以债券价格，以消除债券价格大小的影响。

修正久期（modified duration）就是到期收益率变化时债券价格的单位变化速率。用 D 表示修正久期，则有

$$D = -\frac{P'(y)}{P(y)} \tag{7.13}$$

债券价格关于到期收益率的一阶导数小于零，为了使得修正久期为正值，在其定义公式前面添加了一个负号。

债券价格的单位变化速率反映了债券价格随着到期收益率的变化而变化的速度。修

正久期越大，说明债券价格的波动幅度越大，到期收益率的较小波动就可能引起债券价格的大幅度波动，所以债券的利率风险越大。反之，修正久期越小，说明债券价格的波动幅度越小，到期收益率的较大波动也只能引起债券价格的小幅度波动，所以债券的利率风险越小。

修正久期与麦考利久期之间存在下述关系：

$$D=\frac{D_{麦}}{1+\frac{y}{m}} \tag{7.14}$$

式中，y 是指每年复利 m 次的年名义收益率，即 $y=i^{(m)}$。

对式（7.14）的证明如下：

由 $e^{\delta}=\left(1+\frac{y}{m}\right)^{m}$ 可以推出

$$\delta=m\ln\left(1+\frac{y}{m}\right)$$

所以

$$\frac{d\delta}{dy}=\frac{1}{1+\frac{y}{m}}$$

应用链式法则可得

$$D=-\frac{\frac{dP}{dy}}{P}=\frac{\frac{dP}{d\delta}\frac{d\delta}{dy}}{P}=\frac{P'(\delta)}{P}\frac{d\delta}{dy}=\frac{D_{麦}}{1+\frac{y}{m}}$$

可见，如果已知麦考利久期，则可以将其除以 $\left(1+\frac{y}{m}\right)$ 得到修正久期。式（7.14）也说明了 D 为何被称作修正久期。

修正久期表示到期收益率变化时债券价格的单位变化速率。在实际应用中，到期收益率既可以是名义收益率，也可以是实际收益率。在应用实际收益率 i 的场合，式（7.14）可以简化为

$$D=\frac{D_{麦}}{1+i} \tag{7.15}$$

【例 7—6】 假设 2 年期零息债券的到期收益率为 $i^{(12)}=12\%$，请计算该债券的修正久期。

【解】 对于 2 年期的零息债券，其麦考利久期是 2 年。应用式（7.15），基于名义收益率的修正久期为

$$D=\frac{2}{1+\frac{0.12}{12}}=1.98$$

每年复利 12 次的年名义收益率 12%等价于 $1.01^{12}-1=12.68\%$ 的年实际收益率。应用式（7.15），基于年实际收益率的修正久期为

$$D=\frac{2}{1+0.1268}=1.77$$

上述两个修正久期的含义完全不同，前者表示每年复利12次的名义收益率发生变化时，债券价格的单位变化速率为1.98；后者表示年实际收益率变化时，债券价格的单位变化速率为1.77。而麦考利久期表示当利息力（连续复利）变化时，债券价格的单位变化速率为2。

在EXCEL中计算债券的修正久期可以使用MDURATION函数，具体操作可参见本书附录。

当到期收益率在每年的复利次数 $m\to\infty$ 时，到期收益率 y 将等于利息力 δ，且由式（7.14）容易求得

$$D_{麦}=\lim_{m\to\infty}D \tag{7.16}$$

即麦考利久期可以看作修正久期当到期收益率趋于连续收益率（即利息力）时的极限情形。

由于麦考利久期是到期收益率的减函数，所以从式（7.16）容易看出，修正久期也是到期收益率的减函数。这就意味着，到期收益率越高，修正久期越小，从而债券的利率风险越小。反之，到期收益率越低，修正久期越大，从而债券的利率风险越大。

由式（7.16）容易看出，修正久期与债券到期时间的关系类似于麦考利久期与债券到期时间的关系，参见图7-2；修正久期与债券息票率的关系类似于麦考利久期与债券息票率的关系，参见图7-3。

修正久期在定义中使用了人们熟悉的到期收益率，而麦考利久期在定义中使用了较为抽象的利息力概念，所以修正久期在实际的利率风险管理中较为常用。需要注意的是，修正久期与麦考利久期不同，它不再是一个时间概念，而是一个强度概念，反映了债券到期收益率的波动对债券价格的影响强度。

【例7—7】 假设年实际利率为 i，请计算每年末支付 R 元的永续年金的修正久期。

【解】 由式（7.10）可知，永续年金的麦考利久期为

$$D_{麦}=\frac{1+i}{i}$$

应用式（7.15）即可得到永续年金的修正久期为

$$D=\frac{D_{麦}}{1+i}=\frac{1}{i} \tag{7.17}$$

【例7—8】 一项10年期年金在第1年末的付款为1元，以后每年末的付款额按5%的增长率增长。假设年实际利率为6%，请计算该项年金的修正久期。

【解】 这是一项期末付复递增年金，应用第3章关于复递增年金的现值公式，其现值可以表示为

$$P=\frac{a_{\overline{10}|j}}{1.05}=\frac{1-(1+j)^{-10}}{1.05j}$$

式中，

$$j=\frac{i-r}{1+r}=\frac{i-0.05}{1.05}$$

应用链式求导法则，有

$$P'(i)=\frac{\mathrm{d}P}{\mathrm{d}j}\frac{\mathrm{d}j}{\mathrm{d}i}$$

$$=\frac{10\times(1+j)^{-11}\times(1.05j)-[1-(1+j)^{-10}]\times 1.05}{(1.05j)^2}\times\frac{1}{1.05}$$

应用修正久期的定义公式（7.13）并化简，有

$$D=-\frac{P'(i)}{P}=-\frac{1}{1.05}\times\left[\frac{10\times(1+j)^{-11}}{1-(1+j)^{-10}}-\frac{1}{j}\right]$$

由年实际利率 $i=6\%$，可得

$$j=\frac{0.06-0.05}{1.05}=0.009\ 524$$

将 j 代入式 $D=-\frac{P'(i)}{P}$，即可得到复递增年金的修正久期为

$$D=5.114\ 9$$

应用例 7—8 的方法，容易求得 n 年期期末付复递增年金的修正久期为

$$D=-\frac{1}{1+r}\left[\frac{n(1+j)^{-(n+1)}}{1-(1+j)^{-n}}-\frac{1}{j}\right] \tag{7.18}$$

式中，r 表示年金的年度增长率，i 表示年实际利率，$j=\frac{i-r}{1+r}$。

修正久期度量了到期收益率变化对债券价格的影响，因此可以用于近似计算到期收益率变化以后的债券价格。将式（7.13）变形可得：

$$D=-\frac{1}{P}\frac{\mathrm{d}P}{\mathrm{d}y}\approx-\frac{1}{P}\frac{\Delta P}{\Delta y}$$

即

$$\frac{\Delta P}{P}\approx-D\cdot(\Delta y) \tag{7.19}$$

上式左边表示债券价格变化的百分比，其中 ΔP 表示债券价格的变化量，Δy 表示到期收益率的变化量。到期收益率的变化量通常用基点（base point）表示。一个基点为 0.01%，100 个基点为 1%。譬如，当到期收益率从 6%增加到 8%时，可以表述为到期收益率增加了 200 个基点。

式（7.19）表明，债券价格变化的百分比与到期收益率的变化近似为线性关系。譬如，当债券的修正久期为 3 时，到期收益率每增加 10 个基点（相当于 0.1%），债券价格将下降大约 0.3%。当收益率的变化幅度较小时，式（7.19）的近似结果比较准确。

图 7－4 描述了到期收益率与债券价格之间的近似线性变化关系。在图 7－4 中，由导数的定义可知：

$$\frac{\hat{P}(y+\Delta y)-P(y)}{\Delta y}=P'(y)$$

上式经变形，可得：

$$\frac{\hat{P}(y+\Delta y)-P(y)}{P(y)}=\frac{P'(y)}{P(y)}\cdot\Delta y=-D\cdot\Delta y$$

上式中，用 $P(y+\Delta y)$ 代替 $\hat{P}(y+\Delta y)$，即可得到下述近似公式：

$$\frac{P(y+\Delta y)-P(y)}{P}=\frac{\Delta P}{P}\approx-D\cdot(\Delta y)$$

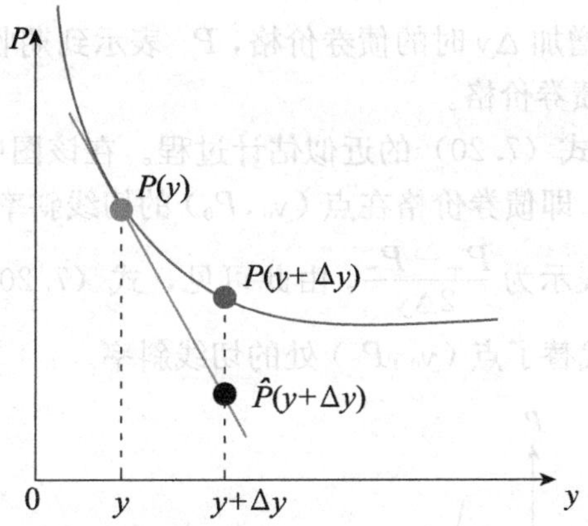

图 7-4 债券价格随到期收益率变动的近似线性关系

可见，上述线性近似的精度取决于用 $P(y+\Delta y)$ 代替 $\hat{P}(y+\Delta y)$ 所产生的误差。显然，价格曲线的弯曲程度越大，线性近似所产生的误差会越大。因此，为了准确度量到期收益率变化对债券价格的影响，还需要考虑债券价格曲线的弯曲程度，这要用到后面各节将要讨论的凸度的概念。

【例 7—9】 已知债券的价格为 115.92 元，到期收益率为 7%，修正久期为 8.37。到期收益率上升为 7.05%时，该债券的价格大约是多少？

【解】 到期收益率上升时，债券价格下降的百分比近似为

$$\frac{\Delta P}{P}=-D\cdot(\Delta y)=-8.37\times(7.05\%-7\%)=-0.42\%$$

所以，新的债券价格近似为

$$115.92\times(1-0.42\%)=115.43(\text{元})$$

7.3 有效久期

对于现金流确定的债券，麦考利久期和修正久期都可以用于分析其利率风险，但对于可赎回债券，其未来的现金流与利率有关，当利率下降时，债券发行人有可能提前赎回债券。也就是说，可赎回债券的现金流是不确定的，所以无法计算麦考利久期和修正久期。对于可赎回债券和其他具有不确定现金流的资产，需要引入一种新的久期概念，即所谓的有效久期（effective duration），下面用符号 $D_{效}$ 表示有效久期。

在计算麦考利久期和修正久期时，我们假定债券未来的现金流是确定的，即不会因为

利率水平的变化而变化。基于这一假设，债券的价格可以表示为到期收益率的函数，且可以计算债券价格关于到期收益率的一阶导数 $P'(y)$。对于可赎回债券，其未来的现金流是不确定的，所以债券的价格无法表示为到期收益率的一个简单函数，也就不能直接计算 $P'(y)$，但可以用下式对其进行近似估计：

$$P'(y) \approx \frac{P_{+} - P_{-}}{2\Delta y} \tag{7.20}$$

式中，P_{+} 表示到期收益率增加 Δy 时的债券价格，P_{-} 表示到期收益率减少 Δy 时的债券价格。另外，P_0 表示当前的债券价格。

图 7－5 直观地解释了式（7.20）的近似估计过程。在该图中，曲线表示债券的价格，直线表示 $P'(y)$ 的精确值，即债券价格在点（y_0, P_0）的切线斜率。$y_0 - y_{-} = y_{+} - y_0 = \Delta y$，所以割线 AB 的斜率可以表示为 $\frac{P_{+} - P_{-}}{2\Delta y}$。由此可见，式（7.20）对 $P'(y)$ 的近似估计实际上是用割线 AB 的斜率代替了点（y_0, P_0）处的切线斜率。

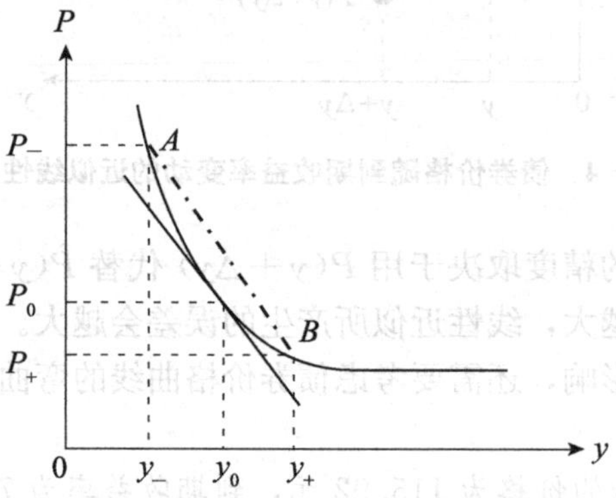

图 7－5　债券价格随收益率变动的近似线性关系

在修正久期的定义公式中，用式（7.20）近似计算 $P'(y)$，即可得到有效久期的计算公式为

$$D_{效} = \frac{P_{-} - P_{+}}{P(2\Delta y)} \tag{7.21}$$

式（7.21）定义的有效久期可以看作对修正久期的近似计算。

在式（7.20）和式（7.21）中，也可以用利息力 δ 代替名义收益率 y，从而得到下述有效久期：

$$D_{效} = \frac{P_{-} - P_{+}}{P(2\Delta \delta)} \tag{7.22}$$

式中，P_{+} 表示利息力增加 $\Delta\delta$ 时的债券价格，P_{-} 表示利息力减少 $\Delta\delta$ 时的债券价格。

式（7.22）定义的有效久期是对麦考利久期的近似计算。

【例 7—10】　已知 6 年期可赎回债券的价格为 100 元，当收益率上升 100 个基点时，该债券的价格将降为 95.87 元。当收益率下降 100 个基点时，该债券的价格将升至 104.76 元。请计算：(1) 该债券的有效久期。(2) 当收益率上升 50 个基点时，该债券的价格。

【解】 由题意已知：

$P=100$，$P_+=95.87$，$P_-=104.76$，$\Delta y=0.01$

应用式（7.21），该债券的有效久期为

$$D_{效}=\frac{P_--P_+}{P(2\Delta y)}$$
$$=\frac{104.76-95.87}{100\times2\times0.01}=4.45$$

当收益率上升50个基点时，该债券价格变化的百分比近似为

$$\frac{\Delta P}{P}\approx-D_{效}\cdot\Delta y$$
$$=-4.45\times0.005=-2.23\%$$

所以，该债券的价格近似为：

$$100\times(1-2.23\%)=97.77\,(元)$$

久期可以衡量当收益率发生变化时，债券的价格将会如何变化，但是，仅仅基于久期的计算结果有可能存在较大偏差。譬如，在图7-6中，当收益率由 y_0 增加到 $y_0+\Delta y$ 时，债券的价格将从 P_0 降至 P。如果仅仅利用久期来近似计算，债券价格的估计值将是 P'。线段 AB 的长度就是这种估计所产生的误差。显然，当收益率发生较大变化时，这种估计所产生的误差也就较大。为此，下一节将引入凸度的概念，从而可以对债券价格的变化进行更加准确的估计。

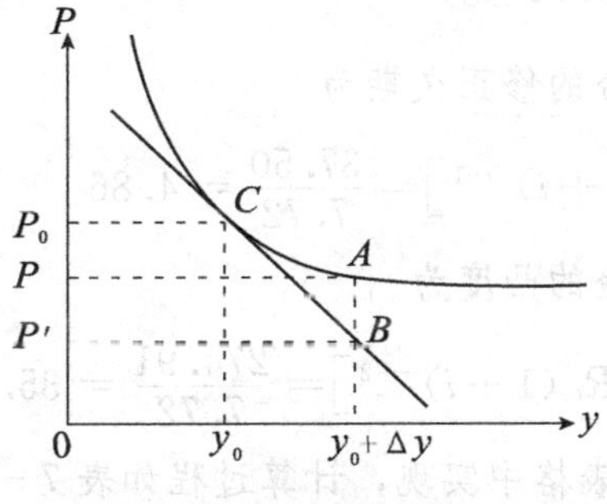

图7-6 债券价格变化与收益率变化的近似关系

7.4 凸 度

久期度量了债券的到期收益率与价格之间的近似线性变化关系，而凸度（convexity）则度量了这种线性近似所产生的误差。如果用凸度调整久期的线性近似结果，则可以更加精确地度量到期收益率与价格之间的变化关系。

用 y 表示债券的名义到期收益率。债券价格的凸度定义为债券价格关于到期收益率的二阶导数与债券价格之比：

$$C=\frac{P''(y)}{P(y)}=\frac{1}{P}\cdot\frac{\mathrm{d}^2P}{\mathrm{d}y^2} \tag{7.23}$$

由于债券价格对到期收益率的二阶导数为正，所以不在定义公式的前面加负号。修正

久期度量了到期收益率变化时债券价格的稳定性，而凸度则度量了到期收益率变化时修正久期的稳定性。

假设债券在时间 t 的现金流为 R_t，则债券价格对到期收益率求二阶导数，可得

$$P''(y)=\sum_{t>0}t\left(t+\frac{1}{m}\right)R_t\left(1+\frac{y}{m}\right)^{-mt-2} \tag{7.24}$$

所以，资产的凸度均可按下式计算：

$$C=\frac{P''(y)}{P(y)}=\frac{1}{P(y)}\left[\sum_{t>0}t\left(t+\frac{1}{m}\right)R_t\left(1+\frac{y}{m}\right)^{-mt-2}\right] \tag{7.25}$$

式中，y 是每年复利 m 次的年名义收益率。

当 $m=1$ 时，y 就是年实际收益率，即 $y=i$，此时的凸度公式可以简化为

$$C=\frac{P''(i)}{P(i)}=\frac{1}{P(i)}\left[\sum_{t>0}t(t+1)R_t(1+i)^{-t-2}\right] \tag{7.26}$$

可以证明，债券的凸度是到期收益率的减函数，即在其他条件不变的情况下，到期收益率越高，债券的凸度越小；到期收益率越低，债券的凸度越大。

【例 7—11】 一项 10 年期年金在每年末支付 1 元，年实际利率为 5%，请计算该年金的修正久期和凸度。

【解】 该项年金的现金流为 $R_t=1$，现值为

$$P=\frac{1-1.05^{-10}}{0.05}=7.72(元)$$

应用式（7.18），该项年金的修正久期为

$$D=-\frac{1}{P}\left[\sum_{t=1}^{10}tR_t(1+i)^{-t-1}\right]=\frac{37.50}{7.72}=4.86$$

应用式（7.26），该项年金的凸度为

$$C=\frac{1}{P}\left[\sum_{t=1}^{10}t(t+1)R_t(1+i)^{-t-2}\right]=\frac{274.91}{7.72}=35.61$$

上述计算可以在 EXCEL 表格中实现，计算过程如表 7-3 所示。

表 7-3 凸度的计算过程

时间（t）	现金流（R_t）	$R_t(1+i)^{-t}$	$tR_t(1+i)^{-t-1}$	$t(t+1)R_t(1+i)^{-t-2}$
1	1	0.95	0.91	1.73
2	1	0.91	1.73	4.94
3	1	0.86	2.47	9.40
4	1	0.82	3.13	14.92
5	1	0.78	3.73	21.32
6	1	0.75	4.26	28.43
7	1	0.71	4.74	36.10
8	1	0.68	5.16	44.20
9	1	0.64	5.53	52.62
10	1	0.61	5.85	61.25
合计		7.72	37.50	274.91

【例 7—12】 假设债券的到期收益率为 i，求 n 年期零息债券的凸度。

【解】不妨假设债券的面值为 1 元，则 n 年期零息债券的价格为

$$P(i)=(1+i)^{-n}$$

由此可得

$$P'(i)=-n(1+i)^{-n-1}$$

$$P''(i)=n(n+1)(1+i)^{-n-2}$$

$$C=\frac{P''(i)}{P(i)}=n(n+1)(1+i)^{-2}$$

7.5 麦考利凸度

凸度是基于名义收益率 y 计算的。如果在计算凸度时，用利息力（即连续复利收益率）δ 代替名义收益率 y，即可得到债券的麦考利凸度。换言之，麦考利凸度是债券价格关于利息力的二阶导数与债券价格的比率：

$$C_{麦}=\frac{P''(\delta)}{P(\delta)} \tag{7.27}$$

由

$$P''(\delta)=\frac{d^2}{d\delta^2}\Big(\sum_{t>0}R_t e^{-\delta t}\Big)=\sum_{t>0}t^2R_t e^{-\delta t}$$

可得

$$C_{麦}=\frac{P''(\delta)}{P(\delta)}=\frac{1}{P(\delta)}\sum_{t>0}t^2R_t e^{-\delta t} \tag{7.28}$$

从式（7.28）可以看出，麦考利凸度是现金流到期时间平方的加权平均数。譬如，n 年期零息债券只有一笔现金流，在第 n 年末到期，所以其麦考利凸度就是 n^2。

由于 $e^{-\delta}=\left(1+\frac{y}{m}\right)^{-m}$，所以麦考利凸度也可以通过名义收益率 y 进行计算：

$$C_{麦}=\frac{1}{P(y)}\sum_{t>0}t^2R_t\left(1+\frac{y}{m}\right)^{-mt} \tag{7.29}$$

当 $m=1$ 时，y 就是年实际收益率，即 $y=i$，此时的麦考利凸度公式（7.29）可以简化为

$$C_{麦}=\frac{1}{P(i)}\sum_{t>0}t^2R_t\ (1+i)^{-t} \tag{7.30}$$

可以证明，债券的麦考利凸度是利息力 δ 的减函数，即在其他条件不变的情况下，利息力 δ 越高，麦考利凸度越小；利息力 δ 越低，麦考利凸度越大。

【例 7—13】 一项 10 年期年金在每年末支付 1 元，年实际利率为 5%，请计算该项年金的麦考利凸度。

【解】该项年金的现金流为 $R_t=1$，现值为

$$P=\frac{1-1.05^{-10}}{0.05}=7.72$$

应用式（7.30），该项年金的麦考利凸度为

$$C_{麦}=\frac{1}{P}\left[\sum_{t=1}^{10}t^2R_t(1+i)^{-t}\right]=\frac{263.72}{7.72}=34.16$$

上述计算可以在 EXCEL 表格中实现，计算过程如表 7-4 所示。

表 7-4 麦考利凸度的计算过程

时间（t）	现金流（R_t）	$R_t(1+i)^{-t}$	$t^2R_t(1+i)^{-t}$
1	1	0.95	0.95
2	1	0.91	3.63
3	1	0.86	7.77
4	1	0.82	13.16
5	1	0.78	19.59
6	1	0.75	26.86
7	1	0.71	34.82
8	1	0.68	43.32
9	1	0.64	52.21
10	1	0.61	61.39
合计		7.72	263.72

【例 7—14】 假设年实际利率为 i，求期初付永续年金的凸度和麦考利凸度。

【解】 期初付永续年金的现值为

$$P(i)=\frac{1+i}{i}$$

所以有

$$P'(i)=-\frac{1}{i^2}$$

$$P''(i)=\frac{2}{i^3}$$

$$C=\frac{P''(i)}{P(i)}=\frac{2}{(1+i)i^2}$$

由于

$$i=e^{\delta}-1$$

所以期初付永续年金的现值关于利息力 δ 的导数为

$$P'(\delta)=\frac{dP}{d\delta}=\frac{dP}{di}\frac{di}{d\delta}$$

$$=-\frac{1}{i^2}e^{\delta}$$

$$=-\frac{1+i}{i^2}$$

$$P''(\delta)=\frac{\mathrm{d}P'(\delta)}{\mathrm{d}\delta}=\frac{\mathrm{d}P'(\delta)}{\mathrm{d}i}\frac{\mathrm{d}i}{\mathrm{d}\delta}$$

$$=\frac{-i^2+2(1+i)i}{i^4}\mathrm{e}^{\delta}$$

$$=\frac{-i^2+2(1+i)i}{i^4}(1+i)$$

应用麦考利凸度的定义公式（7.28）可得

$$C_{麦}=\frac{P''(\delta)}{P(\delta)}=\frac{2+i}{i^2}$$

麦考利久期是债券价格关于利息力的一阶导数与债券价格之比，而麦考利凸度是债券价格关于利息力的二阶导数与债券价格之比。可以证明，麦考利久期与麦考利凸度之间存在下述关系：

$$C_{麦}=\sigma^2+D_{麦}^2 \tag{7.31}$$

式中，σ^2 表示现金流到期时间的方差。

证明：麦考利凸度是现金流到期时间平方的平均数，而麦考利久期是现金流到期时间的平均数。用 σ^2 表示现金流到期时间的方差，则有

$$\sigma^2=\frac{\sum\limits_{t>0}t^2R_t\mathrm{e}^{-\delta t}}{\sum\limits_{t>0}R_t\mathrm{e}^{-\delta t}}-\left(\frac{\sum\limits_{t>0}tR_t\mathrm{e}^{-\delta t}}{\sum\limits_{t>0}R_t\mathrm{e}^{-\delta t}}\right)^2$$

$$=C_{麦}-D_{麦}^2$$

【例7—15】 请证明凸度 C 可以用麦考利久期 $D_{麦}$ 和麦考利凸度 $C_{麦}$ 表示为

$$C=(D_{麦}+C_{麦})(1+i)^{-2} \tag{7.32}$$

【解】 由 $1+i=\mathrm{e}^{\delta}$ 可得

$$P'(\delta)=\frac{\mathrm{d}P}{\mathrm{d}i}\frac{\mathrm{d}i}{\mathrm{d}\delta}=P'(i)\mathrm{e}^{\delta}$$

上式对利息力 δ 再求导数，可得

$$P''(\delta)=P''(i)\mathrm{e}^{2\delta}+P'(i)\mathrm{e}^{\delta}$$

上式两边分别除以债券价格，有

$$C_{麦}=C\mathrm{e}^{2\delta}-D\mathrm{e}^{\delta}$$

应用麦考利久期和修正久期的关系

$$D_{麦}=D(1+i)=D\mathrm{e}^{\delta}$$

上式经变形即可得到

$$C=(D_{麦}+C_{麦})(1+i)^{-2}$$

如前所述，麦考利久期是现金流到期时间的平均数，而麦考利凸度是现金流到期时间平方的平均数，所以式（7.32）可以为凸度的计算过程提供便利。譬如，对于 n 年期零息债券，其麦考利久期为 n，麦考利凸度为 n^2，故由式（7.32）可以直接求得零息债券的凸度为 $n(n+1)(1+i)^{-2}$。

7.6 有效凸度

对于确定的现金流，可以直接计算凸度或麦考利凸度。但对于可赎回债券等具有利率敏感型现金流的资产而言，就需要用有效凸度近似代替凸度和麦考利凸度。类似于有效久期的计算，在计算有效凸度时，可以对 $P''(y)$ 进行近似计算：

$$\begin{aligned}P''(y) &= \frac{\mathrm{d}^2 P}{\mathrm{d}y^2} \approx \frac{\Delta(\Delta P)}{(\Delta y)^2} \\ &= \frac{(P_+ - P) - (P - P_-)}{(\Delta y)^2} \\ &= \frac{P_+ + P_- - 2P}{(\Delta y)^2}\end{aligned} \tag{7.33}$$

因此，有效凸度可以定义为

$$C_{效} = \frac{P_+ + P_- - 2P}{(\Delta y)^2 P} \tag{7.34}$$

式中，P_+ 表示到期收益率增加 Δy 时的债券价格，P_- 表示到期收益率减少 Δy 时的债券价格。

有效凸度 $C_{效}$ 是对凸度 C 的一种近似计算，即

$$C_{效} \approx C = \frac{P''(y)}{P(y)} \tag{7.35}$$

在式（7.33）和式（7.34）中，如果用利息力 δ 代替名义收益率 y，且令 P_+ 表示利息力增加 $\Delta\delta$ 时的债券价格，P_- 表示利息力减少 $\Delta\delta$ 时的债券价格，则相应的有效凸度就是对麦考利凸度的近似计算。

【例 7—16】 已知一种 6 年期可赎回债券的价格为 100 元，当收益率上升 100 个基点时，该债券的价格将降为 95.87 元。当收益率下降 100 个基点时，该债券的价格将升至 104.76 元。请计算该债券的有效凸度。

【解】 应用式（7.34），该债券的有效凸度为

$$\begin{aligned}C_{效} &= \frac{P_+ + P_- - 2P_0}{(\Delta y)^2 P} \\ &= \frac{95.87 + 104.76 - 2 \times 100}{(0.01)^2 \times 100} = 63\end{aligned}$$

7.7 久期和凸度的应用

债券的价格 $P(y)$ 是关于到期收益率 y 的函数。将债券的价格函数用泰勒级数展开，则有

$$P(y) = P(y_0) + P'(y_0)(y - y_0) + \frac{1}{2}P''(y_0)(y - y_0)^2 + o(y - y_0) \tag{7.36}$$

式中，$o(y-y_0)$ 是关于 $y-y_0$ 的高阶无穷小量，当 $y-y_0$ 较小时，可以忽略不计。此时，将等式右边的 $P(y_0)$ 移到等式左边，并在等式两边同时除以 $P(y_0)$，则可以将债券价格的相对变化率表示为下述的近似公式：

$$\frac{P(y)-P(y_0)}{P(y_0)} \approx \frac{P'(y_0)}{P(y_0)}(y-y_0)+\frac{1}{2}\frac{P''(y_0)}{P(y_0)}(y-y_0)^2$$

如果式（7.36）中的 y 表示债券的名义收益率，则应用修正久期和凸度的定义，有

$$\frac{\Delta P}{P} \approx -D\cdot(\Delta y)+\frac{1}{2}\cdot C\cdot(\Delta y)^2 \tag{7.37}$$

上式表明，名义收益率变化所导致的债券价格变化的百分比可以通过修正久期和凸度近似计算。

债券的价格也可以表示为利息力 δ 的函数，即 $p(\delta)$。把式（7.36）中的 y 替换为利息力 δ，则式（7.37）可变形为

$$\frac{\Delta P}{P} \approx -D_{麦}\cdot(\Delta\delta)+\frac{1}{2}\cdot C_{麦}\cdot(\Delta\delta)^2 \tag{7.38}$$

在式（7.37）中，如果无法求得债券的修正久期和凸度，则可以用债券的有效久期和有效凸度近似计算。相应地，式（7.37）可变形为

$$\frac{\Delta P}{P} \approx -D_{效}\cdot(\Delta y)+\frac{1}{2}\cdot C_{效}\cdot(\Delta y)^2 \tag{7.39}$$

类似地，在式（7.38）中，也可以用债券的有效久期和有效凸度近似计算麦考利久期和麦考利凸度。

【例 7—17】 债券的面值是 1 000 元，期限为 15 年，年息票率为 11%，到期时按面值偿还。如果到期收益率为 12%，请计算该债券的价格、麦考利久期、修正久期和凸度，以及当到期收益率上升至 12.5%时，债券价格的变化幅度。

【解】 债券的价格为

$$\begin{aligned}P &= 110a_{\overline{15}|}+1\,000\times(1+0.12)^{-15}\\ &=110\times\frac{1-1.12^{-15}}{0.12}+1\,000\times(1.12)^{-15}\\ &=931.89(元)\end{aligned}$$

麦考利久期为（参见表 7-5）

$$\begin{aligned}D_{麦} &= \frac{1}{P}\sum_{t=1}^{15}tR_t(1+0.12)^{-t}\\ &=\frac{7\,220.86}{931.89}=7.75\end{aligned}$$

修正久期为

$$D=\frac{D_{麦}}{1+i}=\frac{7.75}{1.12}=6.92$$

凸度为（参见表 7-5）

$$\begin{aligned}C &= \frac{1}{P}\times\left[\sum_{t=1}^{15}t(t+1)R_t(1.12)^{-t-2}\right]\\ &=\frac{69\,585.71}{931.89}=74.67\end{aligned}$$

表 7-5　债券的价格、麦考利久期和凸度的计算过程　　单位：元

t	R_t	$R_t(1.12)^{-t}$	$tR_t(1.12)^{-t}$	$t(t+1)R_t(1.12)^{-t-2}$
1	110	98.21	98.21	156.59
2	110	87.69	175.38	419.44
3	110	78.30	234.89	749.00
4	110	69.91	279.63	1 114.59
5	110	62.42	312.08	1 492.75
6	110	55.73	334.38	1 865.94
7	110	49.76	348.31	2 221.36
8	110	44.43	355.42	2 550.03
9	110	39.67	357.00	2 846.01
10	110	35.42	354.17	3 105.77
11	110	31.62	347.85	3 327.61
12	110	28.23	338.81	3 511.28
13	110	25.21	327.72	3 657.58
14	110	22.51	315.11	3 768.11
15	1 110	202.79	3 041.89	38 799.65
合计		931.89	7 220.86	69 585.71

如果债券的到期收益率上升为 12.5%，即上升 50 个基点，则债券的价格将变为 900.51 元，债券价格的实际变化幅度为

$$(900.51-931.89)\div 931.89=-3.37\%$$

如果仅用修正久期作为近似计算，则当债券的到期收益率上升 50 个基点时，债券价格的变化幅度为

$$\begin{aligned}\frac{\Delta P}{P}&\approx -D\cdot(\Delta y)\\&=-6.92\times 0.005=-3.46\%\end{aligned}$$

如果进一步考虑凸度的影响，则可以得到更加精确的近似结果，即当债券的到期收益率上升 50 个基点时，债券价格的变化幅度为

$$\begin{aligned}\frac{\Delta P}{P}&\approx -D\cdot(\Delta y)+\frac{1}{2}\cdot C\cdot(\Delta y)^2\\&=-6.92\times 0.005+0.5\times 74.67\times(0.005)^2\\&=-3.46\%+0.093\%\\&=-3.37\%\end{aligned}$$

即下降 3.37%，这一结果已经十分接近真实值。

债券的价格、麦考利久期、修正久期和凸度都是到期收益率的减函数，表 7-6 是在不同收益率水平下计算的债券的价格、麦考利久期、修正久期和凸度。可以看出，它们都随着到期收益率的上升而不断下降。

表 7-6 到期收益率变化对债券的价格、麦考利久期、修正久期和凸度的影响

到期收益率	价格（元）	麦考利久期	修正久期	凸度
0.04	1 778	9.69	9.31	119.20
0.05	1 623	9.44	8.99	112.80
0.06	1 486	9.19	8.67	106.63
0.07	1 364	8.95	8.36	100.70
0.08	1 257	8.70	8.06	95.01
0.09	1 161	8.46	7.76	89.56
0.10	1 076	8.22	7.47	84.35
0.11	1 000	7.98	7.19	79.39
0.12	932	7.75	6.92	74.67
0.13	871	7.52	6.65	70.19

【例 7—18】 已知一种 6 年期可赎回债券的现价为 100 元，当收益率上升 100 个基点时，该债券的价格将降为 95.87 元。当收益率下降 100 个基点时，该债券的价格将升至 104.76 元。请计算当收益率上升 50 个基点时，该债券的价格。

【解】该债券的有效久期为

$$D_{效}=\frac{P_{-}-P_{+}}{P_0(2\Delta y)}=\frac{104.76-95.87}{100\times 2\times 0.01}=4.445$$

有效凸度为

$$C_{效}=\frac{(P_{+}+P_{-}-2P_0)}{(\Delta y)^2P_0}=\frac{95.87+104.76-2\times 100}{(0.01)^2\times 100}=63$$

由式 (7.39) 可得，当收益率上升 50 个基点时，债券价格的变化幅度为

$$\begin{aligned}\frac{\Delta P}{P}&\approx -D_{效}(\Delta y)+\frac{1}{2}C_{效}(\Delta y)^2\\&=-4.445\times 0.005+0.5\times 63\times(0.005)^2\\&=-2.14\%\end{aligned}$$

故债券的价格为

$$100\times(1-2.14\%)=97.86\,(元)$$

从式 (7.37) 可以看出，久期对债券价格的影响取决于到期收益率的变化方向。到期收益率上升时，久期越大，债券价格的下降幅度越大，对投资者越不利；当到期收益率下降时，久期越大，债券价格的上升幅度越大，对投资者越有利。由此可见，久期是把“双刃剑”，对投资者既有有利的一面，也有不利的一面。债券的凸度只会给投资者带来好处。不论收益率如何变化，债券的凸度越大，收益率变化时债券价格的上升幅度就越大。因此，对投资者而言，最理想的债券应该具有较小的久期和较大的凸度。

凸度越大的债券，其规避利率风险的能力就越强。这可以从图 7-7 得到反映。在该图中，债券 A（用实线表示）的凸度大于债券 B（用虚线表示）的凸度，所以，当利率下降时，债券 A 的价格上升幅度大于债券 B；而当利率上升时，债券 A 的价格下降幅度小于债券 B。因此，债券 A 对投资者具有更多的风险保护。

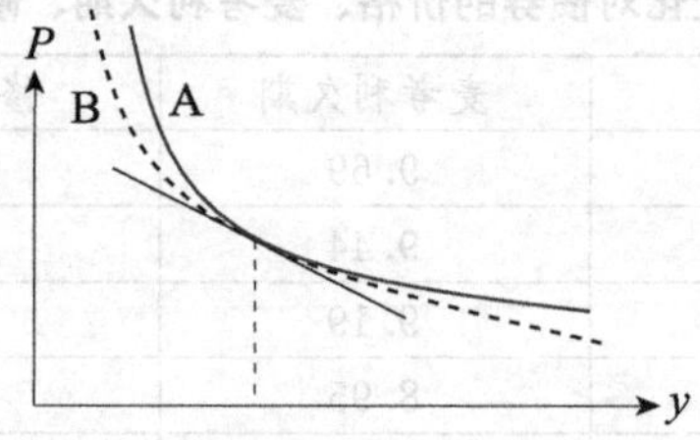

图 7-7　凸度对债券价格的影响

在久期的计算中，假设收益率曲线是平坦的，或者收益率曲线只会发生平移，所以在对未来现金流进行贴现时采用同一利率。实际上收益率曲线通常是向上倾斜的，即长期利率高于短期利率。此外，收益率曲线的某些部分可能有较大波动，而其他部分的波动则较小。譬如，短期利率的波动通常大于长期利率的波动。甚至在某些情况下，短期利率的波动有可能完全不同于长期利率的波动，即短期利率上升，而长期利率下降。因此，在根据久期进行风险度量和风险管理时必须注意上述假设的缺陷。

对于资产组合，也可以计算其久期。计算资产组合的久期可以采取两种方法：一种方法是首先计算组合中每种资产的久期，然后以组合中每种资产的市场价值为权数计算这些久期的加权平均数，即可得到资产组合的久期；另一种方法是将资产组合看作一个整体，直接根据资产组合的现金流计算久期。这两种方法计算的久期未必相同。对于上升的收益率曲线而言，当收益率上升时，第一种方法的计算结果较为准确；当收益率下降时，第二种方法的计算结果较为准确。对于下降的收益率曲线，当收益率上升时，第二种方法的计算结果较好；而当收益率下降时，第一种方法的计算结果较好。对于平坦的收益率曲线，上述两种方法的计算结果是相同的。

下面对第一种方法进行简要介绍。

假设某资产组合由 n 种债券构成，第 k 种债券的现值为 P_k，久期为 D_k，则该资产组合的价格为

$$P = \sum_{k=1}^{n} P_k \tag{7.40}$$

该资产组合的久期 $\widetilde{D}$ 和凸度 $\widetilde{C}$ 分别为

$$\widetilde{D} = \sum_{k=1}^{n} \frac{P_k}{P} D_k \tag{7.41}$$

$$\widetilde{C} = \sum_{k=1}^{n} \frac{P_k}{P} C_k \tag{7.42}$$

这里的久期可以是麦考利久期、修正久期或有效久期，凸度也可以是麦考利凸度或有效凸度。

证明：式（7.40）显然成立，因此资产组合的久期可以表示为

$$\begin{aligned}\widetilde{D} &= -\frac{1}{P}\frac{\mathrm{d}P}{\mathrm{d}y} \\ &= -\frac{1}{P}\sum_{k=1}^{n}\frac{\mathrm{d}P_k}{\mathrm{d}y}\end{aligned}$$

$$= \sum_{k=1}^{n} \frac{P_k}{P}\left(-\frac{1}{P_k}\frac{\mathrm{d}P_k}{\mathrm{d}y}\right)$$

$$= \sum_{k=1}^{n} \frac{P_k}{P} D_k$$

类似地，可以证明式（7.42）成立。

【例 7—19】 一个债券组合由两种面值为 100 元的债券构成，两种债券到期后均按面值偿还，且到期收益率均为5%。第一种债券的年息票率为6%，期限为5年。第二种债券为10年期的零息债券。请计算该债券组合的麦考利久期、修正久期、麦考利凸度和凸度。

【解】 第一种债券的价格为

$$P_1 = 6a_{\overline{5|}} + 100 \times (1+0.05)^{-5}$$
$$= 6 \times \frac{1-1.05^{-5}}{0.05} + 100 \times (1+0.05)^{-5}$$
$$= 104.33(\text{元})$$

第一种债券的麦考利久期为

$$D_{麦1} = -\frac{1}{P_1}\sum_{t=1}^{5} tR_t\,(1+i)^{-t}$$
$$= \frac{467.16}{104.33} = 4.48$$

第一种债券的修正久期为

$$D_1 = \frac{D_{麦1}}{1+i} = \frac{4.48}{1.05} = 4.27$$

第一种债券的麦考利凸度为

$$C_{麦1} = -\frac{1}{P_1}\sum_{t=1}^{5} t^2 R_t\,(1+i)^{-t}$$
$$= \frac{2\,229.45}{104.33} = 21.37$$

直接应用式（7.32），第一种债券的凸度为

$$C_1 = (D_{麦1} + C_{麦1})\,(1+i)^{-2}$$
$$= (4.48 + 21.37) \times 1.05^{-2}$$
$$= 23.45$$

第一种债券的价格、麦考利久期和麦考利凸度可参见表 7－7 所示的计算过程。

表 7－7 债券的价格和修正久期的计算过程

t	R_t	$R_t\ (1.05)^{-t}$	$tR_t\ (1.05)^{-t}$	$t^2R_t\ (1.05)^{-t}$
1	6	5.71	5.71	5.71
2	6	5.44	10.88	21.77
3	6	5.18	15.55	46.65
4	6	4.94	19.74	78.98
5	106	83.05	415.27	2 076.34
合计		104.33	467.16	2 229.45

第二种债券的价格为

$$P_2 = 100 \times (1+0.05)^{-10} = 61.39\text{(元)}$$

第二种债券是零息债券，麦考利久期为 $D_{麦2} = 10$，麦考利凸度为

$$C_{麦2} = 10^2 = 100$$

第二种债券的修正久期为

$$D_2 = \frac{10}{1+0.05} = 9.52$$

应用式 (7.32)，第二种债券的凸度为

$$\begin{aligned} C_2 &= (D_{麦2} + C_{麦2})(1+i)^{-2} \\ &= (10+100) \times 1.05^{-2} = 99.77 \end{aligned}$$

债券组合的价格为

$$P = P_1 + P_2 = 165.72\text{(元)}$$

由此可得，债券组合的麦考利久期为

$$\begin{aligned} \widetilde{D}_{麦} &= \frac{P_1}{P} D_{麦1} + \frac{P_2}{P} D_{麦2} \\ &= 0.63 \times 4.48 + 0.37 \times 10 \\ &= 6.52 \end{aligned}$$

类似地，可以求得债券组合的修正久期、麦考利凸度和凸度分别为

$$\widetilde{D} = 6.21$$

$$\widetilde{C}_{麦} = 50.50$$

$$\widetilde{C} = 51.72$$

利率风险的度量是一项难度较大的工作。越是复杂的风险度量工具对使用者的要求越高。一种好的风险度量工具如果使用不当，非但不会给使用者带来收益，反而可能造成损失。因此，利率风险的管理是否成功，关键在于能否准确理解每种风险度量工具的真实含义并恰当地加以应用，而不在于是否使用了最为先进的风险度量工具。恰如一种形象的说法："用微米作为度量单位，用圆珠笔做标记，用斧头切割"是永远不会得到精确结果的。下面的两节内容将主要讨论久期和凸度等概念在利率风险管理中的具体应用。

7.8 免疫

几乎任何一家企业都无法回避利率风险的影响，但是，通过资产与负债的适当安排，可以减轻利率风险可能造成的不良后果。一般而言，企业的负债结构是一个外生变量，受其自身的影响相对较小，而资产结构却可以根据需要进行调整。本节在假设负债结构给定的条件下，应用久期和凸度的有关概念，介绍如何通过安排资产结构来防范未来的利率风险。利率风险的防范是一个十分复杂的问题，本节只对防范利率风险的 Redington 免疫策略（Redington immunization）进行简要介绍。该免疫策略由英国精算师弗兰克·雷丁顿

(Frank Redington) 于 20 世纪 50 年代提出，通常简称为免疫。

在负债结构给定的条件下，如何安排资产结构，从而使得资产结构与负债结构正好平衡，以消除或减弱利率风险造成的不良后果，这是免疫策略的主要目标。考虑一个极端简单化的例子。假设银行发行了一种 3 年期的存款单，存款单的年利率为 5%，银行吸收到的存款金额为 100 亿元。银行在投资这笔资金时可能遭遇下述两种类型的利率风险：

第一，如果投资期限太长，银行有可能遭遇利率上升的风险。当利率上升时，某些储户可能要求提前取款，此时，银行不得不将一些未到期的投资变现，而这些投资的价值会由于利率的上升而下降，所以在这种情况下，银行必然遭受损失。

第二，如果投资期限太短，银行有可能遭遇利率下降的风险。如果投资期限太短，当利率下降时，再投资的收益率必然也会下降，从而使得银行的总体收益减少，甚至有可能还不足以支付向储户保证的利息。此时，银行也会遭受损失。

免疫策略就是通过合理安排资产的投资期限，从而减弱或消除上述两种利率风险的投资策略。换言之，通过合理安排投资期限，企业可以获得一种“免疫力”，从而不会遭受利率波动所造成的损失。

假设企业在未来需要偿还的一系列负债为 L_1，L_2，…，L_m，它现在需要安排一系列在未来到期的资产 A_1，A_2，…，A_n，以准备偿付未来到期的债务。在当前时点上，资产的现值应该等于负债的现值。只有如此，才能说明目前的资产价值正好可以偿还未来的负债。但是，当利率在未来发生变化时，资产的价值有可能不再等于负债的价值。如果资产的价值超过了负债的价值，那对企业是再好不过的事。但是，如果资产的价值小于负债的价值，企业将面临支付危机。

现在的问题是，如何安排资产结构，才可以使得资产的价值一直大于或等于负债的价值呢？要做到这一点，必须满足下述条件：

第一，按当前的利率计算，资产的现值应该等于负债的现值。这一点保证了未来到期的资产价值与未来到期的负债价值在当前时点上正好相等，即资产正好可以偿还负债。

第二，资产的久期等于负债的久期。这一点可以保证当利率发生变化时，资产的价值和负债的价值将发生同样幅度的变化，从而保证资产的价值不会低于负债的价值。这里的久期可以是麦考利久期、修正久期或有效久期。

第三，资产的凸度大于负债的凸度。如果满足这一条件，就意味着当利率发生变化时，资产的价值将超过负债的价值。换言之，当利率上升时，资产价值下降的幅度小于负债价值下降的幅度；当利率下降时，资产价值上升的幅度大于负债价值上升的幅度。这里的凸度也可以是麦考利凸度或有效凸度。

如果一个企业的资产结构和负债结构满足上述三个条件，则利率的变化将不会减少企业的盈余。

为了方便证明，假设资产的现值为 P_A，修正久期为 D_A，凸度为 C_A；负债的现值为 P_L，修正久期为 D_L，凸度为 C_L。免疫的三个条件可以重新表述为

(1) $P_A = P_L$ (7.43)

(2) $D_A = D_L$ (7.44)

(3) $C_A > C_L$ (7.45)

证明：盈余可以表示为

$$S(y)=P_A-P_L$$

求盈余关于利率 y 的一阶导数，并应用修正久期的定义公式，则有：

$$S'(y)=\frac{\mathrm{d}P_A}{\mathrm{d}y}-\frac{\mathrm{d}P_L}{\mathrm{d}y}$$

$$=-D_A\times P_A+D_L\times P_L$$

求盈余关于利率 y 的二阶导数，并应用凸度的定义公式，则有：

$$S''(y)=\frac{\mathrm{d}^2P_A}{\mathrm{d}y^2}-\frac{\mathrm{d}^2P_L}{\mathrm{d}y^2}$$

$$=C_A\times P_A-C_L\times P_L$$

根据免疫策略的第一个条件（7.43），有：

$$S(y)=P_A-P_L=0$$

根据免疫策略的第二个条件（7.44），有：

$$S'(y)=-D_A\times P_A+D_L\times P_L=0$$

根据免疫策略的第一个条件（7.43）和第三个条件（7.45），有：

$$S''(y)=C_A\times P_A-C_L\times P_L>0$$

由此可见，如果免疫的三个条件都得以满足，就有：

$$S(y)=0$$

$$S'(y)=0$$

$$S''(y)>0$$

假设利率的变化为 Δy，则应用泰勒级数展开式，可得

$$S(y+\Delta y)\approx S(y)+\Delta yS'(y)+\frac{(\Delta y)^2S''(y)}{2}>0$$

上式表明，利率的微小变化，无论是上升还是下降，都能保证盈余大于零。

可见，如果合理安排资产结构，使得上述三个条件都能成立，就可以实现免疫策略，从而使得企业获得防范利率风险的"免疫力"。遗憾的是，在实践中要做到这一点并非易事，尤其是第三个条件很难得到满足。这是因为，如果确实能做到这一点，就说明存在无风险套利机会，而一个有效的金融市场不会长期存在无风险套利机会。

免疫的上述三个条件只能在特定时点上成立，随着时间的推移，资产和负债的久期（或凸度）都有可能发生变化。对于当前处于免疫状态的资产组合，必须定期进行调整，才能使它们继续保持在免疫状态。

上述结论的假设前提是：收益率曲线是平坦的（即不同期限的利率水平是相等的），且只会发生平移变化。实际的情况要复杂得多。如果实际的收益率曲线不是平坦的，或者收益率的变化不仅仅是平移，那么上述免疫策略就不一定成立。

【例 7—20】 投资者按当前的利率 6%获得了一笔 200 万元的贷款，期限为 10 年。为了防范利率风险，投资者希望购买价值 200 万元的债券实施免疫策略，假设可供选择的债券有以下三种：

债券 A：面值 1 000 元，期限为 10 年，年息票率为 6.7%。

债券 B：面值 1 000 元，期限为 15 年，年息票率为 6.988%。

债券C：面值1 000元，期限为30年，年息票率为5.9%。

请问投资者应该如何选择上述三种债券？

【解】 投资者在第10年末需要偿还的总金额为

$$200\times(1+6\%)^{10}=358.17\ (万元)$$

根据已知条件可以求得，负债的麦考利久期为10年，修正久期为

$$D=\frac{10}{1.06}=9.434\,0$$

各种债券的久期和凸度如表7-8所示。

在当前6%的利率水平下，三种债券的价格分别为

债券A：

$$P_A=67a_{\overline{10|}}+1\,000\times(1.06)^{-10}=1\,051.52(元)$$

债券B：

$$P_B=69.88a_{\overline{15|}}+1\,000\times(1.06)^{-15}=1\,095.96(元)$$

债券C：

$$P_C=59a_{\overline{30|}}+1\,000\times(1.06)^{-30}=986.24(元)$$

由此可知，200万元可以购买1 902份债券A，或1 825份债券B，或2 028份债券C。

下面分两种情况进行分析，即利率保持不变和利率发生变化。

(1) 利率保持不变，并将每期的息票收入仍然按6%的利率进行再投资。

一份债券A在第10年末（即债务偿还日期）的累积价值为

$$1\,000+67s_{\overline{10|}}=1\,883.11(元)$$

用200万元购买债券A，可以购买到1 902份，因此投资者在第10年末可以累积到的价值为1 883.11×1 902 =358.17万元，正好等于到期需要偿还的债务。

一份债券B在第10年末的累积价值为

$$69.88s_{\overline{10|}}+[69.88a_{\overline{5|}}+1\,000\times(1.06)^{-5}]=1\,962.69(元)$$

式中，第一项是息票收入在第10年末的累积值，方括号中是债券在第10年末出售后可以获得的价值。

用200万元购买债券B，可以购买到1 825份，因此投资者在第10年末可以累积到的价值为1 962.69×1 825 =358.17万元。这也正好等于到期需要偿还的债务。

同理，如果购买债券C，投资者在第10年末也可以积累到358.17万元。

由此可见，在利率保持不变的情况下，无论购买哪种债券，投资者在第10年末都可以累积到与到期债务相等的金额。也就是说，投资者没有利率风险。

前面的计算结果如表7-8所示。

表7-8 利率保持在6%不变时购买三种债券的结果

债券类型	A	B	C
债券的面值（元）	1 000	1 000	1 000
债券的到期期限（年）	10	15	30
债券的息票率	6.70%	6.988%	5.90%
债券的麦考利久期	7.67	10	14.64

续表

债券类型	A	B	C
债券的修正久期	7.23	9.43	13.81
债券的麦考利凸度	68.73	126.50	318.11
债券的价格（元）	1 051.52	1 095.96	986.24
购买的债券份数	1 902	1 825	2 028
一份债券在第 10 年末的价值（元）	1 883.11	1 962.69	1 766.20
所购债券在第 10 年末的价值（万元）	358.17	358.17	358.17

(2) 假设购买债券以后，利率下降为 5%。在 5%的利率水平下，重新进行前述计算，可得如表 7－9 所示的结果。

表 7－9　利率下降到 5%时的结果

债券类型	A	B	C
购买的债券份数	1 902	1 825	2 028
一份债券在第 10 年末的累积值（元）	1 842.73	1 965.01	1 854.26
所购债券在第 10 年末的价值（万元）	350.49	358.61	376.04

由此可见，如果利率下降到 5%，债券 A 在第 10 年末的价值将不足以偿付到期债务，债券 C 在第 10 年末的价值超过了到期债务，而债券 B 在第 10 年末的价值略有上升。在其他利率水平下，购买上述三种债券在第 10 年末可以累积到的价值如图 7－8 所示。从该图可以看出，当利率发生变化时，只有债券 B 具有免疫特性，即无论利率上升还是下降，购买债券 B 可以累积到的价值总是大于负债到期时的价值。

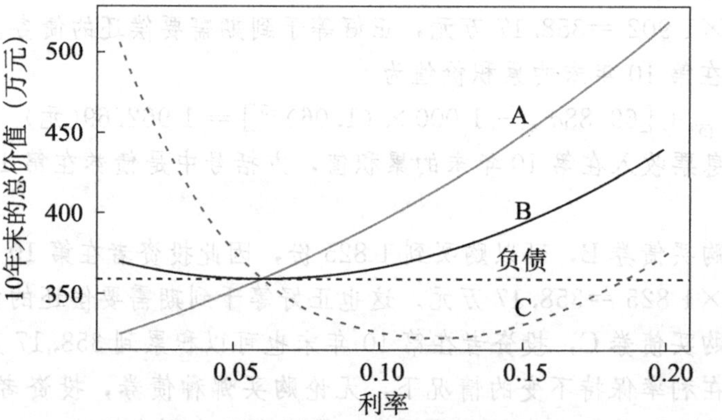

图 7－8　三种债券的免疫特性

图 7－8 表明，当利率上升时，购买债券 A 可以获得最高的累积价值；而当利率下降时，购买债券 C 可以获得最高的累积价值。因此，一种比较自然的想法是同时购买债券 A 和债券 C，形成一个债券组合，该组合的免疫特性有可能优于单纯购买债券 B。

为了满足免疫的条件，债券组合的麦考利久期应该等于负债的麦考利久期。

假设在债券 A 上的投资比例为 p，在债券 C 上的投资比例为 $(1-p)$，则债券组合的麦考利久期为 $7.67p+14.64(1-p)$，令其等于债务的麦考利久期，即等于 10，则有

$$7.67p + 14.64(1-p) = 10$$

由此可以求得，在债券A上的投资比例为66.5%，在债券C上的投资比例为33.5%。

对于这样一个债券组合，当利率发生变化时，它比债券B具有更好的免疫特性，如图7-9所示。无论利率上升还是下降，债券B和债券组合的价值都会上升，且都高于负债的价值，但债券组合的价值上升得更多。这就说明债券组合的凸度大于债券B的凸度，从而债券组合对利率风险的免疫能力更强。应用表7-8的结果容易验证，债券组合的麦考利凸度为 66.5%×68.73＋33.5%×318.11 ＝152.27，大于债券B的麦考利凸度126.50。

负债的麦考利凸度为债务到期时间的平方，即为100，小于债券B的凸度，也小于债券组合的凸度。

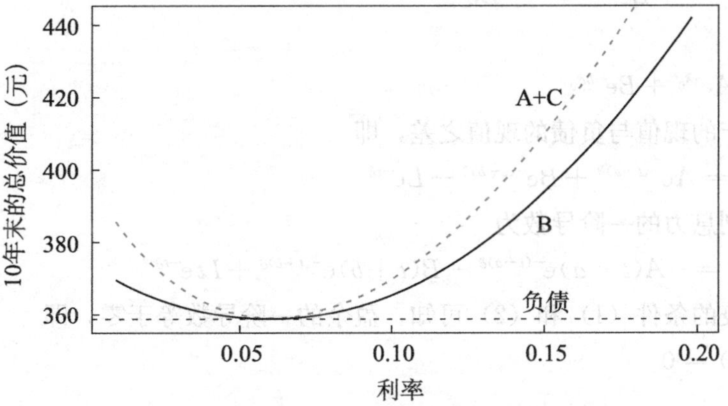

图7-9 债券B与债券组合的凸度比较

7.9 完全免疫

只有当平坦的收益率曲线发生微小的平移时，Redington免疫才能保证企业的盈余不会减少，所以Redington免疫的应用受到一定限制。在完全免疫（full immunization）策略下，即使平坦的收益率曲线发生较大的平移，企业的盈余也不会减少。

为简化表述，假设企业在未来需要偿还一笔负债，金额为L，偿还时间为t。同时在未来有两笔资产的现金流，金额分别为A和B，到期时间分别为$t-a$和$t+b$。它们的关系如图7-10所示。

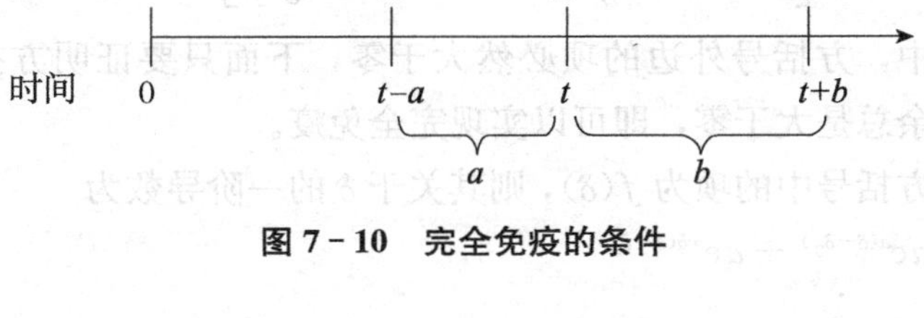

图7-10 完全免疫的条件

完全免疫需要满足下述三个条件：

（1）资产的现值＝负债的现值。

（2）资产的久期＝负债的久期。

（3）负债的到期时间介于两笔资产的到期时间之间，即在图 7－10 中有：

$$t-a<t<t+b \tag{7.46}$$

证明：为简化表述，下面的证明中使用利息力（即连续复利收益率）计算现值，其结论同样适用于名义收益率的情形。

假设当前的利息力为 δ_0，则根据完全免疫的条件（1），资产的现值等于负债的现值，即：

$$Ae^{-(t-a)\delta_0}+Be^{-(t+b)\delta_0}=Le^{-t\delta_0}$$

化简可得

$$L=Ae^{a\delta_0}+Be^{-b\delta_0} \tag{7.47}$$

盈余是资产的现值与负债的现值之差，即

$$S(\delta)=Ae^{-(t-a)\delta}+Be^{-(t+b)\delta}-Le^{-t\delta} \tag{7.48}$$

盈余关于利息力的一阶导数为

$$S'(\delta)=-A(t-a)e^{-(t-a)\delta}-B(t+b)e^{-(t+b)\delta}+Lte^{-t\delta} \tag{7.49}$$

由完全免疫的条件（1）和（2）可知，盈余的一阶导数等于零，即

$$S'(\delta_0)=0$$

所以有：

$$-A(t-a)e^{-(t-a)\delta_0}-B(t+b)e^{-(t+b)\delta_0}+Lte^{-t\delta_0}=0$$

变形得：

$$-Ate^{-(t-a)\delta_0}+Aae^{-(t-a)\delta_0}-Bte^{-(t+b)\delta_0}-Bbe^{-(t+b)\delta_0}+Lte^{-t\delta_0}=0$$

$$-t[Ae^{-(t-a)\delta_0}+Be^{-(t+b)\delta_0}-Le^{-t\delta_0}]+[Aae^{-(t-a)\delta_0}-Bbe^{-(t+b)\delta_0}]=0$$

上式左边的第一项是资产的现值与负债的现值之差，由完全免疫的条件（1）可知，该项为 0。所以上式变形可得：

$$B=A\left(\frac{a}{b}\right)e^{(a+b)\delta_0} \tag{7.50}$$

把式（7.47）中的 L 代入式（7.48），可以把盈余表示为

$$S(\delta)=e^{-t\delta}[Ae^{a\delta}+Be^{-b\delta}-(Ae^{a\delta_0}+Be^{-b\delta_0})]$$

再把式（7.50）中的 B 代入上式，可以把盈余进一步表示为

$$S(\delta)=Ae^{a\delta_0-t\delta}\left[e^{a(\delta-\delta_0)}+\frac{a}{b}e^{-b(\delta-\delta_0)}-\left(1+\frac{a}{b}\right)\right] \tag{7.51}$$

在式（7.51）中，方括号外边的项必然大于零，下面只要证明方括号内的项也大于零，就可以确保盈余总是大于零，即可以实现完全免疫。

令式（7.51）方括号中的项为 $f(\delta)$，则其关于 δ 的一阶导数为

$$f'(\delta)=ae^{a(\delta-\delta_0)}-ae^{-b(\delta-\delta_0)}$$

由于 a 和 b 都是大于零的数，所以有：

$$f'(\delta)\begin{cases}=0, & \delta=\delta_0\\>0, & \delta>\delta_0\\<0, & \delta<\delta_0\end{cases}$$

上式表明，当 $\delta<\delta_0$ 时，$f(\delta)$ 的斜率是负值；当 $\delta>\delta_0$ 时，$f(\delta)$ 的斜率是正值；而当 $\delta=\delta_0$ 时，$f(\delta)$ 的斜率为零。换言之，$f(\delta)$ 在 $\delta=\delta_0$ 处达到极小值，且这个极小值就是零。这就意味着，当 $\delta\neq\delta_0$ 时，$f(\delta)$ 总是大于零的。$f(\delta)$ 曲线的形状如图 7－11 所示。在该图中，取 $\delta_0=0.06$，$a=0.3$，$b=0.5$。

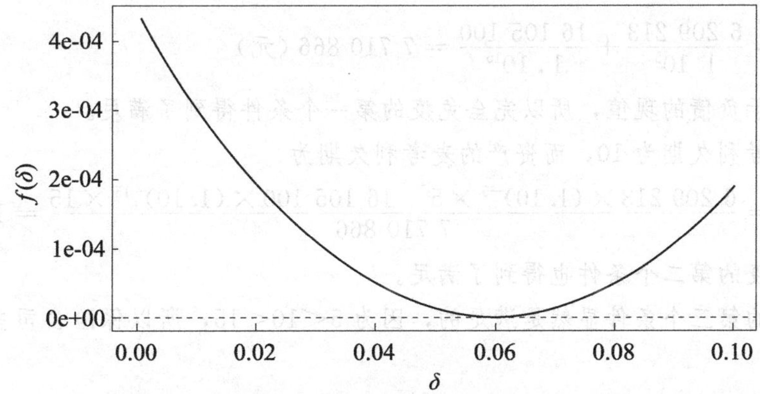

图 7－11　$f(\delta)$的变化规律

由此可以得出结论：当 $\delta\neq\delta_0$ 时，盈余 $S(\delta)$ 总是大于零，亦即实现了完全免疫。

还可以进一步证明，如果满足完全免疫的三个条件，则必然满足 Redington 免疫的三个条件。

证明：完全免疫和 Redington 免疫的前两个条件是相同的，所以只需证明当满足完全免疫的第三个条件时，就必然满足 Redington 免疫的第三个条件。

负债只在一个时间点上有现金流，故负债的麦考利久期等于负债的到期时间 t。根据完全免疫的第二个条件，资产的麦考利久期应该等于负债的麦考利久期，即有

$$D_{麦}^{A}=D_{麦}^{L}=t$$

根据完全免疫的第三个条件，负债只在一个时间点上有现金流，所以其现金流到期时间的方差等于零（$\sigma_L^2=0$）；而资产在两个时间点上有现金流，故其现金流到期时间的方差大于零（$\sigma_A^2>0$）。

应用式（7.31），资产的麦考利凸度可以表示为

$$C_{麦}^{A}=\sigma_A^2+t^2$$

负债的麦考利凸度可以表示为

$$C_{麦}^{L}=t^2$$

显然，资产的麦考利凸度 $C_{麦}^{A}$ 大于负债的麦考利凸度 $C_{麦}^{L}$，即满足 Redington 免疫的第三个条件。

【例 7—21】 某保险公司在第 10 年末需要偿还一笔 2 000 万元的债务。该公司目前拥有两种债券，一种是 5 年期的零息债券，另一种是 15 年期的零息债券。5 年期零息债券到期时的价值为 6 209 213 元，15 年期零息债券到期时的价值为 16 105 100 元。当前的利率为 10%。保险公司是否处于完全免疫状态？如果利率上升到 12%，保险公司的盈余将如何变化？

【解】 保险公司负债的现值为

$$P_L=\frac{20\ 000\ 000}{1.10^{10}}=7\ 710\ 866\text{（元）}$$

资产的现值为

$$P_A=\frac{6\ 209\ 213}{1.10^{5}}+\frac{16\ 105\ 100}{1.10^{15}}=7\ 710\ 866\text{（元）}$$

资产的现值等于负债的现值，所以完全免疫的第一个条件得到了满足。

负债的麦考利久期为 10，而资产的麦考利久期为

$$D_{麦}^{A}=\frac{6\ 209\ 213\times(1.10)^{-5}\times 5+16\ 105\ 100\times(1.10)^{-15}\times 15}{7\ 710\ 866}=10$$

可见，完全免疫的第二个条件也得到了满足。

完全免疫的第三个条件显然是满足的，因为 5<10<15，所以保险公司当前处于完全免疫状态。

如果利率上升为 12%，则保险公司的盈余将变为

$$\begin{aligned}S&=P_A-P_L\\&=\frac{6\ 209\ 213}{1.12^{5}}+\frac{16\ 105\ 100}{1.12^{15}}-\frac{20\ 000\ 000}{1.12^{10}}=26\ 151\text{（元）}\end{aligned}$$

由于保险公司处于完全免疫状态，所以利率的上升使得保险公司的盈余增加，即从原来的盈余为零增长为盈余大于零。图 7-12 显示了在各种利率下公司的盈余。可见，在完全免疫条件下，无论利率上升还是下降，都会使公司的盈余增加。

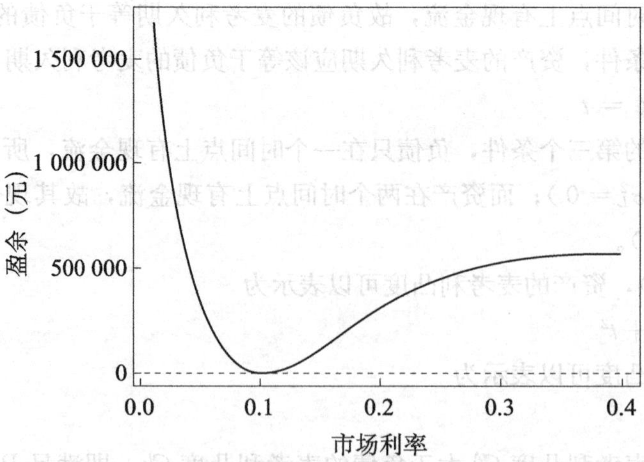

图 7-12　完全免疫条件下利率对公司盈余的影响

7.10 现金流配比

现金流配比（cash flow matching）也是进行利率风险管理的常用方法。现金流配比的思想很简单，就是对于每一项在未来到期的债务，安排一项相同到期时间和相同金额的资产与其进行匹配。譬如大型养老基金，如果可以比较准确地预测其未来的现金流出，就可以通过现金流配比策略对其利率风险进行管理。

现金流配比策略的优点是无须不断调整投资组合，缺点是限制了投资选择的灵活性。在现金流配比策略下，如果某些资产的现金流与负债的现金流不能匹配，就只能放弃对这种资产的投资。

如果市场上有各种到期期限的零息债券，则现金流配比策略的应用十分简单，只需对每种到期期限的负债购买相同到期期限的零息债券即可。

如果市场上不存在满足现金流配比策略的零息债券，而只有附息债券，应用现金流配比策略相对复杂一些：可以首先为最长期限的负债购买合适数量的债券，使得最长期限的负债得以匹配，然后再对次长期限的负债进行配比，如此向下递推，直至所有期限的负债都有合适数量的债券进行配比。

下面通过一个简单的例子来说明现金流配比策略的应用。

【例 7—22】 某公司未来负债的现金流如表 7-10 所示。

表 7-10 公司负债的现金流

年度	1	2	3	4	5
负债的现金流（万元）	4 090	6 790	3 550	36 550	5 250

可供该公司投资的债券如下：

(1) 年息票率为 20%的 2 年期债券。

(2) 年息票率为 10%的 4 年期债券。

(3) 年息票率为 5%的 5 年期债券。

每种债券的面值均为 100 元，到期收益率为 5%。

如果该公司打算通过现金流配比策略管理利率风险，应该如何购买这三种债券?

【解】 期限最长的一次负债在第 5 年末到期，为 5 250 万元，而前述 5 年期附息债券在到期时点上支付的本金和利息之和为 105 元。为了对第 5 年末到期的现金流进行配比，需要购买 5 年期债券的数量为

5 250 万元÷105 元 =50（万份）

这 50 万份 5 年期债券的现金流如表 7-11 第三行所示。

从负债的现金流中扣除所购 5 年期债券的现金流，即可得到尚未配比的剩余负债的现金流，如表 7-11 第四行所示。在第四行的现金流中，最后一次现金流在第 4 年末到期，金额是 36 300 万元，而前述 4 年期附息债券在到期时点上支付的本金和利息之和为 110 元，所以需要购买 4 年期债券的数量为

36 300 万元÷110 元 =330（万份）

这 330 万份 4 年期债券的现金流如表 7-11 第五行所示。

再从前述的剩余负债的现金流中扣除所购 4 年期债券的现金流，即可得到尚未匹配的剩余负债的现金流，如表 7-11 第六行所示。在第六行的现金流中，最后一次现金流在第 2 年末到期，金额是 3 240 万元，而前述 2 年期附息债券在到期时点上支付的本金和利息之和为 120 元，因此需要购买的 2 年期债券的数量为

3 240 万元÷120 元 =27（万份）

从第六行剩余负债的现金流中，减去 2 年期债券的现金流以后，各年剩余负债的现金流均为零，这表明资产和负债得到了完全配比。

综上所述，为了实现资产和负债的现金流配比，需要购买 5 年期债券 50 万份、4 年期债券 330 万份、2 年期债券 27 万份。

表 7-11　现金流配比策略的应用过程　　单位：万元

年度	1	2	3	4	5
负债的现金流	4 090	6 790	3 550	36 550	5 250
5 年期债券的现金流	250	250	250	250	5 250
剩余负债的现金流	3 840	6 540	3 300	36 300	0
4 年期债券的现金流	3 300	3 300	3 300	36 300	0
剩余负债的现金流	540	3 240	0	0	0
2 年期债券的现金流	540	3 240	0	0	0
剩余负债的现金流	0	0	0	0	0

小结

久期和凸度是衡量利率风险的重要工具。本章主要介绍了麦考利久期、麦考利凸度、修正久期（久期）和凸度的概念和计算方法，以及它们在利率风险管理中的应用。

1. 麦考利久期是现金流到期时间的加权平均数，权数为现金流的现值。麦考利久期也是资产价格关于利息力的一阶导数与资产价格之比，其中资产价格是现金流的现值之和。麦考利久期反映了利息力变化对资产价格的影响，可以用如下两种方法计算：

$$D_{麦}=-\frac{P'(\delta)}{P(\delta)}=\frac{1}{P(\delta)}\sum_{t>0}tR_t e^{-\delta t}$$

2. 麦考利凸度是现金流到期时间平方的加权平均数，权数为现金流的现值。麦考利凸度也是资产价格关于利息力的二阶导数与资产价格之比，其中资产价格是现金流的现值之和。麦考利凸度反映了利息力变化时麦考利久期的稳定性，可以用如下两种方法计算：

$$C_{麦}=\frac{P''(\delta)}{P(\delta)}=\frac{1}{P(\delta)}\sum_{t>0}t^2 R_t e^{-\delta t}$$

3. 修正久期简称久期，是资产价格关于名义利率的一阶导数与资产价格之比，由于资产价格关于名义利率的一阶导数为负，所以在前面添加一个负号使其变正。修正久期也

可以表示为麦考利久期与一个修正因子的乘积，这个修正因子就是根据 $1/m$ 年期间的有效利率计算的贴现因子，即 $(1+y/m)^{-1}$。修正久期反映了名义利率变化对资产价格的影响，而名义利率与每年的复利次数 m 有关，所以在使用修正久期的概念时，必须明确定义相应的名义利率及对应的复利次数 m。修正久期的计算公式如下：

$$D=-\frac{P'(y)}{P(y)}=\frac{D_{麦}}{1+y/m}$$

4. 凸度是资产价格关于名义利率的二阶导数与资产价格之比，可以反映名义利率变化时修正久期的稳定性。凸度与名义利率有关，所以在使用凸度概念时，应该明确定义名义利率及对应的复利次数。凸度的计算公式如下：

$$C=\frac{P''(y)}{P(y)}=\frac{1}{P(y)}\left[\sum_{t>0}t\left(t+\frac{1}{m}\right)R_t\left(1+\frac{y}{m}\right)^{-mt-2}\right]$$

5. 在计算久期和凸度时，如果未来的现金流是不确定的，就可以使用导数的近似公式计算有效久期和有效凸度，计算公式如下：

$$D_{效}=\frac{P_{-}-P_{+}}{P_0\ (2\Delta y)}$$

$$C_{效}=\frac{(P_{+}+P_{-}-2P_0)}{(\Delta y)^2P_0}$$

在有效久期和有效凸度的计算公式中，如果 Δy 表示名义利率的变化，则计算结果是对修正久期和凸度的近似，如果表示利息力的变化，则计算结果是对麦考利久期和麦考利凸度的近似。

6. 在实际应用中，可以首先计算麦考利久期和麦考利凸度，然后计算修正久期和凸度。譬如，在使用年有效利率的情况下，凸度可以用麦考利久期和麦考利凸度表示为

$$C=(C_{麦}+D_{麦})\cdot(1+i)^{-2}$$

7. 资产组合的久期和凸度是组合中每种资产的久期和凸度的加权平均，权数为每种资产的价格在组合总价格中的占比。资产组合的久期和凸度可以如下计算：

$$\widetilde{D}=\sum_{k=1}^{n}\frac{P_k}{P}D_k$$

$$\widetilde{C}=\sum_{k=1}^{n}\frac{P_k}{P}C_k$$

8. 资产价格变化的百分比与收益率变化之间具有下述的近似关系：

$$\frac{\Delta P}{P}\approx-D\cdot(\Delta y)+\frac{1}{2}\cdot C\cdot(\Delta y)^2$$

上式中的久期和凸度需要配对使用。如果用利息力表示收益率，就使用麦考利久期与麦考利凸度；如果用名义利率表示收益率，就使用久期（修正久期）与凸度。

9. 在资产负债管理中，实施免疫策略的三个条件是：(1) 资产的现值等于负债的现值。(2) 资产的久期等于负债的久期。(3) 资产的凸度大于负债的凸度。

10. 实施完全免疫策略的三个条件是：(1) 资产的现值等于负债的现值。(2) 资产的久期等于负债的久期。(3) 负债的到期时间在两笔资产的到期时间之间。

11. 现金流配比策略是对每一项在未来到期的债务，安排一项相同到期时间和相同金额的资产与其进行匹配。现金流配比策略的优点是无须不断调整投资组合，缺陷是限制了

投资选择的灵活性。

本章知识点的思维导图如下：

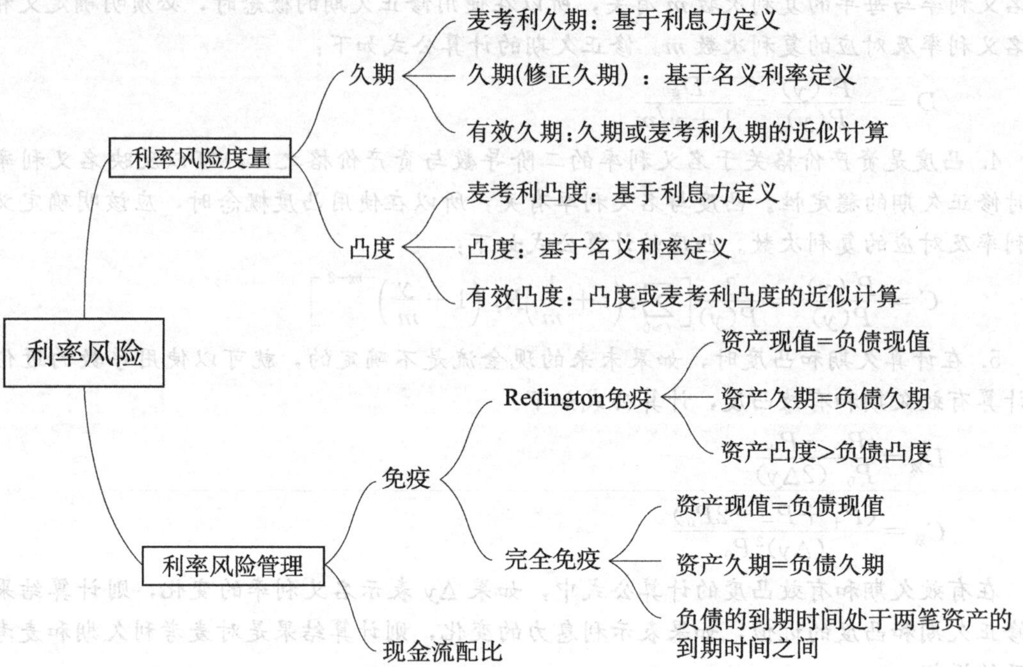

习题

7.1 某 15 年期的零息债券到期偿还 1 000 元，该债券每月复利一次的年名义收益率为 12%。请计算该债券的麦考利久期，以及基于名义到期收益率和实际到期收益率的修正久期。

7.2 假设利息力为 δ，求 n 年期连续支付年金的麦考利久期。

7.3 已知年息票率为 5%的 10 年期债券的年实际收益率为 6%，请计算该债券的麦考利久期和修正久期。

7.4 债券的期限是 n 年，到期按面值偿还，该债券每年支付 m 次利息的年名义息票率等于其每年复利 m 次的到期收益率，记为 $i^{(m)}$。求该债券的麦考利久期。

7.5 假设年利率为 i，求 n 年期期末付等额年金的修正久期。

7.6 假设年利率为 i，求期末付永续年金的麦考利久期和修正久期。

7.7 假设年利率为 i，求期初付永续年金的麦考利久期和修正久期。

7.8 某 2 年期债券的年息票率为 10%，每半年付息一次，债券到期后按面值偿还。该债券每年复利 2 次的到期收益率为 12%，请计算该债券的修正久期。

7.9 已知当收益率为 8%时，某 20 年期债券的价格为 125.31 元。当收益率下降为 7.75%时，该债券的价格将上升至 127.64 元。当收益率上升至 8.25%时，该债券的价格将降为 122.95 元。请计算该债券的有效久期。

7.10 已知某 10 年期债券的价格为 75.98 元，年息票率为 6%，到期收益率为 8%，麦考利久期为 8.517。请计算当收益率下降为 7.85%时该债券的价格。

7.11 某 5 年期债券的年息票率为 8%，每半年付息一次，到期收益率为 7%时，债券的价格为 104.88 元。如果到期收益率上升 50 个基点，则该债券的价格将下降为 100.21 元。如果到期收益率下降 50 个基点，则该债券的价格将上升为 109.57 元。请计算该债券的有效久期和有效凸度，并估计当收益率上升 100 个基点时该债券的新价格。

7.12 一项 20 年期年金在每年末支付 1 元，年实际利率为 6%，请计算该年金的修正久期和凸度。

7.13 一项 20 年期年金在每年末支付 1 元，年实际利率为 6%，请计算该年金的麦考利凸度。

7.14 一项永续年金在每年末支付 1 元，年实际利率为 6%，请计算该项永续年金的修正久期和凸度。

7.15 某 10 年期债券的修正久期为 8.67，凸度为 43.51。请计算当收益率上升 50 个基点时，债券价格变化的百分比。

7.16 投资者已经确认在第 5 年末将有一笔 20 000 元的债务支出，为了偿还这笔负债，该投资者可供选择的投资方案只有购买 4 年期零息债券和 10 年期零息债券。所有债券和负债的年实际收益率均为 10%。为了达到免疫的目的，该投资者应该如何分配在这两种债券上的投资？

7.17 投资者按当前的利率 8%获得了一笔 50 万元的贷款，期限为 4 年。为了防范利率风险，投资者计划购买价值 50 万元的债券实施免疫策略，可供投资者选择的债券只有 A 和 B 两种。债券 A 的面值为 1 000 元，期限为 2 年，年息票率为 7%。债券 B 的面值为 1 000 元，期限为 5 年，年息票率为 9%。两种债券的到期收益率等于利率，均为 8%。请问投资者应该如何选择上述两种债券？

7.18 公司未来负债的现金流如下表所示，可供该公司投资的资产如下：

(1) 年息票率为 5%的 1 年期债券。

(2) 年息票率为 10%的 2 年期债券。

(3) 年息票率为 4%的 4 年期债券。

(4) 年息票率为 3%的 5 年期债券。

每种债券的面值均为 100 元，年实际收益率为 5%。

年度	1	2	3	4	5
负债的现金流（万元）	1 794	6 744	144	3 144	824

如果该公司打算通过现金流配比策略管理利率风险，应该如何购买这三种债券？

参考答案

第1章 利息度量

1.1 $6\,000\times 2i=1\,500\Rightarrow i=0.125$，$2\,000\times(1+i)^3=2\,848$ 元。

1.2 $10\,040v^{\frac{T}{12}}=3\,140v^{\frac{1}{12}}+2\,710v^{\frac{18}{12}}\Rightarrow T=141.6$。

1.3 $\mathrm{A}:X\left(1+\frac{i}{2}\right)^{16}-X\left(1+\frac{i}{2}\right)^{15}$，$\mathrm{B}:\frac{i}{2}(2X)=i\cdot X$。

$X\left[\left(1+\frac{i}{2}\right)^{16}-\left(1+\frac{i}{2}\right)^{15}\right]=i\cdot X\Rightarrow i=0.094\,58$。

1.4 $\mathrm{e}^{27.72\delta}=2\Rightarrow\delta=0.025$，

$(1+2\delta)^{\frac{n}{2}}=7.04\Rightarrow n=80$。

1.5 $100\times(1-4\times 6\%)^{-\frac{1}{4}\times 2}=114.71$ 万元。

1.6 $1+i=\left[1+\frac{i^{(m)}}{m}\right]^m=\left[1-\frac{d^{(m)}}{m}\right]^{-m}=(1-d)^{-1}$

$\Rightarrow m=8$。

1.7 $\mathrm{A}:a(t)=(1.01)^{12t}$，$\mathrm{B}:a(t)=\mathrm{e}^{\frac{t^2}{12}}$，

$(1.01)^{12t}=\mathrm{e}^{\frac{t^2}{12}}\Rightarrow t=1.43$。

1.8 $\mathrm{A}:a(t)=\exp\left(an+\frac{bn^2}{2}\right)$，$\mathrm{B}:a(t)=\exp\left(gn+\frac{hn^2}{2}\right)$，

$n=2\times\frac{a-g}{h-b}$。

1.9 $a(t)=100\left(1-\frac{d}{4}\right)^{-8}\cdot\exp\left[\int_2^5(1+t)^{-1}\mathrm{d}t\right]=260$

$\Rightarrow d=0.129$。

1.10 $\delta_A=\frac{1}{(1+t)}$，$\delta_B=\frac{2t}{(1+t^2)}$，令 $\delta_A=\delta_B$

$\Rightarrow t=0.41$。

1.11 $a(t)=(1+t)^2$。

$300\times a^{-1}(3)+600\times a^{-1}(6)=200\times a^{-1}(2)+X\times a^{-1}(5)$

$\Rightarrow X=315.82$。

1.12 $a^{-1}(3)=\exp\left(-\int_0^3\frac{t^3}{100}\mathrm{d}t\right)=\mathrm{e}^{-0.2025}$。

1.13 $a(t)=0.04t^2+0.03t+1$，$\delta_{0.5}=\frac{a'(0.5)}{a(0.5)}=0.068$。

1.14 $A(3)=100\times\exp\left(\int_0^3\frac{t^2}{100}\mathrm{d}t\right)+X=109.42+X$，

$A(6)=(109.42+X)\times\exp\left(\int_3^6\frac{t^2}{100}\mathrm{d}t\right)=1.8776\times(109.42+X)$，

$A(6)-A(3)=(109.42+X)\times0.87761=X$

$\Rightarrow X=784.61$ 万元。

1.15 $t=4$ 时的累积值为：$1000\times\exp\left(\int_0^3 0.02t\mathrm{d}t\right)\cdot\mathrm{e}^{0.045}=1144.54$，

令名义利率为 x，则 $1000\times\left(1+\frac{x}{4}\right)^{16}=1144.54$

$\Rightarrow x=0.03388$。

1.16 $i^{(2)}=0.075$，$\delta+d^{(4)}=\ln\left[\left(1+\frac{i^{(2)}}{2}\right)^2\right]+4\left[1-\left(1+\frac{i^{(2)}}{2}\right)^{-\frac{1}{2}}\right]=0.1466$。

1.17 $\exp\left(\int_0^5 kt\,\mathrm{d}t\right)\cdot\exp\left(\int_5^{10}\frac{kt^2}{25}\mathrm{d}t\right)=2.7183\Rightarrow k=0.0414$。

1.18 $a(t)=\exp\left(\int_0^t\delta_t\mathrm{d}t\right)=\frac{(2+t)}{2}$，$8=a(n)-a(0)=\frac{n}{2}\Rightarrow n=16$。

1.19 $1000\times\exp\left(\int_0^2\delta_t\mathrm{d}t\right)=1068.94$。

1.20 A：67.5，B：$10\times(1.0915)^{10-n}+30\times(1.0915)^{10-2n}$，$n=2.3254$。

第2章 等额年金

2.1 $100000-2000a_{\overline{60}|8\%/12}=1363$ 元。

2.2 $20000\ddot{s}_{\overline{10}|6\%}=279433$ 元。

2.3 $200a_{\overline{123}|6\%/12}\left(1+\frac{6\%}{12}\right)^{70}=26005$ 元。

2.4 基金在第30年初的现值为658 773.91元。(1) 如果限期领取20年，每次可以领取57 435元。(2) 如果无限期地领下去，每次可以领取39 526元。

2.5　31 941.68 元，21 738.97 元，46 319.35 元。

2.6　$4\,000a_{\overline{36}|i} = 5\,000a_{\overline{18}|i} \Rightarrow i = 0.08$，

$(1+i)^n = 2 \Rightarrow n = 9$ 年。

2.7　$1\,000a_{\overline{60}|1\%} = 60\,000 \times (1+1\%)^{-n} \Rightarrow n = 29$，故一次性还款在第 29 月末。

2.8　$1\,000\ddot{s}_{\overline{24}|i}(1+i)^{36} + 500\ddot{s}_{\overline{36}|i} = 60\,000 \Rightarrow i/12 = 0.116\,2$。

2.9　$2\,000[s_{\overline{2}|6\%}(1+6\%)^2 + s_{\overline{2}|5\%}] = 8\,729.23$ 元。

2.10　季度利率 $i = (1+5\%)^{0.25} - 1 = 0.012\,3$，

该项年金的现值为 $1\,000a_{\overline{20}|i} + 2\,000a_{\overline{20}|i}(1+i)^{-20} = 45\,281.05$ 元。

2.11　$\dfrac{1}{j} = \dfrac{91}{125} \Rightarrow$ 3 年实际利率 $j = \dfrac{91}{125}$，年实际利率 $i = \left(1+\dfrac{91}{125}\right)^{\frac{1}{3}} - 1 = 0.2$。

2.12　月实际利率 $i = (1+1\%)^{\frac{1}{3}} - 1 = 0.003\,3 \Rightarrow \ddot{a}_{\overline{\infty}|i} = 302$ 元。

2.13　$i_1 = (1+i)^{12}, i_2 = (1+i)^4, 1\,000\ddot{a}_{\overline{\infty}|i_1} = 3\,020a_{\overline{\infty}|i_2} \Rightarrow i = 4.06\%$。

2.14　假设最后一次付款的时间为 n，则有：

$100\,000 = 10\,000a_{\overline{n-4}|}(1+0.05)^{-4} \Rightarrow n = 23.18$ 年。

假设在 23 年末的非正规付款额为 X，则有：

$100\,000 = 10\,000a_{\overline{19}|}(1+0.05)^{-4} + X(1+0.05)^{-23}$

$\Rightarrow X = 1\,762.3$ 元。

2.15　$100a_{\overline{60}|} = 4\,495.503\,8 = 6\,000v^k \Rightarrow v^k = 0.749\,3 \Rightarrow k = 29$。

2.16　$1\,538a_{\overline{10}|} = 1\,072a_{\overline{20}|} \Rightarrow 1\,072v_{\overline{20}|} - 1\,538v^{10} + 466 = 0$

$\Rightarrow i = 0.086\,88$。

2.17　设 j 为等价利率，则 $j = 0.030\,301$，

累积值 $= 1\,000(\ddot{s}_{\overline{16}|} + \ddot{s}_{\overline{8}|}) = 29\,989$ 元。

2.18　以每半年为一个时期，每个时期的实际利率为 $\dfrac{i}{2}$，

两年为一个时期的实际利率为 $j = \left(1+\dfrac{i}{2}\right)^4 - 1$，

故 $5.89 = \dfrac{1}{j} \Rightarrow i = 0.08$ 。

2.19　$12 \cdot i \cdot s_{\overline{20}|} + 12 \cdot i \cdot s_{\overline{10}|} = 64 \Rightarrow (1+0.75i)^{10} = 2 \Rightarrow i = 0.095\,69$。

2.20　$\bar{a}_{\overline{n}|} = \int_0^n \exp\left(-\int_0^t \dfrac{1}{1+r}\mathrm{d}r\right)\mathrm{d}t = \ln(1+n)$。

2.21　$a(t) = \exp\left(\int_0^t \delta_r \mathrm{d}r\right) = (1+0.5t)^2$，

$s_{\overline{5}|} = \dfrac{a(5)}{a(1)} + \dfrac{a(5)}{a(2)} + \cdots + \dfrac{a(5)}{a(5)} = 12.828$。

2.22　$\int_0^8 \bar{a}_{\overline{t}|}\mathrm{d}t = \dfrac{1}{\delta}\int_0^8 (1-v^t)\mathrm{d}t = \dfrac{1}{\delta}(8 - \bar{a}_{\overline{8}|}) = \dfrac{1}{\delta}\left(8 - \dfrac{1-v^8}{\delta}\right) = 100$，

$v^8 = 1 - (8-100\delta) \cdot \delta \Rightarrow v^{10} = [1-(8-100\delta)\delta]^{\frac{5}{4}}$，

$\bar{a}_{\overline{10}|} = \dfrac{1-v^{10}}{\delta} = \dfrac{1-[1-(8-100\delta)\delta]^{\frac{5}{4}}}{\delta}$ 。

2.23　$\dfrac{1-\mathrm{e}^{-\delta}}{\delta} = \mathrm{e}^{-\delta t} \Rightarrow t = -\dfrac{1}{\delta}\ln\left(\dfrac{1-\mathrm{e}^{-\delta}}{\delta}\right) = 0.495\,8$。

2.24　$4e^{n\delta}=12\Rightarrow e^{n\delta}=3$，$\bar{s}_{\overline{n}|}=12\Rightarrow\dfrac{e^{n\delta}-1}{\delta}=12\Rightarrow\delta=\dfrac{1}{6}$。

第3章　变额年金

3.1　$72.88=j\cdot(Is)_{\overline{29}|\frac{j}{2}}=j\cdot\left[\dfrac{\ddot{s}_{\overline{29}|\frac{j}{2}}-29}{\dfrac{j}{2}}\right]\Rightarrow\ddot{s}_{\overline{29}|\frac{j}{2}}=65.44\Rightarrow j=0.1$。

3.2　$900a_{\overline{10}|}+100(Ia)_{\overline{10}|}=1\,088.69$ 元。

3.3　$v+2v^2+3v^3+\cdots+nv^n+nv^{n+1}+nv^{n+2}+\cdots=\dfrac{(1+i)a_{\overline{n}|}}{i}=\dfrac{a_{\overline{n}|}}{d}$。

3.4　$X=2v^3+4v^5+6v^7+8v^9+\cdots=\dfrac{2v^3}{(1-v^2)^2}=49.89$。

3.5　A 的现值为：$X=55a_{\overline{20}|}=55(a_{\overline{10}|}+v^{10}a_{\overline{10}|})$，
B 的现值为：$X=30a_{\overline{10}|}+60v^{10}a_{\overline{10}|}+90v^{20}a_{\overline{10}|}$，
故 $55(1+v^{10})=30+60v^{10}+90v^{20}\Rightarrow i=0.071\,77\Rightarrow X=574.74$。

3.6　$(Ia)_{\overline{n}|}+v^n(Da)_{\overline{n-1}|}=a_{\overline{n}|}\cdot\ddot{a}_{\overline{n}|}$。

3.7　$20(Da)_{\overline{7}|}+160a_{\overline{15}|}=2\,146.196$ 元。

3.8　$j=\dfrac{5\%-10\%}{1+10\%}\approx-0.05$，$1\,000\times\dfrac{a_{\overline{10}|j}}{1+10\%}=11\,846.66$ 元。

3.9　每季度复利一次的利率为 0.019 4，所有存款在第 8 年末的终值为：
$\ddot{s}_{\overline{4}|0.019\,4}(Is)_{\overline{8}|0.08}=183$，$\dfrac{X}{0.08}=183\Rightarrow X=14.64$。

3.10　$2\,000a_{\overline{12}|0.5\%}\left[1+\dfrac{1.03}{(1+0.5\%)^{12}}+\dfrac{1.03^2}{(1+0.5\%)^{24}}+\cdots+\dfrac{1.03^{19}}{(1+0.5\%)^{228}}\right]=343\,320$ 元。

3.11　$j=\dfrac{8\%-5\%}{1+5\%}$，$1\,000(\ddot{s}_{\overline{5}|8\%}+1.05\ddot{a}_{\overline{5}|j})(1+8\%)^5=16\,607$ 元。

3.12　现值为 5 197.50 元，终值为 9 333.98 元。

3.13　现值为 $930\ddot{a}_{\overline{11}|}+70(I\ddot{a})_{\overline{11}|}=9\,998.16$ 元，终值为 23 312.11 元。

3.14　现值为 $20(Da)_{\overline{11}|}+280a_{\overline{11}|}=3\,246.03$ 元，终值为10 410.46元。

3.15　$10\ddot{a}_{\overline{4}|9\%}+10(D\ddot{a})_{\overline{4}|9\%}+10(I\ddot{a})_{\overline{5}|9\%}v^4-212.34$ 元。

3.16　此项投资在第 10 年末的终值为：
$80\,000=(X-5\,000)\ddot{s}_{\overline{10}|6\%}+500(D\ddot{s})_{\overline{10}|6\%}$
$80\,000=(X-5\,000)\times13.971\,64+500\times83.522\,47$
$\Rightarrow X=7\,736.88$。

3.17　$X=v^4[100(Da)_{\overline{11}|6\%}+2\,000a_{\overline{11}|6\%}]=15\,979.37$。

3.18　第 20 年末的累积值为：$(1+i)^{16}200(Ia)_{\overline{11}|5\%}=19\,997.38$ 元。

3.19　前 5 年的现值为 77.79 元，从第 6 年开始，以后各年付款的现值为
$20v^5(1+k)\left(\dfrac{1+0.09}{0.09-k}\right)$，总现值为 335 元，故 $k=3.76\%$。

3.20　$90\bar{s}_{\overline{10}|4\%}+10(I\bar{s})_{\overline{10}|4\%}=1\ 735.96$ 元。

3.21　第 8 年末的终值为：$60\bar{s}_{\overline{8}|7\%}+5(D\bar{s})_{\overline{8}|7\%}=894.484\ 78$ 元，
第 10 年末的终值为 1 024.10 元。

3.22　$\int_0^{10}(4t+3)\exp\left[-\int_0^t(0.03+0.04s)\mathrm{d}s\right]\mathrm{d}t=89.97$ 。

3.23　在时刻 5 的现值为：
$$\int_5^{10}(1.2t^2+2t)\exp\left[-\int_5^t(0.000\ 6s^2+0.001s)\mathrm{d}s\right]\mathrm{d}t=382.88,$$
在时刻 0 的现值为：$382.88\exp\left[-\int_0^5(0.004t+0.01)\mathrm{d}t\right]=346.44$ 。

3.24　$25\ 000=\int_0^{10}(9k+tk)\exp\left[\int_t^{10}\frac{1}{(s+9)}\mathrm{d}s\right]\mathrm{d}t=190k\Rightarrow k=131.58$。

第 4 章　收益率和收益分配

4.1　$\frac{15\ 000}{(1+i)}+\frac{40\ 000}{(1+i)^2}+\frac{10\ 000}{(1+i)^3}=50\ 000$
$\Rightarrow i=0.148\ 3$。

4.2　$10\ 000\times\{[(1.05^4-1.06k)\times1.05-1.06k]\times1.05-k\}\times1.05-k=10\ 000v^3$，
$\Rightarrow k=1\ 221.99$ 元。

4.3　时间加权法：$1+i=\frac{75\ 000}{50\ 000}\times\frac{90\ 000}{75\ 000+15\ 000}\times\frac{67\ 000}{90\ 000-25\ 000}=1.542\ 6$
$\Rightarrow i=0.542\ 6$。
币值加权法：利息 $I=67\ 000-50\ 000-15\ 000+25\ 000=27\ 000$
$$\Rightarrow i=\frac{27\ 000}{50\ 000+15\ 000\times\left(1-\frac{1}{3}\right)-25\ 000\times\left(1-\frac{2}{3}\right)}=0.522\ 6。$$
两种方法计算的收益率之差为 $0.542\ 6-0.522\ 6=0.02$。

4.4　基金 A 的利息 $I=43\ 100-50\ 000-24\ 000+36\ 000=5\ 100$，故其币值加权收益率为：
$$i=\frac{5\ 100}{50\ 000+24\ 000\times\left(1-\frac{1}{3}\right)-36\ 000\times\left(1-\frac{5}{6}\right)}=0.085;$$
基金 B 的时间加权收益率满足：
$$1+i=\frac{105\ 000}{100\ 000}\times\frac{X}{105\ 000-15\ 000}=1.085\Rightarrow X=93\ 000。$$

4.5　$I=120-100-2X=0\Rightarrow X=10$，
$$y=\frac{90}{100}\times\frac{110}{100}\times\frac{120}{120}-1=-1\%。$$

4.6　$\frac{120}{100}\times\frac{100}{120+D}\times\frac{65}{100-50}=1\Rightarrow D=36$，

故币值加权收益率为 $i=\dfrac{65-(100+D-50)}{100+D\times\dfrac{9}{12}-50\times\dfrac{3}{12}}=-0.1834$。

4.7 由时间加权收益率可得 $1.10=\dfrac{B_{\frac{1}{2}}}{1000}\times\dfrac{2000}{B_{\frac{1}{2}}+D_{\frac{1}{2}}}$，

由币值加权收益率可得 $0.09=\dfrac{2000-1000-D_{\frac{1}{2}}}{1000+0.5\times D_{\frac{1}{2}}}$，

故 $B_{\frac{1}{2}}=1064.32$，$D_{\frac{1}{2}}=870.81$，$(1+i)^{\frac{1}{2}}=\dfrac{1064.32}{1000}$

$\Rightarrow i=0.1327$。

4.8 利息收入 $I=130-[(75+10\times12)-5-25-8-35]$，

平均本金 $P=75+10\times\left(\dfrac{11}{12}+\dfrac{10}{12}+\cdots+\dfrac{1}{12}\right)-5\times\dfrac{10}{12}-25\times\dfrac{6}{12}-8\times\dfrac{2.5}{12}-35\times\dfrac{2}{12}$，

币值加权收益率为 $\dfrac{I}{P}=7.56\%$。

4.9 以时间加权法计算前 6 个月的实际收益率为 $j=\dfrac{40}{50}\times\dfrac{80}{60}\times\dfrac{157.50}{160}-1=0.05$，

与其等价的年实际收益率为 $i=(1.05)^2-1=0.1025$，

全年的时间加权收益率率为：

$i'=1.05\times\dfrac{175}{157.50}\times\dfrac{X}{250}-1=0.00466X-1\Rightarrow X=236.59$。

4.10 基金在现金流发生前的价值如下表所示：

时间	现金流发生前的基金价值	现金流	现金流发生后的基金价值
1月1日	20 000		
3月31日	22 000	1 000	23 000
6月30日	23 800	1 000	24 800
9月30日	24 000	1 000	25 000
12月31日	24 100	1 000	25 100

故 $1+i=\dfrac{22000}{20000}\times\dfrac{23800}{23000}\times\dfrac{24000}{24800}\times\dfrac{24100}{25000}=1.0619$

$\Rightarrow i=0.0619$。

4.11 第 5 年末投资者共得到 56 245.5 元。设购买价格为 P，要得到 4%的收益率，则有：

$P(1.04)^5=56245.5\Rightarrow P=46229.7$ 元。

4.12 $5000\ddot{s}_{\overline{2}|0.08}=100000+(5000i)(Is)_{\overline{20}|i/2}\Rightarrow\ddot{s}_{\overline{20}|i/2}=34.71\Rightarrow i=0.1$。

4.13 投资者 A 每年获得利息为 100 万元，第 10 年末积累值为 1 500 万元，则

$1500=100s_{\overline{10}|i}\Rightarrow i=8.73\%$。

投资者 B 第 2 年末获得利息 150×0.12，第 3 年末获得利息 $2\times150\times0.12$，…，第 20 年末获得利息 $19\times150\times0.12$，利息再投资后的积累值为：

$150\times0.12\times(Is)_{\overline{19}|0.873}=6111.37$ 万元。

4.14 $12\times i\times s_{\overline{20}|0.75i}+12\times i\times s_{\overline{10}|0.75i}=64\Rightarrow(1+0.75i)^{10}=2$

$\Rightarrow i=0.09569$。

4.15 3 项投资在 2015 年初的余额为 320.46 万元，在 2015 年末的余额为 344.56 万元，故 2015 年中所获利息为 24.10 万元。

第 5 章 债务偿还方法

5.1 $X(1-v^n)=604$，$X(1-v^{n-2})=593.75$，$X(1-v^{n-4})=582.45$

$\Rightarrow 1-\dfrac{604}{X}=v^n,\ 1-\dfrac{593.75}{X}=v^{n-2},\ 1-\dfrac{582.45}{X}=v^{n-4}\Rightarrow X=704.06$。

5.2 设每年的等额分期付款金额为 R，由已知

$R(1-v^{28})=135, R(1-v^{14})=108\Rightarrow R(1-v^7)=72$ 元。

5.3 $R(1-v^{30-t+1})=\dfrac{R}{3}\Rightarrow v^{30-t+1}=\dfrac{2}{3}\Rightarrow t=22.69$，

故在第 23 年分期付款中，利息金额最接近于付款金额的$\dfrac{1}{3}$。

5.4 $290.35=Rv^{10}+Rv^9+Rv^8$，$408.55=Rv^3+Rv^2+Rv$

$\Rightarrow i=0.05$，$R=150.03$，$L_0=1\,158.4$，

支付的利息总金额为 $10R-L_0=341.9$。

5.5 设等额年度付款金额为 R：$Ra_{\overline{5}|i}=908.81$，$v^5Ra_{\overline{10}|i}=1\,000$

$\Rightarrow v^5=0.661\,989$

故第 5 年末未偿还的本金为 $Ra_{\overline{10}|i}=1\,000\,(1+i)^5=1\,510.6$ 万元。

5.6 (1) 借款人第 2 年末向偿债基金储蓄的金额应为 $D=\dfrac{L_0}{s_{\overline{n}|j}}=\dfrac{20\,000}{s_{\overline{4}|0.08}}=4\,438.42$ 元，

(2) 第 2 年末的余额为 $Ds_{\overline{k}|j}=4\,438.42\times s_{\overline{2}|0.08}=9\,231.91$ 元，

(3) 第 2 年末的贷款净额为 $L_0-Ds_{\overline{k}|j}=20\,000-9\,231.91=10\,768.09$ 元。

5.7 $R=6\,104.56=\dfrac{L_0}{a_{\overline{k}|i}}=\dfrac{20\,000}{a_{\overline{4}|i}}\Rightarrow i=8.49\%$。

5.8 第 4 次付款后未偿还的本金余额为：

$L_4=240v+250v^2+\cdots+290v^6=230a_{\overline{6}|0.05}+10\,(Ia)_{\overline{6}|0.05}$，

故第 5 次付款的利息部分为：

$I=L_4\cdot i=[230a_{\overline{6}|0.05}+10\,(Ia)_{\overline{6}|0.05}]\times 0.05=66.89$ 万元。

5.9 $125\,000=Ra_{\overline{12}|j}[1+1.02v+(1.02v)^2+\cdots+(1.02v)^{29}], j=(1+i)^{1/12}-1$

$\Rightarrow R=526$。

5.10 各期还款的积累值为 $1\,000s_{\overline{20}|0.05}=10\,000\,(1+i)^{20}$

$\Rightarrow i=0.061\,6$。

5.11 $\begin{cases}55\,000=500.38a_{\overline{12n}|j}\\ 3\,077.94=55\,000(1+j)^{12n}-500.38s_{\overline{12n-1}|j}\end{cases}\Rightarrow i=12j=0.091\,7$。

5.12 第一笔贷款，每期偿还额 $R=\dfrac{20\ 000}{a_{\overline{30}|0.05}}=1\ 301.03$ 元，

第 11 年内偿还的本金金额为 $P_{11}=Rv^{30-11+1}=490.34$ 元；

第二笔贷款 $R'=\dfrac{10\ 000}{a_{\overline{20}|0.07}}=943.93$ 元，$P_1{}'=R'v^{20-1+1}=243.93$ 元。

故 2010 年 1 年内偿还的两笔贷款的本金之和为 734.27 元。

5.13 $[2Xa_{\overline{4}|5\%}+X+2Xa_{\overline{5}|3\%}(1+5\%)^{-4}]\times(1+5\%)^{-0.5}=50\ 000$

$\Rightarrow X=3\ 278$ 元。

5.14 由已知条件有：$1\ 000=Xa_{\overline{3}|0.01}+3Xv^3a_{\overline{3}|0.01}=11.504\ 5X$

$\Rightarrow X=86.922\ 8$ 万元，

利用过去法，第 2 期后未偿还的本金余额为

$L_2=1\ 000(1.01)^2-86.922\ 8S_{\overline{2}|0.01}$

$=845.385\ 2$ 万元，

故第 3 次支付的本金金额为 $P_3=X-0.01L_2=78.468\ 9$ 万元。

利用将来法，第 4 期后未偿还的本金余额为

$L_4=3Xa_{\overline{2}|0.01}=513.816\ 8$ 万元，

故第 5 次支付的利息金额为 $I_5=0.01L_4=5.138\ 2$ 万元。

5.15 $1-v^{360-69+1}=94.473\%\Rightarrow v=0.990\ 13\Rightarrow X=12\left(\dfrac{1}{v}-1\right)=0.119\ 6$。

5.16 前 10 次付款等于应付利息，故第 10 年末未偿还的贷款余额仍为 1 000 万元。

第 11～20 次付款等于应付利息的两倍，即本金偿还值等于应付利息值，有

$I_{11}=0.08L_{10}$，

$L_{11}=L_{10}-P_{11}=L_{10}-I_{11}=0.92L_{10}$，

$L_{12}=0.92L_{11}=(0.92)^2L_{10}$，

…

$L_{20}=(0.92)^{10}L_{10}=(0.92)^{10}\times1\ 000=434.388\ 5$ 万元。

后 10 次每次付款等于 X，故

$L_{20}=434.388\ 5=X\cdot a_{\overline{10}|0.08}\Rightarrow X=64.74$ 万元。

5.17 分别用将来法计算两种偿还方式在第 5 次付款之后的未偿还的本金余额，有

$1\ 000a_{\overline{10}|0.05}=800a_{\overline{10}|0.05}+Kv(Ia)_{\overline{9}|0.05}$

解得 $K=48.791\ 4$。

故调整后最后一次的支付额为 $800+9K=1\ 239.12$ 元。

5.18 不妨假设两笔贷款均为 1，

对于贷款 A，$R_A=\dfrac{1}{a_{\overline{30}|0.08}}=0.088\ 8$，

对于贷款 B，$R_B=\dfrac{1}{30}+I$。

第 t 年对应的利息 I 为$\dfrac{0.08(30-t+1)}{30}$，

故有：$R_B=\dfrac{1}{30}+\dfrac{0.08(30-t+1)}{30}\leqslant R_A=0.088\ 8$，

解得：$t\geqslant10.2$。

故在第 11 年末，贷款 A 的支付额首次超过贷款 B。

5.19　每期偿还金额为 $R=\frac{8\,000}{a_{\overline{10}|0.07}}=1\,139$ 万元。

调整后，由 8%的年收益率，在借款日满足：

$R'a_{\overline{4}|0.08}\cdot 1.08^{-4}+Ra_{\overline{4}|0.08}=8\,000$，

解得调整后的每期偿还金额为 $R'=1\,736.9$ 万元。

故通过调整，借款人增加的付款为 $4\times1\,736.9-6\times1\,139=113.6$ 万元。

5.20　$10\,000=Xa_{\overline{30}|}+1\,900v^{20}a_{\overline{10}|}+100v(I_a)_{\overline{19}|}\Rightarrow X=5\,504.7$ 元。

5.21　设贷款本金为 L_0，则有

$$L_0=(2\,000-0.08L)\times1.07^3+(3\,000-0.08L)\times1.07^2+(4\,000-0.08L)\times1.07+(5\,000-0.08L)$$

$\Rightarrow L_0=11\,190.11$ 元。

第 6 章　债券价值分析

6.1　债券的价格为 957.88 元，账面值为 973.27 元。

6.2　债券的价格为 974.82 元，账面值为 930.26 元（理论方法）、929.82 元（半理论方法）、930.36 元（实践方法）。

6.3　$6\%\times1\,000\times a_{\overline{5}|i}+1\,000v^5=950\Rightarrow i=7.23\%$。

6.4　$6\%\times1\,000\times s_{\overline{5}|5\%}+1\,000=950(1+i)^5\Rightarrow i=6.99\%$。

6.5　债券每年末的息票收入为 80 元，故有

$$1\,082.27=V_5=V_4(1+i)-80=[V_3(1+i)-80](1+i)-80$$
$$=1\,099.84(1+i)^2-80(1+i)-80\Rightarrow i=6.50\%,$$

$80\cdot a_{\overline{n-3}|i}+1\,000v^{(n-3)}=1\,099.84\Rightarrow n=12$，

$P=80\cdot a_{\overline{12}|0.065}+1\,000\times(1.065)^{-12}=1\,122.38$ 元。

6.6　应用债券定价的溢价公式可以建立下述三个等式：

(1) $-X=C\left(\frac{40}{C}-i\right)a_{\overline{20}|}$

(2) $Y=C\left(\frac{45}{C}-i\right)a_{\overline{20}|}$，

(3) $2X=C\left(\frac{50}{C}-i\right)a_{\overline{20}|}$，

由 $\frac{(3)}{(1)}$ 得：$-2=\frac{50-Ci}{40-Ci}\Rightarrow Ci=\frac{130}{3}$，

由 (1)+(3) 得：$X=(90-2Ci)a_{\overline{20}|}\Rightarrow a_{\overline{20}|}=\frac{X}{90-2Ci}$，

所以，有 $Y=(45-Ci)a_{\overline{20}|}=\frac{X}{2}=5$ 元。

6.7　$1\,100v^n=190\Rightarrow v^n=\frac{19}{110}\Rightarrow a_{\overline{n}|}=\frac{910}{33}$，

$P=1\,100v^n+40a_{\overline{n}|0.03}=1\,293.03$ 元。

6.8 $P = 40a_{\overline{n}|} + M \cdot v^n$, $Q = 30a_{\overline{n}|} + M \cdot v^n$,

令债券 C 的价格为 X，则有

$X = 80a_{\overline{n}|} + M \cdot v^n \Rightarrow X = 5P - 4Q$。

6.9 $\begin{cases} P = (1\,000r)a_{\overline{10}|0.04} + 1\,100 \times (1.04)^{-10} \\ P - 81.49 = (1\,000r)a_{\overline{10}|0.05} + 1\,100 \times (1.05)^{-10} \end{cases} \Rightarrow r = 0.035$,

$X = 1\,000 \times 0.035a_{\overline{10}|0.035} + 1\,100 \times (1.035)^{-10} = 1\,070.80$ 元。

6.10 $P = 1\,050v^{20} + 50[v + (1.03)v^2 + (1.03)^2v^3 + \cdots + (1.03)^{19}v^{20}]$

$= 837.78$ 元 。

6.11 偿还值的现值为 $200v^5a_{\overline{5}|} = 584.68$(元),

未来息票收入的现值为 $60a_{\overline{5}|} + 12v^5\,(Da)_{\overline{5}|} = 355.99$(元),

故债券的价格为 940.67 元。

也可以应用 Makeham 公式计算，即

$P = \dfrac{0.06}{0.07} \times (1\,000 - 584.68) + 584.68 = 940.67$ 元。

6.12 $\begin{cases} P = 40a_{\overline{20}|} + 1\,000v^{20} \\ P = 40a_{\overline{10}|} + X \cdot v^{10} \end{cases} \Rightarrow \begin{cases} P = 1\,071.06 \text{ 元} \\ X = 1\,041.58 \text{ 元} \end{cases}$。

6.13 债券每年末的息票收入为 60 元，修正息票率为$\dfrac{60}{1\,050}$=5.714 3%，小于投资者所要求的收益率 8%，所以赎回越晚（即到期时赎回），债券的价格越低。由此可得，该债券的价格为

$P = 1\,050 + 1\,050 \times (5.714\,3\% - 8\%) \times a_{\overline{10}|} = 888.96$ 元。

第 7 章　利率风险管理

7.1 麦考利久期为 $D_{麦} = 15$,

基于名义收益率的修正久期为 $D = \dfrac{15}{1 + 1\%} = 14.85$,

年实际收益率为 $i = 12.68\%$,

基于实际收益率的修正久期为 $D = \dfrac{15}{1 + 12.68\%} = 13.31$ 。

7.2 $D = -\dfrac{P'(\delta)}{P(\delta)} = \dfrac{1}{\delta} - \dfrac{n}{e^{n\delta} - 1}$。

7.3 假设债券的面值为 100，则 $P = 92.64, D_{麦} = 8.02, D = 7.57$。

7.4 债券的麦考利久期可以表示为 $D_{麦} = \dfrac{\ddot{a}_{\overline{nm}|j}}{m}$，其中 $j = \dfrac{i^{(m)}}{m}$ ，变形可得

$$D_{麦} = (1+j)a_{\overline{nm}|j}\frac{1}{m} = (1+j)\frac{1-(1+i)^{-n}}{i^{(m)}} = \frac{1-v^n}{d^{(m)}} = \ddot{a}^{(m)}_{\overline{n}|}\text{。}$$

7.5 对年金的现值关于利率 i 求导，应用修正久期的定义公式可得

$$D=\frac{1}{i}-\frac{nv^{n+1}}{1-v^n}。$$

7.6 对于期末付永续年金，现值为 $P(i)=\frac{1}{i}$，$P'(i)=-\frac{1}{i^2}$，所以，

修正久期为 $D=\frac{1}{i}$，

麦考利久期为 $D_{麦}=D(1+i)=\frac{1+i}{i}$。

7.7 对于期初付永续年金，现值为 $P(i)=\frac{1+i}{i}$，$P'(i)=-\frac{1}{i^2}$，所以，

修正久期为 $D=\frac{1}{i(1+i)}$，

麦考利久期为 $D_{麦}=D(1+i)=\frac{1}{i}$。

7.8 假设债券面值为100，$P=5a_{\overline{4}|i/2}+100v^2=96.53\Rightarrow P'(i)=-169.29$

$\Rightarrow D=-\frac{P'(i)}{P(i)}=1.75$。

7.9 $D_{效}=\frac{127.64-122.95}{125.31\times 2\times 0.0025}=7.49$。

7.10 $D=\frac{D_{麦}}{1+i}=7.886$，$\frac{\Delta P}{P}\approx-(\Delta i)\cdot D=1.18\%$

$\Rightarrow$新的债券价格近似为：$75.98\times 1.0118=76.88$ 元。

7.11 $D_{效}=8.92$，　$C_{效}=13.35$；

$\frac{\Delta P}{P}\approx-(\Delta i)\cdot D_{效}+\frac{1}{2}\cdot(\Delta i)^2\cdot C_{效}=-8.85\%$，

债券的新价格近似为 $104.88\times(1-8.85\%)=95.60$ 元。

7.12 修正久期为8.12，凸度为101.24。

7.13 麦考利凸度为105.15。

7.14 $P=\frac{1}{i}=16.67\Rightarrow\frac{dP}{di}=-\frac{1}{i^2}$，$\frac{d^2P}{di^2}=\frac{2}{i^3}$，

$\Rightarrow D=-\frac{P'(i)}{P(i)}=\frac{1}{i}=16.67$，

$\Rightarrow C=\frac{P''(i)}{P(i)}=\frac{2}{i^2}=555.78$。

7.15 $\frac{\Delta P}{P}\approx-(\Delta i)\cdot D+\frac{1}{2}\cdot(\Delta i)^2\cdot C=-4.28\%$。

7.16 负债的现值为 $P_L=12\,418.43$ 元，

负债的麦考利久期为 $D_{麦}^L=5$，

负债的麦考利凸度为 $C_{麦}^L=25$。

不妨假设两种零息债券的面值均为1 000元，则

4年期零息债券的价格为 $P_4=\frac{1\,000}{(1+i)^4}=683.01$ 元，

10 年期零息债券的价格为 $P_{10}=\frac{1\,000}{(1+i)^{10}}=385.54$ 元。

假设债券投资中 4 年期的零息债券占 x，10 年期的零息债券 占$(1-x)$，由 $D_{麦}^{A}=D_{麦}^{L}$，有

$$(x)\times 4+(1-x)\times 10=5,$$

$$\Rightarrow x=83.33\%,$$

投资 4 年期零息债券的金额为 10 348.28 元，投资 10 年期零息债券的金额 2 070.15元。

7.17 债券 A 的价格为 982.17 元，麦考利久期为 1.934，麦考利凸度为 3.8。

债券 B 的价格为 1 039.93 元，麦考利久期为 4.256，麦考利凸度为 19.85。

在债券 A 上投资 11.02%，在债券 B 上投资 88.98%，则债券组合的麦考利久期等于负债的麦考利久期，均为 4 年，债券组合的麦考利凸度为 18.08，大于负债的麦考利凸度 16，满足免疫的条件。

7.18 各种债券的购买数量分别如下：

购买 5 年期债券的数量	80 000
购买 4 年期债券的数量	300 000
购买 2 年期债券的数量	600 000
购买 1 年期债券的数量	100 000

购买各种债券以后净负债的现金流如下（单位：万元）：

年度	1	2	3	4	5
负债的现金流	1 794	6 744	144	3 144	824
5 年期债券的现金流	24	24	24	24	824
净负债的现金流	1 770	6 720	120	3 120	0
4 年期债券的现金流	120	120	120	3 120	0
净负债的现金流	1 650	6 600	0	0	0
2 年期债券的现金流	600	6 600	0	0	0
净负债的现金流	1 050	0	0	0	0
1 年期债券的现金流	1 050	0	0	0	0
净负债的现金流	0	0	0	0	0

常用的 EXCEL 金融计算函数

利息理论中的许多计算都可以借助 EXCEL 中的金融函数完成。此处给出了一些常用的金融函数及其应用示例。

序号	函数	用途
1	EFFECT	计算实际利率
2	NOMINAL	计算名义利率
3	PV	计算年金的现值
4	FV	计算年金的终值
5	NPV	计算净现值
6	RATE	计算年金的利率
7	DATEDIF	计算两个日期之间的时间差
8	DAYS360	按照一年 360 天计算两个日期之间的时间差
9	IRR	计算现金流的收益率
10	MIRR	计算现金流的修正收益率
11	XIRR	计算非定期现金流的收益率
12	XNPV	计算非定期现金流的净现值
13	PMT	计算还款额
14	PRICE	计算债券的价格
15	PRICEDISC	计算贴现债券的价格
16	YIELD	计算债券的收益率
17	DURATION	计算债券的麦考利久期
18	MDURATION	计算债券的修正久期

1. 计算实际利率（EFFECT）

返回年实际利率，语法如下：

EFFECT（nominal _ rate，npery）

其中：

◆ nominal _ rate 为年名义利率。

◆ npery 为每年的复利次数。

例：每年复利 4 次的年名义利率为 5%，计算年实际利率。

解：在 EXCEL 的一个空白单元格中输入"＝EFFECT（5%，4）"后按回车键，即可求得年实际利率为 0. 050 945。

2. 计算名义利率（NOMINAL）

返回年名义利率，语法如下：

NOMINAL（effect _ rate，npery）

其中：

◆ effect _ rate 表示年实际利率。

◆ npery 表示每年的复利次数。

例：年实际利率为 5%，计算每年复利 12 次的年名义利率。

解：在 EXCEL 的一个空白单元格中输入"＝NOMINAL（5%，12）"后按回车键，即可求得每年复利 12 次的年名义利率为 0. 048 89。

3. 计算年金的现值（PV）

返回一项年金的现值，语法如下：

PV（rate，nper，pmt，[fv]，[type]）

其中：

◆ rate 是每期的利率。

◆ nper 是年金的总付款期数。

◆ pmt 是每期给付的金额，在年金期限内保持不变。

◆ fv 是终值或在最后一次付款后的现金余额。如果省略 fv，则假设其值为 0。

◆ type 表示期初付或期末付年金。type ＝0 表示期末付年金，type ＝1 表示期初付年金。默认值为 0。

注意：应确保所指定 rate 和 nper 的单位是一致的。如果贷款为期 4 年（年利率 12%），每月还款一次，则 rate 使用$\frac{12\%}{12}$，nper 使用 4×12＝48。如果每年还款一次，则 rate 使用 12%，nper 使用 4。

例：假设一项 20 年期的年金，每年末支付一次，每次支付 5 000 元，年利率为 10%，求该项年金的现值。

解：在 EXCEL 的一个空白单元格中输入"＝PV（10%，20，－5 000）"后按回车键，即可求得该项年金的现值为 42 567.82 元。

例：假设一项 20 年期的年金，每年初支付一次，每次支付 5 000 元，年利率为 10%，求该项年金的现值。

解：在 EXCEL 的一个空白单元格中输入“＝PV（10％，20，－5 000，0，1）”后按回车键，即可求得该项年金的现值为 46 824.60 元。

4. 计算年金的终值（FV）

返回年金的终值，语法如下：

FV（rate，nper，pmt，[pv]，[type]）

其中：

◆ rate 是每期的利率。

◆ nper 是年金的总付款期数。

◆ pmt 是每期给付的金额，在年金期限内保持不变。若省略 pmt，则必须包含 pv 变量。

◆ pv 是一系列未来付款的现值或当前的总金额。若省略 pv，则假设其值为 0。注意，pv 的价值中不包含每期支付的金额 pmt。

◆ type 表示期初付或期末付年金。type ＝0 表示期末付年金，type ＝1 表示期初付年金。默认值为 0。

注意：应确保所指定 rate 和 nper 的单位的一致性。例如，同样是 4 年期年利率为 12％的贷款，如果按月支付，rate 应为 $\frac{12\%}{12}$，nper 应为 4×12＝48；如果按年支付，rate 应为 12％，nper 应为 4。

在所有参数中，支出的款项，如银行存款，表示为负数；收入的款项，如股息收入，表示为正数。

例：假设一项 20 年期的年金每年末支付一次，每次支付 500 元，年利率为 10％，求该项年金的终值。

解：在 EXCEL 的一个空白单元格中输入“＝FV（10％，20，－500）”后按回车键，即可求得该项年金的终值为 28 637.50 元。

例：假设一项 20 年期的年金每年初支付一次，每次支付 500 元，年利率为 10％，求该项年金的终值。

解：在 EXCEL 的一个空白单元格中输入“＝FV（10％，20，－500，0，1）”后按回车键，即可求得该项年金的终值为 31 501.25 元。

5. 计算净现值（NPV）

基于一系列定期支付的现金流和利率，返回某项投资的净现值，语法如下：

NPV（rate，value1，[value2]，…）

其中：

◆ rate 表示每期的利率。

◆ value1，[value2]，…，表示现金流的值，方括号中的数值是可选项。现金流必须具有相等的间隔。注意，不包含时刻 0 的现金流。

例：如下表所示，单元格 A3：A6 中给出了每年末的现金流，单元格 A2 中给出了年利率，请计算该现金流的净现值。

	A	B
1	数据	说明
2	10%	年利率
3	−10 000	第 1 年末的投资额
4	3 000	第 2 年末的收益
5	4 200	第 3 年末的收益
6	6 800	第 4 年末的收益

解：在一个空白单元格中输入“＝NPV（A2，A3：A6)”后按回车键，即可得到上述现金流的净现值为 1 188.44。

计算上述净现值的表达式为：

$$\frac{-10\ 000}{1.1}+\frac{3\ 000}{1.1^2}+\frac{4\ 200}{1.1^3}+\frac{6\ 800}{1.1^4}$$

6. 计算年金的利率（RATE)

返回一项年金的利率，语法如下：

RATE（nper，pmt，pv，[fv]，[type]，[guess]）

其中：

◆ nper 是年金的总付款期数。

◆ pmt 是每期给付的金额，在年金期限内保持不变。

◆ pv 表示未来一系列付款的现值。

◆ fv 是终值或在最后一次付款后的现金余额。如果省略 fv，则假设其值为 0。

◆ type 表示期初付或期末付年金。type ＝0 表示期末付年金，type ＝1 表示期初付年金。默认值为 0。

◆ guess 是对利率的初始估计值，默认值为 10%。

例：假设一项 10 年期的期初付年金的现值为 80 000 元，每年初的付款额为 10 000 元，求该项年金的年利率。

解：在 EXCEL 的一个空白单元格中输入“＝RATE（10，−10 000，80 000，0，1)”后按回车键，即可求得上述年金的年利率为 5.34%。

7. 计算两个日期之间的时间差（DATEDIF)

返回两个日期之间的时间差，语法如下：

DATEDIF（start _ date，end _ date，unit）

其中：

◆ start _ date 表示起始日期。

◆ end _ date 表示结束日期。

◆ unit 为返回类型。“D”表示返回天数之差，“M”表示返回整月数之差，“Y”表示返回整年数之差。

例：计算 2011 年 3 月 5 日到 2015 年 9 月 11 日之间的天数之差、月数之差和年数之差。

解：计算公式和结果如下。

公式	说明	结果
=DATEDIF("2011-3-5","2015-9-11","D")	天数之差	1 651
=DATEDIF("2011-3-5","2015-9-11","M")	整月数之差	54
=DATEDIF("2011-3-5","2015-9-11","Y")	整年数之差	4

8. 按照一年 360 天计算两个日期之间的时间差（DAYS360）

按照一年 360 天的算法（每月计 30 天，一年计 12 个月），返回两个日期之间的天数，语法如下：

DAYS360（start _ date，end _ date，[method]）

其中：

◆ start _ date 表示起始日。

◆ end _ date 表示终止日。

◆ method 是可选项，指定计算中使用欧洲方法还是美国方法。method=FALSE 是默认方法，表示使用美国方法。method=TRUE 表示欧洲方法。美国方法：如果起始日为某月的最后一天，则等于当月的 30 日；如果终止日为某月的最后一天，且起始日早于某月的 30 日，则终止日等于下个月的 1 日，否则，终止日等于当月的 30 日。欧洲方法：如果起始日和终止日为某月的 31 日，则等于当月的 30 日。

例：下表单元格 A2：A5 中是一些给定的日期，请根据这些日期可以计算它们之间的天数。

	A
1	日期
2	2011/1/1
3	2011/1/30
4	2011/2/1
5	2011/12/31

解：应用 DAYS360 函数计算两个日期之间的天数，结果如下：

公式	描述	结果
=DAYS360（A3，A4）	按照一年 360 天的算法，返回 2011/1/30 与 2011/2/1 之间的天数	1
=DAYS360（A2，A4）	按照一年 360 天的算法，返回 2011/1/1 与 2011/2/1 之间的天数	30
=DAYS360（A2，A5）	按照一年 360 天的算法，返回 2011/1/1 与 2011/12/31 之间的天数	360
=DAYS360（A2，A5，TRUE）	按照一年 360 天的算法，采用欧洲方法，返回 2011/1/1 与 2011/12/30 之间的天数	359

9. 计算现金流的收益率（IRR）

返回一系列现金流的内部收益率，语法如下：

IRR（values，[guess]）

其中：

◆ values 为数组或单元格的引用，包含用来计算内部收益率的数字，该数组必须至少包含一个负值和一个正值。

◆ guess 是对内部收益率的初始估计值，默认值为 10%。

注意：函数 IRR 根据数值的顺序来解释现金流的顺序，故应按需要的顺序输入支出和收入的数值。

例：如下表所示，单元格 A2：A7 中是现金流的数据，请计算该现金流的收益率。

	A	B
1	数据	说明
2	−80 000	某项业务的初期成本费用
3	15 000	第 1 年的净收入
4	15 000	第 2 年的净收入
5	18 000	第 3 年的净收入
6	25 000	第 4 年的净收入
7	25 000	第 5 年的净收入

解：在一个空白单元格中输入"＝IRR（A2：A7）"后按回车键，即可求得上述现金流的收益率为 6.45%。

10. 计算现金流的修正收益率（MIRR）

返回现金流的修正内部收益率，其中正现金流和负现金流分别按不同的利率贴现，即资金流出按筹资利率进行贴现，而资金流入按投资利率进行贴现，语法如下：

MIRR（values，finance _ rate，reinvest _ rate）

其中：

◆ values 用于指定的一组现金流的值。该数组必须至少包含一个负值（支出）和一个正值（收入）。

◆ finance _ rate 用于指定作为融资成本支付的利率。

◆ reinvest _ rate 用于指定从再投资收益中得到的利率。

注意：函数 MIRR 根据输入值的次序来解释现金流的次序。所以，务必按照实际的顺序输入支出和收入数额，并使用正确的正负号（现金流入用正值，现金流出用负值）。

例：如下表所示，单元格 A2：A7 是一个投资项目的现金流，单元格 A8 是筹资的年利率，单元格 A9 是再投资的年利率。请计算该项投资的修正收益率。

	A	B
1	数据	说明
2	−120 000	初始投资
3	40 000	第 1 年末的收益
4	30 000	第 2 年末的收益
5	21 000	第 3 年末的收益
6	35 000	第 4 年末的收益
7	45 000	第 5 年末的收益
8	10.00%	筹资的年利率
9	12.00%	收益进行再投资的年利率

解：在一个空白单元格中输入“＝MIRR（A2：A7，A8，A9)”后按回车键，即可求得该项投资的修正收益率为 12.44％。

11. 计算非定期现金流的收益率（XIRR）

返回一系列非定期发生的现金流的内部收益率，语法如下：

XIRR（values，dates，[guess]）

其中：

◆ values 表示一系列与付款日期对应的现金流。序列值必须包含至少一个正值和一个负值。

◆ dates 表示对应现金流的付款日期。

◆ guess 是对内部收益率的初始估计值，默认值为 10％。

用 XIRR 函数求解内部收益率的方程如下：

$$0=\sum_{i=1}^{N}\frac{P_i}{(1+\text{rate})^{\frac{d_i-d_1}{365}}}$$

式中：

d_i ＝ 第 i 个支付日期。

d_1 ＝ 一系列现金流的初始日期。

P_i ＝ 第 i 个支付额。

例：如下表所示，单元格 A2：A6 给出了现金流的值，单元格 B2：B6 是现金流的发生时间，请计算该现金流的收益率。

	A	B
1	现金流的值	现金流发生的日期
2	−10 000	2014/1/1
3	2 500	2014/3/1
4	2 500	2014/10/30
5	3 000	2015/2/15
6	3 000	2015/4/1

解：在一个空白单元格中输入“＝XIRR（A2：A6，B2：B6)”后按回车键，即可求得上述现金流的收益率为 11.7％。

12. 计算非定期现金流的净现值（XNPV）

返回一系列非定期支付的现金流的净现值，语法如下：

XNPV（rate，values，dates）

其中：

◆ rate 表示计算现值所使用的年利率。

◆ values 表示一系列与付款日期对应的现金流。序列值必须包含至少一个正值和一个负值。

◆ dates 表示对应现金流的付款日期。

函数 XNPV 的计算公式如下：

$$\text{XNPV}=\sum_{i=1}^{N}\frac{P_i}{(1+\text{rate})^{\frac{d_i-d_1}{365}}}$$

式中：

d_i =第 i 个支付日期。

d_1 =一系列现金流的初始日期。

P_i =第 i 个支付额。

例：如下表所示，已知现金流如单元格 A2：A6 所示，现金流的发生时间如单元格 B2：B6 所示，假设年利率为 9%，求该现金流的净现值。

	A	B
1	数值	日期
2	−10 000	2014/1/1
3	2 500	2014/3/1
4	4 500	2014/10/30
5	3 000	2015/2/15
6	2 900	2015/4/1

解：在一个空白单元格中输入“=XNPV（0.09，A2：A6，B2：B6）”后按回车键，即可求得上述现金流的净现值为 1 983.54。

计算上述净现值的表达式如下：

$$\frac{-10\ 000}{(1+0.09)^{\frac{0}{365}}}+\frac{2\ 500}{(1+0.09)^{\frac{59}{365}}}+\frac{4\ 500}{(1+0.09)^{\frac{302}{365}}}+\frac{3\ 000}{(1+0.09)^{\frac{410}{365}}}+\frac{2\ 900}{(1+0.09)^{\frac{455}{365}}}=1\ 983.54$$

13. 计算还款额（PMT）

返回一笔贷款的定期还款额，语法如下：

PMT（ratc，npcr，pv，[fv]，[type]）

其中：

◆ rate 表示年利率。

◆ nper 表示付款总次数。

◆ pv 表示未来一系列付款的现值。

◆ fv 表示在最后一次付款后的现金余额。如果省略 fv，则假定其值为 0。

◆ type 表示期初付年金或期末付年金。type =0 表示期末付，type =1 表示期初付。默认值为 0。

$$\text{PMT}=(1+\text{rate}\times\text{type})^{-1}\frac{\text{pv}-\text{fv}(1+\text{rate})^{\text{nper}}}{\frac{1-(1+\text{rate}^{-\text{nper}})}{\text{rate}}}$$

例：根据下表中的数据，分别计算每年末还款一次和每年初还款一次的还款额。

	A	B
1	数据	说明
2	8%	年利率
3	10	贷款期限（年数）
4	100 000	贷款额（本金）

解：有关结果如下。

公式	说明	结果
=PMT（A2，A3，A4，0，0）	每年末还款一次，每次的还款额	¥−1 490.29
=PMT（A2，A3，A4，0，1）	每年初还款一次，每次的还款额	¥−1 379.90

14. 计算债券的价格（PRICE）

返回定期付息的面值为 100 的债券的价格，语法如下：

PRICE（settlement，maturity，rate，yld，redemption，frequency，basis ）

其中：

- settlement 为债券的结算日，即在发行日之后，债券卖给购买者的日期。
- maturity 为债券的到期日。
- rate 为债券的年息票率。
- yld 为债券的年收益率。
- redemption 是面值为 100 的债券的到期偿还值。
- frequency 为年付息次数。如果按年支付，frequency =1；如果每半年支付一次，frequency =2；如果按季支付，frequency =4。
- basis 为日计数基准。缺省值为 0，表示“US（NASD）30/360”规则；如果取值为 1，表示“实际天数/实际天数”规则；如果取值为 2，表示“实际天数/360”规则；如果取值为 3，表示“实际天数/365”规则；如果取值为 4，表示“欧洲 30/360”规则。

注意：如果 frequency 不等于 1，譬如 frequency=2，则年息票率（rate）和年收益率（yld）都表示每年复利 2 次。

PRICE 函数计算债券价格的公式如下：

$$\text{PRICE}=\left[\frac{\text{redemption}}{\left(1+\dfrac{\text{yld}}{\text{frequency}}\right)^{\left(N-1+\frac{DSC}{E}\right)}}\right]+\left[\sum_{k=1}^{N}\frac{100\times\dfrac{\text{rate}}{\text{frequency}}}{\left(1+\dfrac{\text{yld}}{\text{frequency}}\right)^{\left(k-1+\frac{DSC}{E}\right)}}\right]-\left(100\times\frac{\text{rate}}{\text{frequency}}\times\frac{A}{E}\right)$$

式中：

DSC=结算日与下一付息日之间的天数。

E=结算日所在的付息期的天数。

N=结算日与到期日之间的付息次数。

A=从发行日到结算日的天数。

在计算 PRICE 的公式中，第一项是到期偿还值在结算日的现值，第二项是各期的息票收入在结算日的现值，第三项是从发行日到结算日的应计利息。

例：在 EXCEL 的 A2：A8 单元格中给出了债券的有关信息，如下表所示，求该债券的价格。

	A	B
1	数据	说明
2	2014/1/1	债券的结算日（settlement）
3	2017/12/31	债券的到期日（maturity）
4	5.00%	年息票率（rate）
5	6.00%	年收益率（yld）
6	100	到期偿还值（redemption）
7	2	每半年支付一次利息（frequency=2）
8	0	以“30/360”规则为日计数基准

在 EXCEL 中的求解公式和计算结果如下：

公式	说明	结果
=PRICE（A2，A3，A4，A5，A6，A7，A8）	符合上述条件的债券的价格	96.49

15. 计算贴现债券的价格（PRICEDISC）

返回折价发行的面值为 100 的债券的价格，语法如下：

PRICEDISC（settlement，maturity，discount，redemption，basis）

其中：

◆ settlement 为债券的结算日，即在发行日之后，债券卖给购买者的日期。

◆ maturity 为债券的到期日。

◆ discount 表示贴现率。

◆ redemption 是面值为 100 的债券的到期偿还值。

◆ basis 为日计数基准。缺省值为 0，表示“US（NASD）30/360”规则；如果取值为 1，表示“实际天数/实际天数”规则；如果取值为 2，表示“实际天数/360”规则；如果取值为 3，表示“实际天数/365”规则；如果取值为 4，表示“欧洲 30/360”规则。

例：2020 年 1 月 1 日发行的贴现债券将在 2021 年 1 月 1 日到期，到期偿还值为 100 元，如果年贴现率为 5%，计算该债券在发行时的价格。

解：在 EXCEL 的一个单元格中输入“=PRICEDISC（DATE（2020，1，1），DATE（2021，1，1），5%，100，1）”后按回车键，即可得到该债券的价格为 95 元。

16. 计算债券的收益率（YIELD）

返回定期付息债券的收益率，语法如下：

YIELD（settlement，maturity，rate，pr，redemption，frequency，[basis]）

其中：

◆ settlement 表示债券的结算日，即在发行日之后，债券卖给购买者的日期。

◆ maturity 是债券的到期日。

◆ rate 是年息票率。

◆ pr 是债券的价格（按面值为 100 计算）。

◆ redemption 是面值为 100 的债券的到期偿还值。

◆ frequency 是年付息次数。如果按年支付，frequency ＝1；如果每半年支付一次，frequency ＝2；如果按季支付，frequency ＝4。

◆ basis 为日计数基准。缺省值为 0，表示“US（NASD）30/360”规则；如果取值为 1，表示“实际天数/实际天数”规则；如果取值为 2，表示“实际天数/360”规则；如果取值为 3，表示“实际天数/365”规则；如果取值为 4，表示“欧洲 30/360”规则。

注意：如果 frequency 不等于 1，譬如 frequency＝2，则年息票率（rate）和年收益率（yld）都表示每年复利 2 次。

例：如下表所示，在 EXCEL 的 A2：A8 单元格中给出了债券的有关信息，求该债券的到期收益率。

	A	B
1	数据	说明
2	2014/2/1	债券的结算日（settlement）
3	2016/11/1	债券的到期日（maturity）
4	5%	年息票率（rate）
5	95	债券的价格（pr）
6	100	到期偿还值（redemption）
7	2	每半年支付一次利息（frequency=2）
8	0	以 30/360 为日计数基准

解：EXCEL 中的求解公式和计算结果如下：

求解公式	说明	结果
＝YIELD（A2，A3，A4，A5，A6，A7，A8）	符合上述条件的债券的收益率	7.03%

17. 计算债券的麦考利久期（DURATION）

返回定期付息债券的麦考利久期，语法如下：

DURATION（settlement，maturity，coupon，yld，frequency，[basis]）

其中：

◆ settlement 是债券的结算日。

◆ maturity 是债券的到期日。

◆ coupon 是债券的年息票率。

◆ yld 是债券的年收益率。

◆ frequency 是每年息票的支付次数。若每年给付一次，frequency ＝1；若每半年给付一次，frequency ＝2；若每季给付一次，frequency ＝4。

◆ basis 为日计数基准。缺省值为 0，表示“US（NASD）30/360”规则；如果取值为 1，表示“实际天数/实际天数”规则；如果取值为 2，表示“实际天数/360”规则；如果取值为 3，表示“实际天数/365”规则；如果取值为 4，表示“欧洲 30/360”规则。

注意：当 frequency 不等于 1 时，如 frequency＝2，则年收益率（yld）和年息票率

(coupon)表示每年复利 2 次。

在使用该函数时，需要用 DATE 函数输入日期，如用 DATE(2015，5，2)表示 2015 年 5 月 2 日。

例：假设 2015 年 1 月 1 日发行并结算的面值为 1 000 元的 10 年期债券的息票率为 8%，每半年支付一次利息，到期偿还值为 1 000 元。假设每年复利 2 次的年收益率为 10%，请计算该债券的麦考利久期。

解：在 EXCEL 中，应用 DURATION 求解麦考利久期的计算公式如下：

=DURATION(DATE(2015，1，1)，DATE(2025，1，1)，8%，10%，2，1)

可得到麦考利久期的计算结果为 6.84。

18. 计算债券的修正久期(MDURATION)

返回债券的修正久期，语法如下：

MDURATION(settlement，maturity，coupon，yld，frequency，basis)

其中：

- settlement 为债券的结算日。
- maturity 为债券的到期日。
- coupon 为债券的年息票率。
- yld 为债券的年收益率。
- frequency 为债券的年付息次数。如果按年支付，frequency =1；如果每半年支付一次，frequency =2；如果按季支付，frequency =4。
- basis 为日计数基准。缺省值为 0，表示“US(NASD)30/360”规则；如果取值为 1，表示“实际天数/实际天数”规则；如果取值为 2，表示“实际天数/360”规则；如果取值为 3，表示“实际天数/365”规则；如果取值为 4，表示“欧洲 30/360”规则。

注意：当 frequency 不等于 1 时，如果 frequency=2，则年收益率(yld)和年息票率(coupon)表示每年复利 2 次。

应使用 DATE 函数或日期格式输入日期，或者将函数作为其他公式或函数的结果输入。例如，使用 DATE(2008，5，23)表示 2008 年 5 月 23 日。如果日期以文本形式输入，则可能会出现问题。

例：假设 2015 年 1 月 1 日发行并结算的面值为 1 000 元的 10 年期债券的息票率为 8%，每半年支付一次利息，到期偿还值为 1 000 元。假设每年复利 2 次的年收益率为 10%，请计算该债券的修正久期。

解：在 EXCEL 中应用 MDURATION 函数求解修正久期的计算公式如下：

=MDURATION(DATE(2015，1，1)，DATE(2025，1，1)，8%，10%，2，1)

可得到修正久期的计算结果为 6.51。

参考文献

[1] Alastair L. Day. *Mastering Financial Mathematics in Microsoft Excel: A Practical Guide for Business Calculations (2nd edition)*. Pearson Education Limited，2010.

[2] Chris Ruckman，Joe Francis. *Financial Mathematics*. BPP Professional Education，Inc.，2005.

[3] Mark Cassano，Rüdiger Fahlenbrach. *Solutions Manual for Even-Numbered Problem to Accompany Derivatives Markets by Robert L. McDonald*. Pearson Education，Inc.，2006.

[4] Mathhew J. Hassett，Michael I. Ratliff，Amy Steeby. *Study Manual: SOA Exam FM，CAS Exam 2*. ACTEX Publications，Inc.，2007.

[5] Robert L. McDonald. *Derivatives Markets*. Pearson Education，Inc.，2006.

[6] Simon Benninga. *Financial Modeling*. Massachusetts Institute of Technology Press，1999.

[7] S.G. 凯利森．利息理论．上海：上海科学技术出版社，1995.

[8] 西蒙·本尼卡．财务金融建模：用 EXCEL 工具．2 版．上海：上海财经大学出版社，2003.

[9] 孟生旺．金融数学．6 版．北京：中国人民大学出版社，2019.

[10] 周爱民，张晓斌．Excel 与金融工程学．厦门：厦门大学出版社，2010.

图书在版编目（CIP）数据

利息理论及其应用 / 孟生旺编著．-- 4 版．-- 北京：
中国人民大学出版社，2021.1
普通高等学校应用型教材．金融
ISBN 978-7-300-28920-5

Ⅰ.①利… Ⅱ.①孟… Ⅲ.①利息－经济理论－高等
学校－教材 Ⅳ.①F032.2

中国版本图书馆 CIP 数据核字（2021）第 016052 号

普通高等学校应用型教材·金融
利息理论及其应用（第四版）
孟生旺　编著
Lixi Lilun ji Qi Yingyong

出版发行	中国人民大学出版社		
社　　址	北京中关村大街 31 号	**邮政编码**	100080
电　　话	010－62511242（总编室）		010－62511770（质管部）
	010－82501766（邮购部）		010－62514148（门市部）
	010－62515195（发行公司）		010－62515275（盗版举报）
网　　址	http：//www.crup.com.cn		
经　　销	新华书店		
印　　刷	北京捷迅佳彩印刷有限公司	**版　　次**	2013 年 11 月第 1 版
开　　本	787 mm×1092 mm　1/16		2021 年 1 月第 4 版
印　　张	14.25	**印　　次**	2025 年 3 月第 8 次印刷
字　　数	330 000	**定　　价**	36.00 元

版权所有　侵权必究　　印装差错　负责调换

教学支持说明

1. 教辅资源获取方式

为秉承中国人民大学出版社对教材类产品一贯的教学支持，我们将向采纳本书作为教材的教师免费提供丰富的教辅资源。您可直接到中国人民大学出版社官网的教师服务中心注册下载——http://www.crup.com.cn/Teacher。

如遇到注册、搜索等技术问题，可咨询网页右下角在线 QQ 客服，周一到周五工作时间有专人负责处理。

注册成为我社教师会员后，您可长期根据您所属的课程类别申请纸质样书、电子样书和教辅资源，自行完成免费下载。您也可登录我社官网的“教师服务中心”，我们经常举办赠送纸质样书、赠送电子样书、线上直播、资源下载、全国各专业培训及会议信息共享等网上教材进校园活动，期待您的积极参与！

2. 赠送“经管之家”论坛币

经管之家（http://www.jg.com.cn）于 2003 年成立，致力于推动经济学科的进步，传播优秀教育资源，做最好的经管教育。目前已经发展成国内最大的经济、管理、金融、统计类在线教育平台，也是国内最活跃和最具影响力的经济类网站。

为了更好地服务于教学一线的任课教师，凡使用中国人民大学出版社经济分社教材的教师，注册成为我社教师会员后，可填写以下信息调查表，发送电子邮件或者邮寄或者传真给我们，我们将会向您赠送经管之家论坛币 200 个。

教师信息表

姓名：
学校：
论坛 ID：
教授课程：
使用教材：
论坛识别码：pinggu_com_1501511_8899768

3. 高校教师可加入下述学科教师 QQ 交流群，获取更多教学服务

经济类教师交流群：809471792

财政金融教师交流群：766895628

国际贸易教师交流群：162921240

税收教师交流群：119667851

4. 购书联系方式

网上书店咨询电话：010-82501766

邮购咨询电话：010-62515351

团购咨询电话：010-62513136

中国人民大学出版社经济分社

地址：北京市海淀区中关村大街甲 59 号文化大厦 1506 室　100872

电话：010-62513572　010-62515803

传真：010-62514775

E-mail：jjfs@crup.com.cn